XIN SUOXIANG
WANG XIANGCHUAN

U0796932

心所向 网相传

——『中国网事·感动2018』年度网络人物评选

新华网 新华社『中国网事』编著

时代出版传媒股份有限公司
安徽文艺出版社

图书在版编目（CIP）数据

心所向 网相传：“中国网事·感动 2018”年度网络人物评选/新华网，新华社“中国网事”编著. —合肥：安徽文艺出版社，2019.1

ISBN 978-7-5396-5826-1

Ⅰ. ①心… Ⅱ. ①新… ②新… Ⅲ. ①人物—先进事迹—中国—现代 Ⅳ. ①K820.7

中国版本图书馆 CIP 数据核字(2018)第 297378 号

出 版 人：朱寒冬　　策　　划：朱寒冬

责任编辑：周　康　　装帧设计：张诚鑫

出版发行：时代出版传媒股份有限公司 www.press-mart.com

安徽文艺出版社 www.awpub.com

地　　址：合肥市翡翠路 1118 号　邮政编码：230071

营 销 部：(0551)63533889

印　　制：安徽联众印刷有限公司 (0551)65661327

开本：710×1010 1/16 印张：20 字数：350 千字

版次：2019 年 1 月第 1 版 2019 年 1 月第 1 次印刷

定价：48.00 元

新华社“中国网事”多媒体新闻栏目

新华社“中国网事”栏目是中央新闻媒体中唯一以互联网为报道对象的多媒体新闻栏目，聚焦网事，走近网民，讲述网语，影响网络。

- 融合文字、图片、电视、微博等形式，推出“感动”“核实”“调查”“盘点”四大系列报道。

- 创办国内首个以网络草根为对象的评选活动——“中国网事”感动系列网络人物评选，为草根英雄搭建璀璨舞台。

- 创办国内首个融媒体客户端——“中国网事”客户端。

- 创办国内首个新闻动漫网评——“中国网事·E哥有话说”。

新华网股份有限公司

XINHUANET CO.,LTD

新华网是国家通讯社新华社主办的综合新闻信息服务门户网站，是中国最具影响力的网络媒体和具有全球影响力的中文网站。作为新华社全媒体新闻信息产品的主要传播平台，拥有31个地方频道以及英、法、西、俄、阿、日、韩、德、葡、藏、维、蒙等多种语言频道，日均多语种、多终端发稿达1.5万条，重大新闻首发率和转载率遥遥领先国内其他网络媒体。新华网是全球网民了解中国的最重要窗口，致力于为全球网民提供最权威最及时的新闻信息服务，用户遍及200多个国家和地区，桌面端日均页面浏览量超过1.2亿，移动端日均覆盖人群超过3亿。

据最近Alexa排名显示，新华网在全球7亿多个网站中综合排名第70位，大幅领先美联社、路透社、法新社等通讯社主办的网站，国内综合排名第11位，稳居新闻门户网站首位。在中央网信办主管的《网络传播》杂志发布的中央重点新闻网站传播力榜单中，连续9个月稳居PC端传播力排名首位，远超同类网站。

新华网的网络平台价值和品牌影响力得到各界广泛认可，温家宝同志连续三年接受中国政府网和新华网的联合专访，俄罗斯总理梅德韦杰夫、以色列总理内塔尼亚胡、哈萨克斯坦总统纳扎尔巴耶夫等有影响力的大国政要也通过新华网首次与全球网民在线交流。

新华网拥有众多中国新闻奖和中国互联网站获奖作品和品牌栏目，在2015年和2016年的中国新闻奖评选中，新华网参评的《国际传播：习近平的大外交》《网页设计：简政放权——持续改革再发力》《政府敢啃“硬骨头”，市场才能有“肉”吃》和《新闻名专栏：数据新闻》获一等奖，获奖层级和数量均居中国网络媒体首位。此外，新华网还是“中国优秀文化网站”、“中国网站最具影响力品牌”、“中国新媒体年度十大品牌”、“中国新媒体创新年度品牌”等业内重要奖项的获得者。新华网承建了中国政府网、中国文明网、中国网信网等20多家政务网站，运营着中国最大规模的政务网站集群及用户规模超过1500万人的微信公众号。新华网紧密追踪大数据、物联网、人工智能等前沿技术，推出数据新闻、无人机新闻、动新闻等新闻报道形态，并与国际机构合作探索机器人新闻、传感器新闻等创新应用，引领传播形态变革。

近年来，新华网市场拓展能力和综合竞争力不断提高，围绕网站业务、社交网络业务、互联网广告业务、移动互联网业务、大数据舆情服务业务、新媒体技术与研发服务、在线教育和科普中国业务、物联网业务、参股型业务、储备型业务等十大业务板块展开布局，全媒体产品链加速形成。新华网还是全国第一家也是唯一一家获得高新技术企业、ISO9001质量管理体系认证、AAA级信用企业等三项高级别资质的网络媒体。在中国互联网协会、工业和信息化部信息中心在京联合发布的2017年“中国互联网企业100强”排行榜中，新华网排名第17位，位居中央重点新闻网站首位。作为互联网新闻传播的国家队、主力军，新华网将不断创新传播理念和发展模式，传播中国声音，讲好中国故事，加快建设成为具有广泛国际影响的一流新闻网站和有强大实力的互联网文化企业。

2016年10月28日，新华网股份有限公司在上海证券交易所成功挂牌上市。证券简称为“新华网”，证券代码为“603888”。

目　录

“中国网事·感动2018”获奖者

"中国网事·感动2018"提名者

“中国网事·感动2018”

获奖者

次仁旦达享受登顶的喜悦。

“珠峰环保卫士”次仁旦达

次仁旦达生长在珠峰脚下的定日县城，15 岁时被送进西藏登山学校接受系统的登山专业训练。和山结缘的他完成了登顶七大洲最高峰，并徒步到达南北极点的“7+2”活动。

珠峰是世界第一高峰，这里是人类徒步所能到达的极限，次仁旦达四次登顶珠峰，亲历并记录下了 2008 年奥运火炬在这里传递，对他而言，这里就像家一样。

次仁旦达是一名高山向导，也是一名活跃在世界之巅的环保卫士。出生在珠峰脚下的他亲眼见证着这里发生的点滴变化。定日县城海拔高，工农业基本没有，这就意味着这里的孩子没有太多的就业岗位，但随着越来越多的孩子从事登山这个职业后，他们也和次仁旦达一样，成为最虔诚的环保卫士。从山脚下的一片方便面袋，到雪线上丢弃的登山绳，在人类徒步难以企及的地方，他们在践行着“至高无上”的环保理念——无论垃圾清理有多艰难，都要在力所能及的情况下捡回来。

进入空气稀薄地带

次仁旦达 晋美多吉 马牧旺青

“任何一个渴望生存并期望生活过得美好、舒心的人都不会把繁华都市的居住机会拒之门外，而我恰恰相反，那个物资匮乏、气候恶劣、连氧气都缺乏的高原却让我如痴如醉地苦恋着。我认为，能够与那里匹配的一定是最勇敢的生命和最坚实的情感！”

大家好，我叫次仁旦达，在藏语里是辉煌长寿的意思，可见我的父母期望我一生平安有成。带着父母对我的期望和祝福，我一直为自己热爱的事业不懈奋斗，但这份事业也确实充满风险。

我生长在珠峰脚下的定日县城。从小，我上学路上一抬头，看到的是珠峰，在家门口玩泥巴，背景也是珠峰。她神圣，可望而不可即，是每一个登山者心中最高的舞台。在我长大登上珠峰之前，我见过国内外无数想要攀登珠峰的勇士从家门口路过，很多人将攀登她作为毕生追求，我也一样。

次仁旦达参与新青年演播室录制。

次仁旦达参与新华社青年媒体论坛演讲环节。

是的，我是一名登山向导。从小听着登山家贡布老先生、潘多奶奶的故事长大。珠峰是我的家，是伴我成长的朋友，也是我从心底设立的目标。背靠珠峰，我觉得自己生来就该成为登山向导。

15岁时，父亲把我送进西藏登山学校，此后经历了系统艰苦的训练。我从系绳扣开始，一点点接触攀岩、抱石、高海拔登山、高山救援、雪崩搜救、攀冰等很多专业知识和技能。

从考进西藏登山学校，进入登山队，到攀登世界地理极限点，这项职业运动磨炼了我的意志。2012 至 2016 年，我与队友德庆欧珠随中国地质大学（武汉）登山队完成了登顶七大洲最高峰，并徒步到达南北极点的“7+2”活动，历经 1756 天，终于实现了走遍全球 9 个地理极限点的目标。能够在“地球之极”一次次展开五星红旗，我觉得非常骄傲，可以说我们西藏登山队员，创造了挑战人类极限的新纪录。

然而在创造人类新足迹、新成就，征服这些高峰的同时，我也看到人类活动产生的垃圾，让我十分痛心！对此，每次登山活动我们也在用实际行动清理登山垃圾，守护珠峰。可惜更让人心痛的是，有些网民肆意炒作珠峰上有大量登山垃圾无人清理等信息，胡编乱造，博取众人关注。

我曾顶着 20 米/秒的风速冲顶，曾在零下 50 摄氏度坚持前进，手指被冻到脱了一层皮，曾负重 100 斤物资爬雪坡……然而也曾被山峰之巅的壮美一次次震撼，那一刻真的觉得付出一切都值得。

我深深希望，这些地方能被珍视和保护，她的美丽和纯净是对所有历尽艰险的登山者最好的奖赏和慰藉。

在攀登南美洲最高峰——阿空加瓜峰时，我们同队的登山者随手扔了一个饮料瓶，就引来营地管理人员严厉的大声责问。同样，在南极洲文森峰上，我几乎看不到生活垃圾，包括排泄物，都必须带到低海拔的地方处理。山顶连标志物都没有，也不许放置其他物品。与他们相比，我国很多高峰海拔远远高于这些，由于环境更加险峻极端，有些举措难以实施，但他们的观念和意识太值得学习了，我们目前所做的还远远不够。

那时起，我逮到机会就给登山者讲高海拔环保的重要性，希望来到珠峰的全球登山者们都投入环保中。今年，我们在珠峰大本营海拔 5200 米以上区域共进行了三次大规模登山垃圾清理行动，清理了包括食品包装袋、食品罐子、酒瓶等生活垃圾 5240 公斤，旧登山绳子、旧登山帐篷、旧瓦斯罐等登山垃圾 1000 公斤，包括珠峰登山大本营 3 间旱厕里山友的排泄物 2260 公斤。

想要把珠峰上的有些登山废弃物或垃圾全面清理完毕，其实很难。有些登山废弃物在极危险地带，如大风口、悬崖口，稍有不慎，清理人员非死即伤！

在随中国地质大学攀登珠峰的时候，在海拔 7900 米处，我看见身边不远处有一个丢弃的水壶。当时风速超过了 20 米/秒，寒风凛冽得像一把把小刀子划过脸颊。我把自己的保护锁挂在主绳上，艰难地以缓慢节奏一步步挪动过去，刚要踏过去，不承想，水

越来越多的人加入珠峰环保事业。

壶下面居然是一处冰裂缝,差一点儿我就跌入悬崖了。在这个海拔高度攀登,随时都有可能出现掉入裂缝、遭遇雪崩、被冻伤的危险,而每一次清理垃圾的行动,都像是在刀尖上跳舞,雪崩、滑坠、暴雪、缺氧都有可能使人丧命。

定日县城海拔高,工农业基本没有,这就意味着这里的孩子没有太多的就业岗位,但随着越来越多的定日孩子从事登山这个职业之后,他们也和我一样成为最虔诚的环保卫士。我们不仅可以用最朴实易懂的语言向山区群众宣传高山环保知识,还可以向国外登山团队传达高山环境保护政策;同时,在攀登珠峰的过程中,我们身体力行,用实际行动向所有人传达高山环保理念。现在很多登山从业者都参与到环保工作中,每年都有大大小小的清理活动,光是今年就清理了 8 吨垃圾。

从弯腰捡起脚下的一片方便面包装袋,到几十个人扛起上百斤的打包垃圾推上卡车,我们从一点一滴做起,从一个人变成一群人。

今年 4 月 30 日,西藏喜马拉雅高山环保基金会在珠峰大本营正式成立,此举确保了高山环保的长效机制,推进了高山环保的制度化、常态化,越来越多的社会和民间力量正逐渐参与高山环保行动。我相信,通过我们的不懈努力,引导各方共同参与,群策群力,齐心协力,一定能够做好珠峰登山环境保护工作。

在西藏,人和自然和谐相处了几千年,这里一直被称作人类最后的净土。这里的天最蓝,这里的山最高!我想,如果上天再给我的人生一个选择的机会,我还是会义无反顾地选择生在这片雪域高原,选择成为一名登山向导,做这片土地最虔诚的守望者。

大自然是最好的老师。我在无数痛苦和极端环境下一步步前进,一次次跟自己较劲,等再回头看时,却惊喜地发现我已成为一个坚韧勇敢的人。

然而,不仅止于突破自我,用一己之力影响带动了更多人是让我觉得最骄傲的事情。

我是新青年,次仁旦达。

记者手记

新华社记者　晋美多吉

认识次仁旦达是在 2009 年西藏登山大会的一次采访中,我负责新闻报道,他是所有业余登山选手的教练。"你们记者这一身装备都快赶上我们登山队员了。"简单的几句聊天拉近了我们之间的距离。

启孜峰位于西藏羊八井镇境内,海拔 6000 多米,是所有登山者攀登雪山的初级峰,地势缓慢上升。对大多数山友而言,攀登雪山最难的是高海拔缺氧状态下的负重前行。在启孜峰脚下的前进营地，本来有说有笑的山友们几乎都不说话了，在实践环节都跟刚刚跑完 1 万米一样。“就这素质怎么爬珠峰啊？像这样的山峰，我跑着就上去了。”次仁旦达不屑一顾的表情在那一刻让人感觉他还是个孩子，可是一旦上了山，他忙前忙后地照顾着所有登山者，在每个有难度的地带伸手相助。

2002 年，15 岁的次仁旦达来到了西藏登山学校，正式进入登山这个大家庭。因为山，他认识了很多人，眼界从家乡——珠峰脚下的定日县城，扩展到了世界各地。全世界目前只有两个专门的登山学校，有一家在阿尔卑斯山脚，还有一家在西藏。来到西藏登山学校，次仁旦达接触到的都是国内乃至全世界最专业的登山知识技能，这让他有了攀登世界高峰的梦。

由于年纪小，脑子又聪明，刚刚参加完奥运火炬在珠峰的传递，他和队友德庆欧珠就被顺利地保送到了中国地质大学，那里有专门的登山相关专业。四年本科学习后，他俩又幸运地考上了学校的研究生，次仁旦达的梦开始在这里慢慢成真。

2012 至 2016 年，次仁旦达与队友德庆欧珠随中国地质大学（武汉）登山队，历经 1756 天，完成了登顶七大洲最高峰，并徒步到达南北极点的“7+2”活动，实现走遍全球 9 个地理极限点的目标。

眼界是开阔了，可闹心的事儿也来了，国外的山峰资源的环境保护工作给他留下了深刻的印象。在攀登南美洲最高峰——阿空加瓜峰时，同行的登山者随手扔了一个饮料瓶，就引来营地管理人员严厉的大声责问。同样，在南极洲文森峰上，他几乎看不到生活垃圾，包括排泄物，都必须带到低海拔的地方处理，山顶连标志物都没有，也不许放置其他物品。国外的登山过程带给他的不只是肉体上的辛苦，也给他带来了深深的反思，自家的“靠山”——珠峰，相比而言太需要着手进行环境保护了。

“国外的山再高也才五六千米，可我们这里，大本营就在 5000 米以上，在这里清理垃圾可不像国外那么轻松。”在珠峰捡垃圾，高海拔运输是最大的难题。人在七八千米以上海拔，就是行走都难，更何况捡垃圾？可就是在这种条件下，次仁旦达和他的环保兄弟一起，向珠峰垃圾宣战！“我深深觉得，这些地方值得被最好的珍视和保护，她的美丽和纯净是对所有历尽艰险的登山者最好的奖赏和慰藉。”

从那时起，次仁旦达会利用每一次机会，给每一名登山者讲高海拔环保的重要性，身体力行地投入环保工作中。今年，次仁旦达和珠峰环保卫士一起，在珠峰大本营海拔 5200 米以上区域进行了 3 次大规模登山垃圾清理行动，清理了食品包装袋、食品罐子、酒瓶等生活垃圾 5240 公斤，旧登山绳子、旧登山帐篷、旧瓦斯罐等登山垃圾 1000 公斤；包括珠峰登山大本营 3 间旱厕里山友的排泄物 2260 公斤。

2018 年 4 月 30 日，西藏喜马拉雅高山环保基金会在珠峰大本营正式成立，此举确保了高山环保的长效机制,推进了高山环保制度化、常态化,越来越多的社会和民间力量正逐渐参与到高山环保行动中。次仁旦达和他的小伙伴们用实际行动向世人证明:即使在海拔8844.43米的地方,中国人同样会把环保进行到底。

"我相信,通过我们的不懈努力,引导各方共同参与,群策群力,齐心协力,一定能够做好珠峰登山环境保护工作。"次仁旦达自信地说。

微语录

"我深深觉得,这些地方值得被最好的珍视和保护,她的美丽和纯净是对所有历尽艰险的登山者最好的奖赏和慰藉。"——"珠峰环保卫士"次仁旦达

微评论

微博网友"黑龙江财经学院团委:#龙财青享#"说:"勇攀珠峰"是对人的拼搏努力精神的赞美。现在我们不仅看到了拼搏努力精神,而且听到了真正攀登珠峰的人从珠峰传来的声音。

微信网友"风从东方来"说:他们才是真正的登顶者!

微信网友"original"说:太感动了,这种默默的守护,雪山会记住的。

微信网友"大壮壮"说:这才是主旋律啊。

微信网友"暴走萝莉"说:我们青年人学习的榜样!

微信网友"小黎子"说:这大概就是不忘初心,大概就是讲好自己故事、讲好中国故事吧!赞!

微信网友"高兴兴(捷贞)"说:向环保英雄致敬!

陈三喜整装待发。

“逆火英雄”陈三喜

陈三喜系安徽省消防总队合肥支队包河大队万年埠中队指导员：19年，寒来暑往，陈三喜献身消防，将赤诚、忠诚融入事业，把一名消防员的价值诠释到了极致。19年，匆匆一瞬，陈三喜扎根基层，将血脉、基因赓续至今，用一名消防员的坚守感动了人民。未来可期，初心不忘，陈三喜将继续永驻红门，和每一辆消防车、每一盘水带、每一支水枪在一起，用鲜血和生命捍卫祖国平安、人民安宁，践行“铁心跟党、根治江淮、赴汤蹈火、矢志为民”的安徽消防精神。

消防兵陈三喜:“逆行”19年,使命感已经刻在骨子里

新华社记者 朱青

直到18年后,陈三喜依然无法忘记,那股爆炸后石灰与血腥交织的浓烈气味,让刚入伍一年的他感到了恐惧。

2000年10月,安徽省合肥市一住宅小区发生燃气爆炸,11人身亡。对于一个刚入伍的消防兵来说,那是陈三喜第一次闻到死亡的气味。

如今,消防员被称为“最美逆行者”,而经历了4000多次救援、挽救了1000多个生命的陈三喜却深知,恐惧是每一个“逆行者”的起点,也成就了日后他们为生命的奋不顾身。

再早一点

“再早一点”源自陈三喜新兵时第一次直面死亡的恐惧,那一次的震撼,使得“再早一点”变成了贯穿他职业生涯始终的迫切渴望。

“十几年过去了,那天的每一个细节都很清楚地记在我脑海里,一直不会忘。”陈三喜说。

他难以忘却的正是2000年10月的那次小区住宅燃气爆炸事故,那年他20岁,新兵出警的好奇兴奋,被11人死亡的惨烈现场击碎。

“整个楼板塌了下来,窗户被震飞出了十几米远,墙上地上,到处都是血。”他说。

年轻的陈三喜在随时可能发生二次爆炸和垮塌的现场搜寻,期待能够找到幸存者,当他看到一根染满鲜血的钢筋时,用力拉扯,一个人影竟然倒向他。

“等我看清楚的时候,发现那是一个年轻的母亲,她已经没有生命体征了,但是她弓着的身子下面,还护着一个躯体完好的孩子。”陈三喜说。

由于长时间窒息,母亲拼死保护的孩子也未能幸存。然而陈三喜却深深地被这一幕震撼,他用尽全力向这对母子敬了一个军礼。

“那是我第一次为自己来晚了流泪。”他说。

从那天起,陈三喜又经历了数不清的死亡场景,每一次,他都会想起那对母子,那

是他从恐惧中蜕变的开始。也是从那天起,他始终是直插火势最大处、直入救援最险处的那一个,他用更加严苛的方式来训练自己,只希望能拥有和死神争夺生命的速度。

“每一次都只想能再早一点到,再早一点,就可能多救回一个人。”陈三喜说。

再快一些

年近40岁的陈三喜个子不高,黝黑精瘦,外表平凡的他,在近20年的军旅生涯里满身荣耀,成了安徽省消防系统人尽皆知的“兵王”。然而他一身迷彩服下布满的数不清的大小伤疤,替他记录着荣耀背后看不见的汗水与痛楚。

每一个了解陈三喜的人,都会联想到电视剧《士兵突击》里的“许三多”。战友都称他为“奇迹创造者”,因为他永远能比所有人“更快一些”。

风雨里,烈日下,他永远是最后一个离开训练场。

陈三喜曾经有过许多外号:“拼命三郎”“铁人”“不睡午觉的那个”“跑不死的三喜”等。伴随这些外号的,有嘲讽的笑声,有不解的眼神,但这些都随着他的训练成绩一次比一次更快而烟消云散,剩下的只有叹服。

陈三喜和战友在救火现场。

陈三喜先后37次参加各级军事比武竞赛，32次摘金夺银，荣立二等功2次、三等功5次，被评为全国特级优秀人民警察、公安现役部队优秀人才一等奖、全国消防部队优秀共产党员、全国消防部队岗位练兵技术能手、全国消防部队优秀士官、安徽省消防部队“优秀班长标兵”、执勤岗位特勤大比武“十佳消防卫士”、“十佳士官标兵”。

这是陈三喜获得的荣誉，而他所忍受的不为人知的伤痛，则远超常人所能忍耐的极限：在火场中无数次的烧灼烫伤，氯化苯中毒的痛苦折磨，双脚被撒满工业盐的雪水浸泡的痛痒，腿在救援中被划伤缝了16针，一次又一次用针管插入膝盖抽积水，集训中强忍肾结石的剧痛……

“我只想再快一些而已，在现场才能再早一点。”陈三喜说。

站在转折点的英雄

被人们视为英雄的陈三喜，始终觉得自己算不上英雄。

“我觉得带着枪，冒着枪林弹雨冲锋杀敌的那种才是英雄。”陈三喜说着，露出了难得一见的腼腆笑容。

如果不是电视台的报道，陈三喜老家的村民们可能一直都不会知道，从小这么调皮的孩子，竟然救过那么多人，获得过那么多的荣誉。

2018年11月27日，中央电视台一年一度的大型专题特别节目《中国骄傲》中，陈三喜作为安徽消防杰出代表精彩亮相。

2018年11月，陈三喜光荣当选第四届全国“十大杰出消防卫士”。

2017年，陈三喜的二儿子出生，他面临更加拮据的家庭经济状况："大宝刚刚上小学，二宝只有一岁半，妻子没有工作，父母 60 多岁了，还得在工地上打工。"

从军多年，父亲重伤没能回家照顾，妻子生产没能在侧陪伴，为了养家，妹妹早早辍学外出务工。由于家庭收入微薄，直到今天，陈三喜也没能在省城买上一套房子，把妻儿父母接到身边照顾。

"'对不起'是我唯一能跟家里人说的了。"陈三喜说，这种对家人的亏欠也许是所有军人共同的遗憾。

2017 年，陈三喜也迎来了职业生涯的转折点：在中国消防部队面临职业化改革的大背景下，他即将脱下军装。

陈三喜成了合肥市消防部队试点的第一个"单编队"——万年埠中队的代理指导员。这是合肥首次试点一支中队 95%以上的消防员来自社会招聘而非现役军人，陈三喜也由一名士官转变成了领导者和指挥者的角色。

带领一支几乎没有任何消防经验的队伍，陈三喜接受并出色地完成了这个挑战。他把自己的经验总结创新，言传身教，带出了一支优秀的社会消防员队伍，充分展示了一名消防部队严格培养出的人才的全面素质，为转折点上的消防部队探索出了宝贵经验，也增强了战友们对职业化改革的信心。

"说实话，脱下军装在即，我也曾经有过担忧，有过疑问，但是我相信，消防职业化的道路，一定会越走越稳、越走越宽。"陈三喜说。

站在生活和事业的双重转折点上，中国军人特有的坚韧和信心闪烁在陈三喜和跟他一样的消防兵身上，恐惧、疼痛和迷茫，都不能阻挡他们在水火中逆行的脚步，更不能阻挡他们成为未来国家应急救援力量的脊梁。"那种使命感已经刻在骨子里，永远也不会变。"陈三喜说。

记者手记

新华社记者　朱青

作为安徽省消防系统无数荣誉加身的"兵王"典型，陈三喜是一个被采访次数数不清的"名人"。但这次采访对他来说，却处于一个特殊的转折节点上：在采访结束仅仅半个月之后，陈三喜脱下了他身披 19 年的军装，退出现役，成为中国历史上第一代职业消防员。

记者此前从事消防条线报道已有 7 年，在此次国家改革关口的一年期间，见证了许许多多消防官兵对部队的不舍，对未来和身份变化的不安与焦虑。在聊起陈三喜 19

年的消防兵工作生活之外，记者小心翼翼地提起了这个话题。陈三喜在短暂的沉默之后，用很长时间耐心地讲述了自己对改革的看法和心路历程。文化程度并不高的陈三喜对于改革的理解如此透彻，对于个人为国家牺牲、奉献的高度主动认同，令记者终于明白，为什么那么多人会把陈三喜同《士兵突击》中的许三多联系在一起，也明白了像陈三喜一样的消防官兵心中，“服从”二字不仅仅代表军人铁律，也满含着他们对“忠诚”二字的刻骨铭心。

获得过多少荣誉，受过多少伤痛，在陈三喜淡淡的言谈中，已经是一种千帆过尽的云淡风轻。在陈三喜身上可以体会到，没有什么比做一名纯粹的人，具有更大的幸福感。对于他来说，一切伟大的意义来自外界加于他的，而他只是实现了自己儿时从军的梦想，做好了自己的一份本职工作。

因此，记者在写作这个人物时，并不想把他描写成传统军人报道中“高大全”的形象。“恐惧”是所有消防英雄的起点，因此也在稿件中呈现了他们最真实的心理状态。希望读者能够理解，他们的不凡也是与平凡交织在一起的。

当记者要求看陈三喜在救援现场的工作照片时发现，几乎没有几张照片能够看到陈三喜的正面，几乎所有的工作照，陈三喜都是一个身穿战斗服的背影。“逆行者”这个称呼，已经足以解释这一切。陈三喜和所有像陈三喜一样的消防官兵，留给公众的背影，挡住了烈火洪水，挡住了危险恐惧，是他们把“消防”二字，在人们心中刻成了安全感。

微语录

“再早一点，就可能多救回一个人。”——“逆火英雄”陈三喜

微评论

微信网友“杜雪之”说：向全国的“三喜”们致敬！人民的忠诚卫士，国家的铮铮脊梁！铁肩担道义！

微信网友“王静”说：点赞，学习的榜样，本领高，技术强，消防队伍里的精英。

微信网友“周迪”说：生死一线的时刻还记得使命必达，值得骄傲。

微信网友“记忆”说：和平年代，牺牲是默默无闻的奉献。

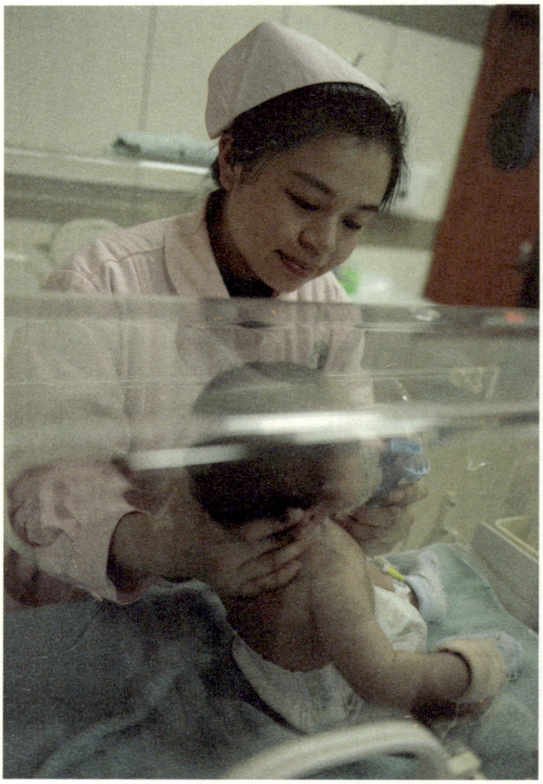

彭锡萍在精心护理新生儿。

“重症新生儿的代理妈妈”彭锡萍

彭锡萍，江西省萍乡市人民医院新生儿科一位普通护士。她已记不清楚自己到底护理了多少婴儿，有重症新生病理儿经她护理转危为安。在她脑海里有一个坚定的信念：生命是神圣的，应该得到无微不至的关爱。为了让宝宝的父母亲及家人更加放心，萍乡市人民医院新生儿科的护士们自发地为住院较长时间或是病情比较特殊的宝宝写《代理妈妈日记》，记录小宝宝每天成长的点滴。新生儿不会讲话，但“代理妈妈”们却能读懂宝宝的需求。“别看宝宝不会讲话，但他们会有皮肤饥渴现象，有的宝宝哭闹，不一定是饿了或者是病痛难受，而是希望有人去关心或爱抚。”在“代理妈妈”们精心的照顾下，一个个宝宝健康出院。虽然他们并不记得在开启自己人生旅途的时候得到了“代理妈妈”们母亲般的关怀，但《代理妈妈日记》中流露出来的温暖会伴着他们在人生路上勇敢前行。

重症新生儿的"代理妈妈":在生命最开始的日子深爱过他

新华社记者　温美良

"'小精灵'是一个带着翅膀的小仙子,愿你早日康复!回到家人身边,茁壮成长。"近日,一本《代理妈妈日记》在网络上热传。娟秀的字体、饱含深情的文字和卡通画,让看过的人无不为之动容。这本36页的《代理妈妈日记》,来自江西萍乡市人民医院新生儿重症监护室的一位护士彭锡萍,她用爱记录了与患病新生儿"小精灵"共度51个日夜的点点滴滴。

"小精灵"降生

这一夜宝宝也很忙,他很脆弱地降临,很不安地适应这突如其来的降生,离开妈妈温暖的子宫,来到了我们为你准备的家……我将一直细心呵护这个"小精灵",愿他快快健康成长,像一个小精灵。以后我将是你的代理妈妈。——摘自《代理妈妈日记》。

2017年11月17日19时55分,萍乡市人民医院新生儿科的新生儿重症监护室(NICU)响起一阵急促的门铃声,医生覃广萍怀抱着一名早产的新生儿匆匆进来。

"当时'小精灵'看上去很小,戴着氧气面罩,下肢和足底都是青紫色,看着让人心疼。"彭锡萍回忆说,孩子母亲陈好(化名)是个高危产妇,怀孕30周,已破羊水10天,孩子出生时只有1.7公斤,已轻度窒息,并患有肺透明膜等疾病。

"给孩子办入院手续时,医生给孩子爸爸讲了可能会遇到的风险,并且让我们24小时不能关机,有情况随时通知。那段时间我们天天担心得睡不着,两个人守着手机,生怕新生儿科打电话过来。"说起当时的情形,陈好记忆犹新。因为希望孩子能像精灵般有生命力,父母给他取了个小名"小精灵"。

"20:00,协助医生气管插管,并连接呼吸机辅助呼吸。20:30,协助予以猪肺磷脂注射液补充肺表面活性物质,抗生素抗感染治疗,完善相关检查。23:00,协助医生经皮脐

彭锡萍和新生儿妈妈深情拥抱。

静脉穿刺。23:30，宝贝第一次尿尿，有15毫升。”在日记里，彭锡萍详细记录下当晚抢救“小精灵”的每个步骤。

当时，彭锡萍休完产假回到工作岗位才一个月，看着保温箱里瘦弱的“小精灵”，初为人母的彭锡萍心生怜爱，把他当成自己的孩子来照顾。“妈妈今早给你擦个澡，让你干干净净，舒服极了吧！还要给你吸痰，看你吸痰的时候好难受啊，妈妈动作轻柔一点哦！今天宝贝表现很好！”“宝贝昨天有点发烧了，最高有38.4摄氏度，是不是有点难受？妈妈来摸摸你的小手。”

病房的51个日夜

12月4日，在CPAP呼吸机辅助之下，“小精灵”的血氧饱和度正常，体重2.08公斤，奶量2毫升，鼻饲喂养，呼吸欠规律，还是有点喘不过气吧！有代理妈妈在，每天陪你说话，唱歌给你听。——摘自《代理妈妈日记》。

按医院惯例，未满28天的患病新生儿一般都收治到新生儿重症监护室，住在这里的主要是患有感染性肺炎、严重黄疸、呼吸窘迫综合征等病症的危重患儿。为防止感染，新生儿重症监护室是封闭管理，孩子的家属不能住进病房陪伴。

“终于可以云探视了，孩子爸爸去的。护士拿手机给孩子照了几张相片，当时还在上呼吸机，看到孩子身上插满了管子，头上戴着眼罩，瘦得不得了，当时我们俩都哭了。”陈好说。

按医院规定，每周只有一、三、五家属才可以探视，由于时常看不到孩子，家属们往往比较焦虑，甚至情绪激动。

为了缓解家属们的紧张情绪，彭锡萍和同事们主动担任孩子们的“代理妈妈”。每天，她们都将孩子们的情况通过手机告诉家属，并把他们的点点滴滴记录在日记本上。

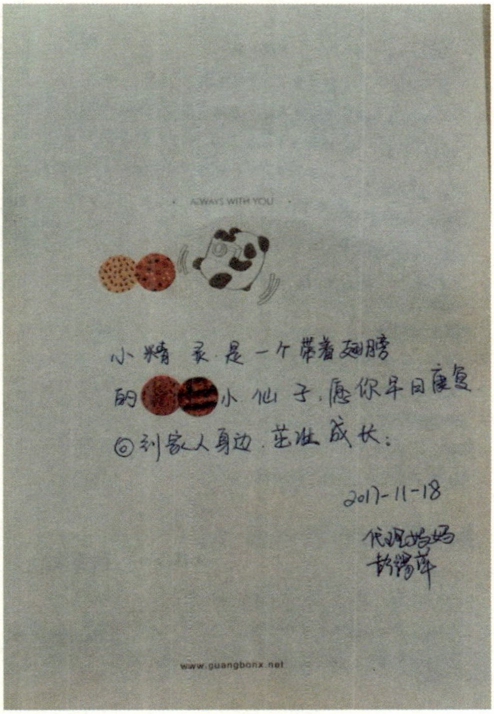

彭锡萍的《代理妈妈日记》。

“2 毫升奶喂了 15 分钟，有点醉了的感觉，不过想到你的进步，我也就释怀了！”“我的‘小精灵’，你不知道给你洗胃时看着那些血我有多心疼，不知道为什么总是出状况，多希望你快快健康。”“满月了，庆祝一下，给你唱首生日歌，祝福宝贝早日康复，健康快乐成长。”字里行间，分明是一股母爱的暖流。

51 天里，“小精灵”从 1.7 公斤长到了 2.675 公斤，虽然反反复复出现贫血、甲状腺功能异常、黄疸偏高等病症，但在彭锡萍等“代理妈妈”的精心照顾下，“小精灵”战胜了一个又一个困难。

“小精灵”终于出院

> “小精灵”，我给你早早地洗完澡，收拾得帅呆了！准备见你的爸妈了！真有点舍不得。相信你会有福的，愿你健康成长，长高长健硕，做个对社会有用的人。爱你，我的“小精灵”，有时间代理妈妈来看你，再见，我的宝贝！——摘自《代理妈妈日记》

2018 年 1 月 6 日，是“小精灵”出院的日子。“那天出院的人比较多，天气也很冷。我

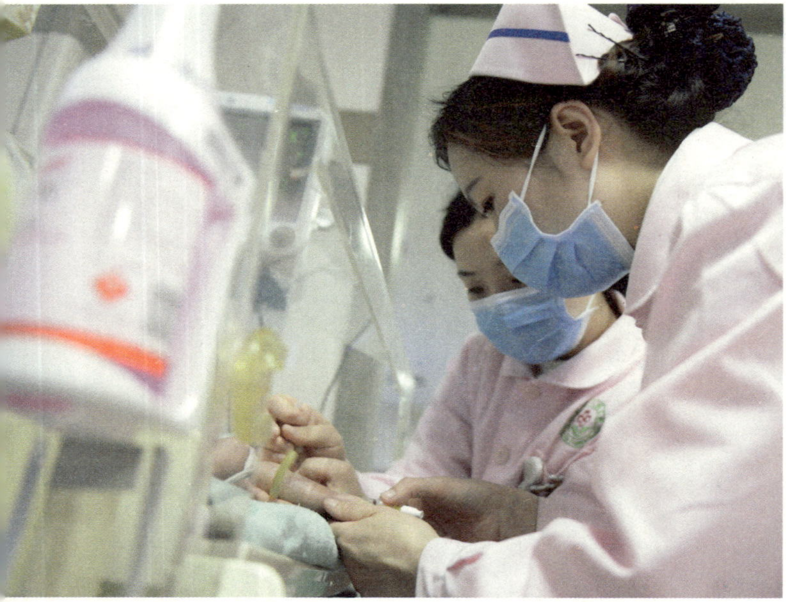

彭锡萍在为宝宝治疗。

和孩子爸爸把衣服送进去之后在门口等了好久，后来才知道彭护士在出院的那天还在帮孩子洗澡，当时就觉得很感动。”陈好说。

出生51天，在陈好夫妻俩第一次抱上儿子时，彭锡萍也感动得哭了。“回了家，翻开彭护士留给我们的日记，看着看着就禁不住流下眼泪，孩子在新生儿科的点点滴滴都记录在里面，‘小精灵’一出生就经历了这么多，但是孩子非常幸运，能够得到彭护士妈妈般的关爱，我内心无比感激。”

护士长颜萍霞介绍，新生儿科的宝宝是“三分治疗七分护理”，和普通患儿不一样的是，新生儿在治疗过程中是没有家属陪护的，一个孩子抱进来，用药打针、喂奶洗澡全都交给医护人员。目前，他们科室只有18名护士，每天三班倒，每个护士平均要照顾五六名新生儿。

在她们当中，有不少是90后女孩，没有结婚，更没有自己的孩子，但是，她们的表现绝不逊色于任何一位母亲。已经工作5年的90后女孩肖霞告诉记者：“我还没有自己的孩子，但我已经当了很多宝宝的‘妈妈’。虽然工作很辛苦，但是看到宝贝们一个个健健康康回家，我觉得很满足，很有成就感。”

“我会一直珍藏这本《代理妈妈日记》，让‘小精灵’一辈子记住，在他生命最开始的日子里，还有一个‘妈妈’曾经深深地爱过他。”陈好说。

记者手记

新华社记者 温美良

“‘小精灵’是一个带着翅膀的小仙子，愿你早日康复回到家人身边，茁壮成长。”《代理妈妈日记》来自萍乡市人民医院新生儿科的一位护士，她用心用爱记录了与宝宝共度51个日夜的点点滴滴。日记上的每一字一句读上去都流露出款款温情……

每一个孩子都是降临人间的精灵，他们的欢声笑语是最美的天籁之音。可是，有些小精灵却不那么幸运。由于各种原因很多新生儿在出生后将被送到新生儿科，这时候孩子的爸爸妈妈会有多焦急，这种焦急与紧张，是每一个为人父人母者都能够感同身受的。而很多病程记录或者医生的专业术语，常常让人非常迷茫，因而更加无所适从。正是因为这样，当孩子的父母读到新生儿科护士们用笔记录下的宝宝每天的情况，“又喝了20ml奶”“戴上蓝光眼罩，真像superstar”“宝宝又长了一点点，脸上肉肉的”……此类文字配上可爱的卡通图案，还有宝宝的照片等，他们会感到踏实和温暖。读着这些文字，这是需要真正地爱孩子，将这些孩子当作自己的孩子一般的爱护才能够如此真情流露。新生儿重症监护室，是离生最近，也是离死最近的地方。护士彭锡萍把她与患病新生儿共度的点点滴滴写成日记，被患儿家属珍藏，“要让‘小精灵’一辈子记住，在他生命最开始的日子里，还有一个‘妈妈’曾经深深地爱过他”。

真情、真诚、温暖、细腻……能够感动人、打动人的总是那么微小的细节。无论是一个举止，还是一些照片和文字，在医患关系日益紧张的现今，医院中的“温情”和“感动”，诸如“代理妈妈”们给新生宝宝们的关爱，应该让更多的人知晓。这也是写这篇报道的初衷。

微语录

“看到这些小宝宝都像自己的孩子，每天陪伴他们，看到他们一天一天健康起来，真是一件非常开心的事情。”——“重症新生儿的代理妈妈”彭锡萍

微评论

新浪微博网友说：仔细看日记里的内容，仿佛看到了一个抱着孩子的妈妈哄自己的小宝宝。

新浪微博网友说：天使在人间。

张举文在给学生们讲课。(新华社记者 孙天朗 摄)

“粉笔画老师”张举文

张举文是宁夏西海固一名乡村语文老师。在当时课本印刷水平低、插图很少的情况下,他用5000余幅粉笔画,在山里娃心中播下了求知的种子。在教朱自清的《背影》时,他把努力爬上月台的父亲的背影画到了黑板上;在教周敦颐的《爱莲说》和鲁迅的《故乡》时,少不了画莲、画“细脚伶仃”的杨二嫂……

“教师无小节,处处是楷模”——在偏城中学教师办公室的黑板上,张举文写着这两句话。这既是他对自己42年教学生涯的总结,也是对年轻教师的勉励。

“要求学生做到的我首先必须做到。比如组织学生大扫除,我人不离现场,手不离锨;要求学生不迟到、不早退、不旷课,我从未迟到或早退、旷课;要求学生写好作文,我自己先‘下水’……尽可能做到为人师表。”张举文说。

42年，5000余幅粉笔画，他点燃了山里娃的求知梦

新华社记者　艾福梅　曹江涛　孙天朗

"在苍茫的大海上，狂风卷集着乌云"，中学语文老师张举文利用学生们读课文的时间，横着粉笔画出了一幅惊涛拍岸、海燕翱翔的黑板画。

三四十年前，在以干旱缺水闻名的宁夏西海固，乡村课堂上几乎没有学生能够想象出这样的画面。

42年来，张举文用5000余幅粉笔画，在山里娃心中播下了求知的种子。

语文课上的粉笔画

1976年9月，高中毕业、年仅18岁的张举文站上宁夏固原市西吉县偏城乡一所村小学的讲台。在教村里娃学字学词时，他发现因为方言和普通话的区别，孩子们记起来很吃力。"比如蝴蝶、蜻蜓，我们方言里都叫'蛾蛾子'，怎么让孩子们区分呢？我就简单画出蝴蝶和蜻蜓的形象，再在旁边写上字，娃娃们就印象深刻了。"

其实，这时的张举文并不擅长画画，自从发现粉笔画能吸引学生注意力、增强语文课趣味性后，他就开始提升自己的绘画能力，慢慢地，他的粉笔画画得越来越好。

1986年，张举文被调整到偏城中学任教，在这里，他一待就是32年。当时的语文课本印刷水平低、插图很少，加之西吉比较偏远，孩子们见识有限，导致一些课文内容难以理解。于是，张举文又在课堂上画起了粉笔画，帮助孩子们理解、记忆课文。

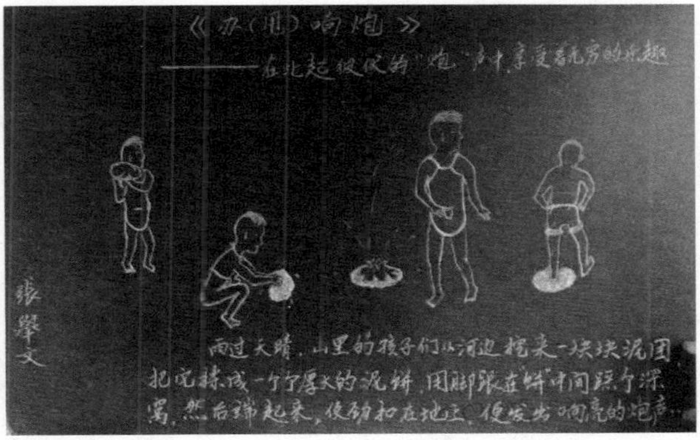

张举文的粉笔画(由张举文提供图片)

在教朱自清的《背影》时，他把努力爬上月台的父亲的背影画到了黑板上；在教周敦颐的《爱莲说》和鲁迅的《故乡》

时，少不了画莲、画“细脚伶仃”的杨二嫂……

“并非所有的课文都要画粉笔画，我画的都是孩子们不太理解的东西，而且我画的是简笔画，不费时，不会影响上课。”张举文说。

据不完全统计，在从教的 42 年里，张举文画过的粉笔画超过 5000 幅。这些画深深印刻在山里娃的心中。

50 岁的苏有福从偏城中学毕业 30 年了，如今在离学校不远的地方开了一家超市。提到老师张举文，他还清楚地记得一幅粉笔画：把一杯水一股脑儿倒进碗里，水有一半洒出来；细水长流地倒进碗里，碗才能装满。“倒水是这样，学知识也是这样。张老师特别会用粉笔画启发学生，我们都爱上他的课，感觉一节课还没听够就下课了。”苏有福说。

教师无小节，处处是楷模

在偏城中学，张举文就是“那块砖”，哪里需要去哪里，去了哪儿都能胜任。他当过副校长，教过音乐、美术、书法，还当过图书室管理员。无论在哪个岗位上，他都深受学生喜爱。

“张老师就是自带的多媒体，能画能唱能演，这样的课堂是活生生的。”偏城中学教师李冬红评价说。“我们都佩服张老师，他教学生确实有自己独特的方法。”偏城乡中学教务主任赵虎说。

除了粉笔画，张举文粉笔字、毛笔字、钢笔字都写得好，还会拉二胡、吹笛子、唱歌。只要有助于激发孩子们兴趣的方式，他都愿意去学习、去尝试。

“不论水平高不高，学生们感觉这是实实在在的。再好的视频、照片都不如老师自己露一手，这样学生会尊重你、听你的话，课也就好教了。”张举文说。

“教师无小节，处处是楷模”——在偏城中学教师办公室黑板上，张举文写着这两句话。这既是他对自己 42 年教学生涯的总结，也是对年轻教师的勉励。

“要求学生做到的我首先必须做到。比如组织学生大扫除，我人不离现场手不离锨；要求学生不迟到不早退不旷课，我从未迟到或早退旷课；要求学生写好作文，我自己先‘下水’……尽可能做到为人师表。”张举文说。

每次作文课，他不仅要奖励写得好的，指导写得不好的，还要自己写一篇范文，让学生们评点。他在学校的宿舍是学生们的“第二课堂”，随时可以去请教课堂知识、写字、画画。

好老师让人惦记，很多离开家乡的学生给张举文写信、发短信、打电话，在他保存的 40 多封手写信中，每封都长三四页，书写工整。有的学生在信中说，“不把字写好，都

张举文在教室门口和学生们交流。(新华社记者　孙天朗　摄)

张举文在课堂上为学生们画粉笔画。(新华社记者　孙天朗　摄)

不好意思给张老师写信”;有的写,“当我端起饭碗,就想起我在您那儿吃的一顿面条。那时,我太饿,太想吃饭了,考学的重任让我不能回家吃饭,您做好饭叫我吃……”

偏城中学八年级学生苏金兰是张举文教的最后一批学生中的一个,“张老师让我喜欢上了写钢笔字、毛笔字,我们特别想念他。”她说。

放不下的粉笔,上不完的课

今年 3 月,张举文正式退休了。然而,离开了讲台的他,依然没有离开黑板和粉笔。

无论在四川小儿子家里,还是固原自己家中,张举文都备有黑板和粉笔。脱离了 45 分钟课堂时间的限制,他不再画简笔画,可以画得更细致,题材也从课文内容扩展到一些有教育意义的生活现象。

“退休应该说是从面对一班、两班孩子的小课堂,走向面对需要再教育的成人、孩子的大课堂。”张举文说。

随地吐痰,乱闯红灯,家长边玩手机边教导孩子不要玩手机,爷爷奶奶呵斥孩子因观察蚂蚁而耽误回家做饭……一幅幅栩栩如生的粉笔画让人惊叹不已的同时更受到教育。

“很多家长不懂‘因势利导’的教育理念,看蚂蚁正体现了孩子的求知欲。哪怕这顿饭晚点吃,也应满足孩子的好奇心。好奇心丢了,多少次教育都难以挽回。”张举文说。

这些年来,张举文把自己在教育教学中的经验和体会写成了文章。未来,他想出一本教育感悟集,与同行共勉。他还想用粉笔画出宁夏 60 年来的教育变化和生活变迁。

“教书育人是一堂上不完的课。”张举文说,“只要身体好,我还要继续我的教育事业,利用退休后有限的时间做些有益于他人的事。”

记者手记

新华社记者　艾福梅　孙天朗

他是一名平凡的乡村教师,在我国最为贫困的宁夏西海固地区乡村学校从教,42 年默默无闻,犹如这片贫瘠大地上一棵平凡的白杨树。

在临近退休之际,这位平凡了一生的乡村教师终于“一鸣惊人”,因为老伴无意在朋友圈“秀”出的一幅幅栩栩如生的粉笔画,张举文成为他并不熟知的网络世界的“网红”。

他叫张举文,退休前是宁夏回族自治区固原市西吉县偏城中学教师。42 年来,他用 5000 余幅粉笔画,在山里娃心中播下了求知的种子。

当我们慕名奔波300多公里去寻找张老师时，他刚刚办好退休手续，离开耕耘了一辈子的三尺讲台。已经退休了，我们是采访还是不采访？犹豫许久，再三思索，因为同时要拍摄视频和照片，我们还是将张举文老师从固原市的家中请回偏城中学接受采访。因为我们相信，即使他已经离开教师岗位，但他对教育事业的执着，对学生的认真、负责、用心，仍然值得我们用笔墨去讴歌。

采访，从那些已经被人们熟知的粉笔画开始。在聊天中，我们知道他画粉笔画的初衷：七八十年代刚任小学教师时，张举文发现粉笔画能吸引学生注意力，增强语文课趣味性，加之当时语文课本印刷水平低，插图很少，西吉又比较偏远，孩子们见识有限，一些课文内容难以理解……

在教朱自清的《背影》时，他把努力爬上月台的父亲的背影画到了黑板上；在教周敦颐的《爱莲说》和鲁迅的《故乡》时，少不了画莲、画“细脚伶仃”的杨二嫂……

在采访中，我们发现张举文老师很关注网民的反应，他主动回应网民的疑虑，告诉我们：“并非所有的课文都要画粉笔画，我画的都是孩子们不太理解的东西，而且我画的是简笔画，不费时，不会影响上课。”

在校园里，我们采访了校长、同事和学生，他们都对张举文老师赞誉有加。然而直到我们找到已经毕业30年，现在在学校附近开超市的苏有福时，他脱口而出自己印象最深刻的张老师的粉笔画时，我们终于相信，这些看似不那么起眼，画工也一般般的粉笔画，在这些乡村学生的求学生涯中意味着什么……

越是和张老师聊天，我们越发现他的可贵。在同事眼中，“张老师就是自带的多媒体”。的确，他的粉笔字、毛笔字、钢笔字好看，还会拉二胡、吹笛子、唱歌。只要有助于激发孩子们兴趣的方式，他都愿意去学习、去尝试。

“不论水平高不高，学生们感觉这是实实在在的。再好的视频、照片都不如老师自己露一手，这样学生会尊重你、听你的话，课也就好教了。”张举文这样告诉我们。

是啊！在教育手段多样的今天，即使在偏远的宁夏西海固地区，乡村教师们也可以利用互联网让孩子们了解到大山之外的世界，他们可以通过视频、照片看到大海、看到莲花……然而，学生对于老师的敬畏之心却在下降，这种下降不仅是“读书无用论”的影响，更是因为我们一些老师仅仅把这当成一份工作，而非事业。人在，心却不在。

诚然，在偏僻的农村，正是这些数十年如一日坚守的乡村教师，点燃了孩子们最初的求学梦。坚守已是不易，而如同张老师一样给学生以知识的启迪，以做人的榜样，就更是难得。

在翻看学生们写给他的信时，我看到很多不知毕业几年的学生依然用忐忑的语气向老师汇报，自己的字写得不好，都不敢给老师写信。一位王姓同学还在信中说：“当我端起饭碗,就想起我在您那儿吃的一顿面条。那时,我太饿,太想吃饭了,考学的重任让我不能回家吃饭,您做好饭叫我吃,我端起面条,心里就颤抖得厉害,感激之泪涌上心头……”

在张老师身上,我也看到了我在乡村求学过程中那些老师的身影。他们犹如我们人生一个渡口的摆渡者,教给我们知识,带领我们跨越一道道鸿沟,从而走进更加精彩的人生世界。而他们,再回到原点,继续摆渡。

好的老师,能让我们在经年后仍不时驻足回眸,心存感激。

微语录

“教师无小节,处处是楷模。不论水平高不高,学生们感觉这是实实在在的。再好的视频、照片都不如老师自己露一手,这样学生会尊重你、听你的话,课也就好教了。”

——“粉笔画老师”张举文

微评论

新浪微博网友“Bai 松露”说:坚守 42 年已属不易,居然还能如此有趣,点赞。

新浪微博网友“Dong-O-V-Enancy”说:一种坚持,让更多的孩子可以感受到什么叫自强不息,什么叫持之以恒。

新浪微博网友“帅坤 11”说:向可爱的园丁致敬。教育不兴国则不昌,绝对不是口号。切实为山区和偏远地区的孩子们提升教育水平鼓与呼。

微信网友“纯净水”说:春风化雨,润物无声。乡村教师用粉笔画开启了孩子对未来世界的探索,用真情留住了教书育人的大爱。一个乡村出来感同身受的孩子为乡村教师点赞!

微信网友“梧桐”说:真为这些孩子感到庆幸,光是这种治学态度都足够学生们受用一生了。

12月27日，李耀进在杭州市救助管理站的办公室认真工作。（新华社记者　徐昱　摄）

"失散者归途的灯塔"李耀进

李耀进是杭州市救助管理站的一名普通员工。58岁的他在民政系统工作了23年，一直奔走在救助管理一线。不用人脸识别技术，不借助手机精准定位弹窗，只靠一张褶皱的地图、一本发黄的地名集，他帮助4260名滞留人员回到了亲人的身边。作为一名老党员，李耀进在大家心里始终是可以依靠、愿意依靠的"老大哥"。

“失散者归途的灯塔”李耀进

新华社记者 唐弢 程昊

一张褶皱的地图、一本发黄的地名集、一部随时在线的电话，23 年来，他用这三样“法宝”帮助 4260 名长期滞留杭州的救助对象找到了回家的路。

他叫李耀进，浙江省杭州市救助管理站的一名普通员工，58 岁的他一直默默奔走在救助一线。有网友感叹：“寻亲路漫漫，而老李却能把所有分离的泪水，最终化为相聚的欢笑。”

23 年，做失散人群归途的“灯塔”

走失、离散，动辄数年乃至数十年，寻亲像是大海捞针，成功一次已实属不易，而李耀进一干就是 23 年。

2016 年 5 月，广西人蒙琼接到了一通来自杭州的陌生电话，电话那头的人告诉她，她的女儿亮亮找到了。挂完电话的那一刻，蒙琼放声痛哭，那时，距离她女儿失踪已经过去了 1024 天，给蒙琼打去电话的人正是李耀进。

“2013 年 9 月，我在例行巡查时，发现了一名走失女孩，后经杭州市第七人民医院诊断，该女孩患有精神分裂症。”李耀进回忆道，“每次跟她对话，她的神志都是糊涂的，但从口音可以听出是广西人。”

之后，李耀进便把寻人的范围锁定在广西，这一寻就是将近 3 年。3 年来，李耀进没有一天放弃跟女孩的交流，他一下班就往福利院跑，女孩从最初的不愿开口，到慢慢地能说只言片语。李耀进每天都会把这些零散的信息记录下来，一点点拼凑。

转机出现在 2016 年，“傍晚，我照例去探望女孩，在交流中她回忆起了自己父亲的名字——蒙某。那一瞬间，我感觉希望来了！”回去后，李耀进立即联系相关部门进行核实，反馈的信息却让站里的同事有些失望：蒙某的户籍信息只是一个空挂户，而且该地址目前也已经拆迁，无法查到具体住所。

线索中断了，寻亲似乎回到了原点，但李耀进并不气馁。他拿出褶皱的地图和发黄的地名集，一边翻查，一边打电话联系广西某市的民政部门，李耀进想通过查阅老的户

12月27日，李耀进（右）在杭州市救助管理站窗口值班，给刚来的救助对象进行甄别、登记。（新华社记者　徐昱　摄）

口本寻求线索。通过当地民政部门，李耀进找到一位蒙某的邻居，才知道蒙某在户口簿上登记的名字为“唐某”，自2013年女儿走失后，家人一直苦苦寻找她的下落，却始终没有结果。

于是，就有了那通打去广西的电话。像这样的案例，在李耀进的“寻亲生涯”中不胜枚举。

让寻亲线索在脑中“扎下根来”

1995年，李耀进来到杭州市收容遣送站工作。2003年，收容遣送站更名为救助管理站，当时站里滞留了180多名身份不明人员。“为了查清他们的身份，我把曾在警校学习和在公安工作的经验都用上了，最后用了两个多月，我们就帮他们都找到了家。”李耀进说。

“救助不是简简单单的收容，更要帮助他们寻找依靠。”李耀进每天的服务对象是生活无着的流浪乞讨人员。他们或是患有精神障碍和智力障碍,或是陷入昏迷的危重病人,基本无法正常沟通。

在李耀进看来,他们需要的恰恰就是亲人陪伴。为了帮助他们寻找回家的路,李耀进坚持每天坐公交在定点医院、福利机构和救助管理站来回跑,20多年来风雨无阻。

因为服务对象相对特殊,在和受助对象打交道的过程中,李耀进经常会有一些"惊人之举"。"面对即将陷入昏迷的危重病人,他会将耳朵紧贴近病人嘴巴,倾听病人喃喃细语;为了让精神障碍患者放下戒备,他常会搂着对方的肩膀以兄弟相称;为了寻找线索,他会花一下午的时间在垃圾堆里翻捡。" 杭州市第三人民医院医务科沟通中心主任王思平每次都看在眼里。

"线索不会自己找上门来,要想有新发现就得扑下身子去,多跑、多听、多看、多聊、多磨。"李耀进说,"救助对象进站的'窗口期'尤为重要,稍不注意就可能错过重要信息,断了线索。"

每个服务对象的特征和收集的信息点都会在李耀进的脑子里"扎下根来",它们会

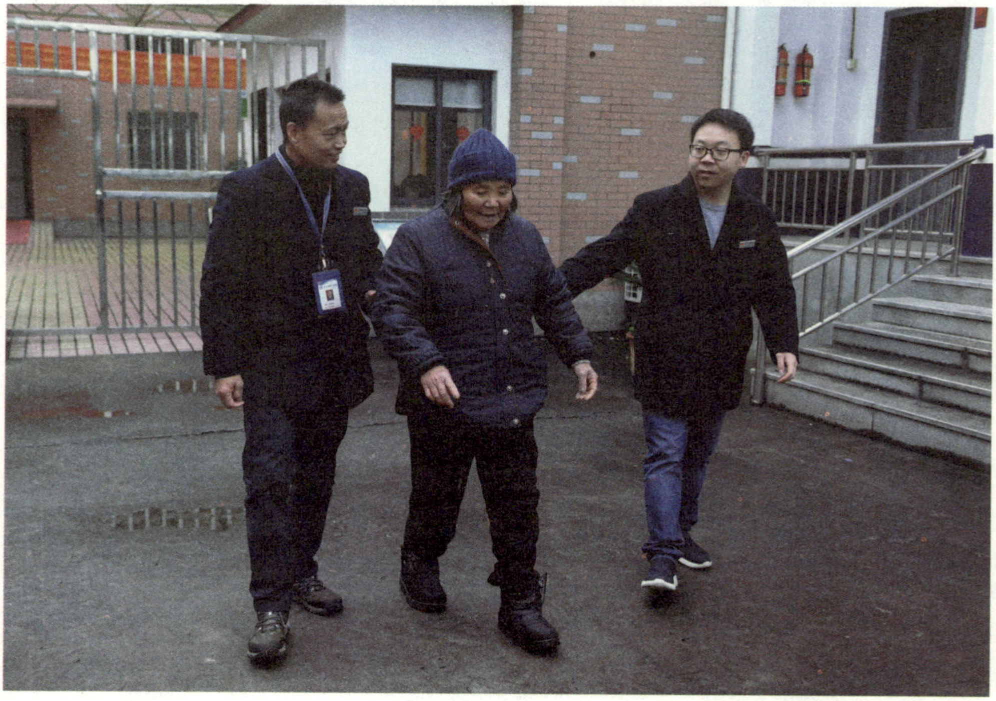

12月27日,李耀进(左)在杭州市救助管理站送一名需要被救助的老人去车站乘车回家。(新华社记者 徐昱 摄)

李耀进(右)在杭州市救助管理站的办公室内,与同事一起讨论新旧地名的查询和甄别。(新华社记者 徐昱 摄)

产生联系、发生碰撞。“很多次,当我在家看电视或是躺在床上,会突然有新的发现,我就立即起身记下来,一上班就去核实。”李耀进说。

把个人善举化为社会行动

在李耀进等一批工作人员的不懈努力下,甄别寻亲已经成为杭州市救助管理站的一块“金字招牌”。如今,行将退休的他希望能有更多的人接过这块“招牌”。

在救助站,李耀进牵头成立了“疑难个案侦查处置”专项组,带着站里甄别查询的精英骨干们不分昼夜“5+2”“白+黑”地突击“会诊”,及时无误地将求助人员护送返乡,减轻了各定点医院和站里的压力。

“师傅总说,寻亲就像破案,绕不开‘认真’两字,很多时候线索就在那里,就看你找不找得到。”作为李耀进的徒弟,杭州市救助管理站业务科副科长黄丽军常年和师傅奔波在杭城各大医院,“抠字眼、听口音、辨外形,他总是一遍遍地锤炼着我的‘基本功’。”

对于李耀进来说,他最大的愿望是把个人善举化为一种社会行动。除了奔波在寻亲一线，李耀进还常常造访各地的救助管理机构和医院，将自己多年寻亲的经验毫无保留地传授给社会上的救助人员。

每次李耀进来“讲课”，浙江台州黄岩救助站的工作人员徐子文从不落下。“李老师的身上有太多鲜活的案例，他从自身的经历讲起，由浅入深，一点点提炼出‘语言交流、语音分析、地图比对’工作三步法。”运用李耀进传授的“窍门”，徐子文曾成功甄别出10多位特殊疑难滞留受助人的身份信息。

在杭州市救助管理站第二值班组组长闻红良心中，李耀进是位“匠人”，他视受助对象为亲人，把受助对象的寻亲甄别工作作为自己的事业去奋斗、去拼搏，二十年如一日，执着无悔。

记者手记

新华社记者　唐弢　程昊

“我、我想回家，没钱买车票了。他们说你们这……可以帮我。”

8月6日上午10点，又是一个高温天，西溪路870号，杭州市救助管理站内，一个身着灰色短袖衬衣、黑色裤子，看上去还算清爽干净、个子不高的男子拖着个行李包急匆匆来到救助站服务大厅外，顾不上擦把脸上的汗，该男子把包往地上一放，就趴在服务窗口问是否能给他买票。

负责接待求助的人，正是李耀进。

“小伙子，你报警了吗？身份证还在吗？”

“报了，就他们告诉我的，若着急回家可来这里求助的。”

“好的，放心，我们可以帮你买票。先把证件给我，你去旁边喝杯水，休息等一下。”

仔仔细细看了下证件，李耀进开始认真填写受助人员站内登记卡。登记信息主要为姓名、性别、户籍，另备注求助内容，还有一个编号。记者注意到这个男子的编号是2841，备注信息是购票。“这编号就是我们站今年救助的第几个人。我人工先登记这张卡后，马上汇总到另一个同事那，再录入电脑，纸质与电子数据各一份。”李耀进一边低头核对信息，一边告诉记者。

为了更快帮助流浪人员返乡，李耀进有时会特地去搜集老地名集。“很多流浪人员上了年纪，只记得一些老的叫法，靠这本宝贝可是找到了不少线索。”这本不知道被李耀进翻了多少次的地名集，甚至已经没了封面，里面做满了标记。

和地图、地名集一同见证李耀进这份坚持的，还有20多年没有换过号码、随时保持在线的电话，尤其为了获取救助对象所属地和家人的信任，李耀进常常要反复拨打、随时接听，即便是在入睡后的深夜。

“救助不是简简单单地收容，更要帮助他们寻找依靠。”李耀进每天的服务对象是生活无着的流浪乞讨人员。他们或是患有精神障碍和智力障碍，或是陷入昏迷的危重病人，基本无法正常沟通。

在李耀进看来，他们需要的恰恰就是亲人陪伴。为了帮助他们寻找回家的路，李耀进坚持每天坐公交车在定点医院、福利机构和救助管理站来回跑，20 多年来风雨无阻。

在受助者眼里，李耀进是位“匠人”，他视受助对象为亲人，把受助对象的寻亲甄别工作作为自己的事业去奋斗、去拼搏，二十年如一日，执着无悔。

微语录

“救助不是简简单单地收容，更要帮助他们寻找依靠。”——失散群众救助员王璐

微评论

新浪微博网友“毛巨星老师骄傲地往前走”说：这风还在刮，这雨还在下，他会来接你回家。感谢有这样的人存在，帮助迷路的人回家。

新浪微博网友“Wo 就 iS 我”说：他就是最美的灯塔！

新浪微博网友“l 不着边际 l”说：你的坚持是好多人的生命之光！

微信网友“闻红良”说：他视受助对象为亲人，他把受助对象的寻亲甄别工作作为自己的事业去奋斗、去拼搏，这样的匠人精神令人敬佩、促人奋进！

微信网友“榆钱沽酒”说：“李探长”精益求精的甄别技术、卓有成效的工作成果、温文尔雅的师长风度始终是我学习的楷模。

李德在车间维修环卫专用车辆损坏的零部件。(新华社记者 朱旭东 摄)

“大国工匠”环卫工人李德

河北沧州人李德，他是环卫工，也是手持9项国家专利、首位享有国务院特殊津贴的“大国工匠”。李德用自主创新，让环卫工作“少些味道，多些尊严”。自1982年进入环卫系统，36年来，李德从以身作则、不眠不休工作的拼命三郎，成长为寻求技术突破、提高机械化作业率、解放双手的专家，他用自主创新真正改善了这份曾被戏言“顶风臭八里地”的工作。

“大国工匠”李德：自主创新让环卫工作“少些味道、多些尊严”

新华社“中国网事”记者　许苏培　涂步云

56岁的河北沧州人李德，身上贴有很多“撞色标签”：既是环卫工人，也是首位享有国务院特殊津贴的“大国工匠”；一手拿着初中文凭，另一手却有9项国家专利、100余项技术创新；既是屡屡获奖的武术冠军，也是几次心脏病突发被紧急送医的病人……

一辈子的“消防队员”

“哪儿有‘火情’就往哪儿派，我这一辈子不像环卫工人，倒像个消防队员。”李德开玩笑说。

李德自1982年进入环卫系统，36年来，无论在什么岗位，他总能最快“露出锋芒”，多次充当“拓荒人”和“救火员”。

1993年，李德被调去垃圾处理厂当厂长。当时的垃圾处理厂不仅人心涣散，苍蝇为伴，还带着建厂时欠下的20多万元外债。

工人不肯干，那就撸起袖子自己上。他白天盯着工人干，晚上下班后独自加班加点继续干。“我就要看看一个人干，到底能不能顶工人们两个班！”

李德获得的专利证书和部分荣誉证书。（新华社记者　朱旭东　摄）

不眠不休拼命干了两个月没回家，他累到心脏休克，晕倒在厕所。“醒来时才发现原来脑袋磕墙上，血流到面颊上都干了。”想起那段艰难的日子，硬汉李德也没忍住流下了眼泪。“孩子那时候才五六岁，媳妇带着来看我，孩子问爸爸，院子里怎么就你一个人……”

一年时间，厂里所有人都被这个“拼命三郎”折服了。大家上下齐心，干劲十足，一年内还清了所有外债，曾经“苍蝇飞起来乌泱泱的”垃圾处理厂也开始变得干净整洁。

“我所有的成绩都是拿命换的。”“救火”多年，自小练武、身强体壮的他，愣是被自己折腾出心脏病，两次住院，身上大大小小20多处伤疤。

2004年，沧州的公厕卫生状况，用老百姓的一句戏言形容是“踮着脚进去，跑着出来”。在这种情况下，沧州市成立了公厕管理站，任命李德为站长。这次他改变了思路，在环卫作业机械化率低、人手短缺的情况下，走上了技术创新之路。

“粪勺子也能扔出花来”

两台吸污车、三辆淘粪车、七个人，这是当时沧州公厕管理站的“全副家当”。全市164个厕所，其中只有十几个是水厕，其余都是旱厕。

“这么多公厕根本顾不过来，天天有人投诉。”李德回忆说，当时还有人嘲笑说看他这次“粪勺子还能扔出花来”。

大型吸污车根本开不进逼仄的胡同里，环卫工人不得不穿着雨靴把粪一担担挑出来，清理一次来回差不多要担20多趟。这份工作又苦又累，还常常被别人讥笑“顶风臭八里地”。

于是，李德开始琢磨把大车换小车，靠技术创新来解放双手。

他找了辆废旧三轮车，自己设计画图。背后涉及杠杆学、液压动力传动等多学科知识，他查阅了市面上能找到的各种专业书籍，并结合过去在单位的机械维修经验，不断发明改进。最终，他发明了“小型粪便机械化作业车”，让工人只需按动操作阀门就能自动完成从清淘到倾倒的工作，身上不会沾染脏污；他研制改装的“自动压缩式固液分离吸污车”，经过几十次技术升级，吸污效率从原先20分钟抽不满一车提高到5分钟抽满一车；他发明的“多功能高压冲洗车”，既能疏通管道，又能洒水、冲洗，解放了工人为疏通下水道而磨出泡的双手。

从2004年开始，李德的发明填补了我国特种设备及特种车四项空白。14年间，他靠着自主研发，让运河区公厕管理的粪便清淘机械化作业率从18%提升到98%。

“9项专利代表着环卫工作中需要攻克的9个难题。”李德说，作为环卫工人，他要让这份工作少些味道，多些尊严。

耐得住寂寞的“大国工匠”

李德是沧州市环卫系统唯一拥有双技师职称的人，也是全国环卫系统第一个享受

李德在办公室绘制小型粪便机械化作业车图纸。(新华社记者　朱旭东　摄)

李德(右)和沧州市运河区环卫站职工勘验垃圾钩臂运输车运转性能情况。(新华社记者　朱旭东　摄)

国务院特殊津贴的专家，并获得全国技术能手、省突出贡献技师、省高技能人才库专家等众多荣誉称号。

2018年 5 月，他从全国技术能手中脱颖而出，被选入参加中组部组织的“大国工匠”高技能人才国情研修班，和其他来自全国各地，包括航天工业、核工业、汽车制造等各行各业的 69 名顶尖人才一起学习。

“我和垃圾为伍多年，做梦都没想到这辈子能进入高科技人才队伍。”李德感慨地说，“这是国家对我们的重视。”

自幼习武的李德在闲暇之余练习燕青拳。
（新华社记者 朱旭东 摄）

工作这么多年来，李德有不少机会离开环卫行业。有的南方厂家看中他的才干，高薪聘请他做技术指导；新加坡机构相中他的武术才能，多次邀请他去担任老师……这些机会，他都婉言谢绝了。

“我所理解的‘大国工匠’，不仅需要专业知识和技能的支撑，更需要吃得了苦，经得起磨难，耐得住寂寞。”李德说。

记者手记

新华社河北分社记者 许苏培 徐步云

李德是一个非常低调的人。采访他是一件很困难的事情，他总是把记者挡在门外，“有这个时间我能干好多事。”

记者去采访时，李德刚被调去当运河区环境管理卫生站站长不久，一天休息最多不超过 5 小时。走马上任 3 个月，他就把运河区卫生站机械化作业率从 50%提高到 80%。除了提高机械化作业率，连洒水车用水的问题他都不放过。李德发现，洒水车用的水都是自来水，每天用上 5000 方是巨大的浪费。而与此同时，污水处理厂的中水却在白白流着。他正在着手研究自己的这第 107 项技术革新。

他是一个技术控，更是一个观察生活的智者。他把工作中遇到的每一个难题都挑出来摆在桌上，然后去积极地寻求解决之道。“9 个专利就是 9 个需要攻克的难题。”他的每一项专利，都剑指一个明确的方向，那就是用最省力的方式帮助环卫工做最有效率、最干净、最体面的工作。

“一提起工匠精神，我们就会说专业技术。实际上工作中每个环节里都需要工匠精神——细腻、周到、严谨，哪项工作都离不开这样的精神。”李德说，“只要做到了，没有克服不了的难题。”

李德是一个对自己非常“狠”的人。初中文化，17 岁参加工作，通过长期坚持不懈的自学，他在每一个工作岗位上都干成了“救火员”，永远冲锋在一线，是每一个领导都拼命想留住的宝。然而他总是为了手中的活不眠不休，甚至累到休克。从小练习武术、拿全国冠军的运动员体质，愣是在长年累月高强度的工作中被折腾垮了，几次心脏手术把他从鬼门关救回来，家里人为此流了多少泪。

回忆起年轻时那些玩命工作而忽视了家庭的岁月，他心中满是愧疚，说到动情时，这个不苟言笑的铁汉忍不住落了泪。不过，在他的影响下，家里人都开始向他看齐，以他为榜样。李德的身体是家人最担心的，女儿有时候会开玩笑说：“老李啊，别拼了，给我们家新人一点机会。”

2018 年 5 月，他从全国技术能手中脱颖而出，被选入参加中组部组织的“大国工匠”高技能人才国情研修班，和其他来自全国各地，包括航天工业、核工业、汽车制造等各行各业的 69 名顶尖人才一起学习。

“我和垃圾为伍多年，做梦都没想到这辈子能进入高科技人才队伍。”李德感慨地说，“这是国家对我们的重视。”

微语录

“我所理解的‘大国工匠’，不仅需要专业知识和技能的支撑，更需要吃得了苦，经得起磨难，耐得住寂寞。”——“大国环卫工匠”李德

微评论

网友“常俐”说：看似普通的工作，靠着毅力铸就了不平凡的人生。

网友“阚申齐”说：令人敬佩。在平凡的工作岗位上做出了不平凡的事，善于钻研，最终取得了很多成就！

网友“水寒502”说：这个故事，打动我们的不单是李德其人，更是他身上那种倔强、不服输的精神。这种精神未来势必会影响着一代又一代有想法、有干劲的年轻人，不被浮躁的社会左右，静下心来，从小事做起，从专业做起，做一个执着、认真、善良、最终有所成就的人。

余启良骑车进村开展工作途中。(新华社记者 杨文斌 摄)

“癌症支书”余启良

在石阡这片大地上，有这样一位无名英雄——坪地场乡雷首山村现年55岁的村党支部书记余启良。一个肺癌晚期的患者，怀着一颗对党忠诚的初心、一心为民的情怀，忘我奋战在脱贫攻坚第一线。说起他，老百姓没有一个不佩服，没有一个不叫好。2013年10月，他通过村民“海选”当选为村委会主任，这是全乡有史以来第一个“海选”的村委会主任。这期间，余启良时常感觉胸部不适，因一直忙于工作，只是吃点药应付了事。2016年初，由于无法忍受痛苦，才前往重庆西南医院住院治疗，最后确诊为右肺患染癌症。这样的消息对这个并不富裕的家庭来说无疑是晴天霹雳、雪上加霜。

余启良：身患癌症仍坚守岗位

石阡新闻网讯记者　李勇

在脱贫攻坚这场没有硝烟的战场上，曾涌现出许许多多的先进事迹。"羊书记"姜仕坤、"女愚公"邓迎香、用36年时间在绝壁上凿出贵州"红旗渠"的老支书黄大发等等。而在石阡这片大地上，也有这样一位无名英雄——坪地场乡雷首山村现年55岁的村党支部书记余启良。一个肺癌晚期的患者，怀着一颗对党忠诚的初心、一心为民的情怀，忘却自我，始终奋战在脱贫攻坚第一线。

眼前这位身材瘦弱，带着村民们忙着搬运羊粪的人就是余启良。说起他，老百姓没有一个不佩服，没有一个不拍手叫好。2013年10月，他通过村民"海选"当选为村委会主任，这是全乡有史以来第一个"海选"的村委会主任。2016年初，他被确诊为右肺患染

余启良在村委会办公室翻阅扶贫文件。（新华社记者　杨文斌　摄）

余启良在放养合作社的山羊。(新华社记者 杨文斌 摄)

余启良在管护村里的果树。(新华社记者 杨文斌 摄)

癌症。余启良爱人李光群说:"医生和我女儿说,你家父亲已经是晚期肺癌了,无法医治了。当时我女儿打电话给我就觉得心理崩溃了,就一直在哭。"

2016年 11 月,他被全村党员全票推选为村党支部书记。就这样,余启良当起了雷首山村的班长。在重庆住院期间,他仍旧挂念村里的脱贫攻坚工作,经常主动打电话沟通安排。看着丈夫每天忙于工作,病情也有好转,妻子李光群只好放弃在铜仁经营得红红火火的羊肉馆,返回村里照料余启良,让他安心把精力投入工作中。

李光群说:"他说:'既然我选上来了,我就要承担起这个责任,你如果不想干当初选你的时候就推挽。'那我说你辞职啊,他说'现在既然上来了,就要把责任承担起。'"眼下正是烤烟采摘烘烤的季节,在雷首山的烤烟基地上,每天都有几十名群众采摘烤烟,余启良每天都会上山来回奔波,叮嘱他们要注意避暑防高温。

坪地场乡雷首山村主任杨凡说:"我们支书(余启良)是一个非常有责任、有担当、有作为的村干部,非常优秀,老百姓对他都是拍手称赞的。他在生病的情况下还能坚持在工作第一线,非常值得我们学习。"

近年来,在余启良的带领下,自然条件极其贫瘠的雷首山村发生了翻天覆地的变化,一条水泥公路弯来拐去穿行在大山深处,路边可见恣意疯长的石榴、烤烟、李子等农作物。5000 余亩森林使得山峦披翠,夏雨初歇的山村已看不出过去穷山恶水的印迹。

余启良说:"我在第一届任村主任期间,向村民承诺的、要办的事还没有完成,还有很多事没有兑现他们,这是我对老百姓的一个承诺。"

当这句话从他患染肺癌的瘦弱身躯中迸发出来时, 轻言细语中仍有一种力量,仍是一片情怀! 这些年,他是这样说的,也是这样做的,他一直奋力改写着雷首山村贫穷的历史。

记者手记

石阡新闻网讯记者　林丽　饶修建

8 月 2 至 3 日,新华社记者前来我县坪地场乡雷首山村采访患癌支书余启良,县委副书记田朝晖陪同采访。

余启良,出生于 1963 年 8 月,大专文化,中共党员,2015 年加入中国共产党,现任石阡县坪地场乡雷首山村支部书记。

2013 年 10 月,余启良通过村民"海选"的方式当选为雷首山村委会主任,是全乡第一个通过"海选"当选的村委会主任。然而,2016 年初,他被诊断为肺癌,但他仍然带病工作。同年 11 月,他又被推举为该村党支部书记。在患病住院期间,他依然挂念村里的脱贫攻坚工作，在病情得到控制后，继续奔走在脱贫攻坚第一线。

两天时间里，新华社记者采取座谈、走访的形式，分别采访了余启良的家人、亲属，雷首山村包村领导、驻村干部、党员、专业合作社社员以及多名村民群众，广泛了解余启良的感人事迹，对余启良患病后仍然放不下村里工作，在负债累累的情况下仍然带领村干部、村民发展集体经济，一如既往带领全村贫困户脱贫致富奔小康的事迹给予了高度赞扬。

一个肺癌晚期的患者，医生说活不过3年，妻子强烈反对他继续参加村里的工作，却阻止不了他匆匆前进的步伐。他怀着一颗对党忠诚的初心、一心为民的情怀，忘却自我，始终奋战在脱贫攻坚第一线。

2013年，村里换届选举，全村600多选民，他以500多票的绝对优势当选，但他心知肚明还差100多票意味着什么。在雷首山村，大多数人姓余，没投票的这些人大部分不姓余，是因为担心村主任姓余，一碗水端不平，不能成为全村人的村主任。上任之初，余启良首先把通往这些人家的道路硬化，把余姓的硬化路放在最后，这件事彻底改变了全村人的看法，硬化路通了，也打通了他与百姓之间的连心路。

不幸的是，2016年初余启良被确诊为肺癌，但他说："只要我还有一口气在，就要为老百姓做点事。"2018年2月8日，余启良从重庆化疗回来。这也是他第10次化疗，几年间的看病就医花光了家里的所有积蓄，还欠了几万元的外债，从石阡下车，他的包里仅剩下3元钱，是余启良的丈母娘掏出2000元让他们家过了一个年。年后，村里要发展集体经济，村干部需出资1万元，他又不顾家人的反对，硬着头皮向亲戚借了1万元，用于发展村集体经济。

"只要我还有一口气在，就要为老百姓做点事。"一句朴实的话语，彰显了一个共产党员的真正本色，道出了一个村干部一心为民的真挚情怀。

微语录

"只要我还有一口气在，就要为老百姓做点事。"——"癌症支书"余启良

微评论

新浪微博网友"死倔死倔的牛"说：一个肺癌晚期的患者，怀着一颗对党忠诚的初心、一心为民的情怀，忘我奋战在脱贫攻坚第一线，多希望我们身边多一些这样的好领导、好党员，向您致敬！

新浪微博网友"楠儿超ai山酱"说：为无名英雄打call，你们是最棒的！

新浪微博网友"Wo就iS我"说：感谢有你，致敬！

王培(前中)在演练后和队员合影。(新华社记者　李安　摄)

“特殊力量”王培

王培是漯河市公安局特殊警务支队第二特殊警务大队大队长,是“特殊力量”的践行者。入警15年,王培牢固树立“立警为公,执法为民”的宗旨意识,参与重大活动安保,维稳处突任务,帮助危难群众,用实际行动践行了入警时的铮铮誓言,诠释了人民警察为人民的真谛。他坚信正义的力量长存,服务人民永远在路上。

孤胆英雄

——记漯河市公安局特警支队第二特殊警务大队大队长

《河南日报》记者 李凤虎

歹徒手持剪刀劫持人质，特警临危不惧，绑住手脚，用自己替换人质，趁歹徒分神之际，制服歹徒，成功解救人质。

这一幕惊险的场面并非是电影里的镜头，而是发生在漯河市区的真实故事。

连日来，漯河市公安局特警支队第二特殊警务大队大队长王培交换人质并成功制服歹徒的英雄壮举被广为传颂，社会各界纷纷为这名英勇的特警点赞。

面对生命危险，是什么力量，让他不顾个人安危，舍生忘死，主动替换人质？11月23日，记者来到漯河市，探访这一英雄壮举背后的故事。

“把她放了，我去换她”

初冬时节，沙澧河碧波荡漾，街道两侧的行道树还充满着绿意。

11月23日10时，在漯河市金山路丹尼斯商场门前，一支荷枪实弹的武装巡逻小分队尤为引人注目，带队的就是王培。

中等身材，皮肤黝黑，精瘦干练，这是记者对王培的印象。“我受的伤不严重，在医院住了10天就出院了。你看看我的身体，一点都不碍事。”巡逻结束后，记者和王培攀谈，说着话，王培拍拍自己的胸脯，当场进行了擒敌拳展示。

“当时现场情况紧急，为了保证人质的安全，我必须上！这是一名警察的职责和担当，没啥可犹豫的。”王培说起当时的情况很平静。

那是10月28日，一个普普通通的周日，15时50分左右，在漯河市区黄河路与泰山路交叉口附近，一家银行突发人质劫持事件。接到警情指令，王培立即带领10余名特警队员前往现场。

在银行大厅的角落处，一名年轻男子左手持尖头剪刀，右手勒着女保安的脖子。该男子情绪较为激动，称只希望以暴力方式结束自己的生命。

谈判持续了近一个小时，该男子的情绪逐渐开始失控。“不要做傻事，你的命是命，她的命也是命，都很珍贵，要不你把她放了，我过去换她。”见劝解无效，王培提出了一个大胆的建议：由自己去替换人质。

看到王培个头不算太高，并确认王培身上无武器后，该男子同意了，但随即提出了附加条件，要求王培绑住双手双脚。被绑住双手双脚的王培蹦了过去，趁男子分神之际，伸出未被绑死的双手，死死抓住了该男子。与此同时，现场的其他民警快速行动，一起将该男子制服，成功解救出人质。在这个过程中，王培的左眉骨被剪刀划伤，脸上满是鲜血，伤口缝了7针。

“王队的提议着实让现场的人吓了一跳，大家都替他捏了把汗。”他的同事李晓炜告诉记者，“但是我们相信他的决定，因为王队是一个有担当的人，他的个人能力和素质也很突出。”

“职责所在，我不能退缩”

王培的事迹在网上引起众多网友的点赞和热议：“人民的卫士，英雄。”“临危不惧，奋不顾身，人民好警察，王培好样的！”“孤胆英雄，向王培警官致敬！”

王培（前）带领队员集训。（新华社记者　李安　摄）

王培（中）在培训民警。（新华社记者　李安　摄）

“满腔热血写春秋，危险之处显身手；人民警察保人民，国泰民安尽职守；舍身保民勇当头，义士忠勇擒歹徒。”

张兵和王培一起入警，当特警15年。“事发当晚，我在医院陪他，我就问他，你是现场的指挥员，为什么一定要自己上？”王培的回答让张兵哽咽了——“危险时刻，我不能让弟兄们先上。”

“我2012年入警，一直跟着王队，这些年处置过太多惊心动魄的警情。”特警队员刘志鹏告诉记者，不管是追捕带刀犯罪嫌疑人，还是打捞河中的危险爆炸物，王培总是身先士卒，冲在最前面。

“你总是这样，不顾及自己。刀子再往下一点点，你的眼睛就保不住了！”面对战友们关切的话，王培说：“犯罪嫌疑人才19岁，太年轻了，我不希望采取强制处置的方案。强制处置是万不得已的行为。”

“我当特警15年，这是危险离我最近的一次。之前经历过无数次紧急情况，但大都是经过充分准备的。”王培说。

支撑王培前行的力量来自警察的使命。他说：“我是一名警察，关键时刻保护群众的生命安全是我的使命，职责所在，我不能退缩！”

“英勇壮举不是偶然，而是必然”

王培的妻子王文博也是一名警察，曾在特警支队工作7年。对于特警工作的性质、危险度，她深有体会。“特警是一支特别能吃苦、特别能战斗、特别能奉献的队伍。王培做到了，我为他骄傲！”王文博说。

“王培的英勇壮举并不是偶然，而是必然，他在那一刻挺身而出，是忠诚本色迸发的力量。王培是我们特警队的尖兵，执行抓捕任务时，他总是冲锋在前，许多次都与死神擦肩而过，但他从没有因为危险而后退。”漯河市公安局特警支队支队长张华说。

“我是王培入警的师傅，这个孩子平时训练不怕苦不怕累，始终高标准严格要求自己，刻苦钻研业务，很快就在新入警的特警中脱颖而出，成为一名特警尖兵。”今年刚退休的赵耀祥曾担任王培的大队长，提起爱徒，赵耀祥一脸自豪。

2003年，怀揣着警察梦，王培参加并通过了漯河市统一招警考试，成了一名特警。作为非公安院校毕业生，王培深知自己的短板弱项，从入警起就苦练实战本领。在战友眼里，王培就是个“训练狂”，无论是酷暑还是严寒，每天都坚持进行超强度训练。

经过苦练，王培的体能和技能考核成绩稳居支队排行榜首位，创造了一个又一个“王培速度”：4秒内完成“六四”式手枪枪弹结合，快速精度射击，直中靶心；15秒内完成连续翻五六十公斤重的轮胎10次；19分39秒完成5公里跑……

王培走进校园开展安全教育活动。(新华社记者　李安　摄)

2011年6月,省公安厅组织备战全国公安机关首届警务实战教官技能比武,王培凭借扎实的业务素质,过五关斩六将,在选拔集训考核中,他的枪支分解结合成绩全省第一,综合成绩名列前茅。因为优异的比武成绩,王培被公安部授予"全国公安机关全能实战教官"称号。

"王队就是我们的榜样,跟着王队干,有奔头、有干劲、有目标,放心、贴心、暖心。"特警队员倪洪涛说。

15年来,王培参加处置各类群体性事件750次,抓获各类违法犯罪嫌疑人136人,先后荣立个人二等功1次、三等功5次,荣获河南省优秀人民警察、全省公安系统优秀实战教官等荣誉称号。

在王培的带领下,第二特殊警务大队涌现出了一大批专业技能精湛的特警队员,成为漯河市特警战线上的一支"尖刀"力量。第二特殊警务大队被评为漯河市十佳政法单位,被团省委表彰为青年文明号,荣立集体三等功1次。

孤胆英雄王培正在成为全省公安干警学习的榜样。

记者手记

《河南日报》记者 李凤虎

在处置劫持人质事件时，王培艺高人胆大，临危不惧，机智应对，通过交换人质的方法换得接近犯罪嫌疑人的机会，趁犯罪嫌疑人分神之际，扑向犯罪嫌疑人，死死扣住了犯罪嫌疑人的左手，成功解救出人质。在全国公安机关处置各类劫持人质事件中，这是一个非常成功的典型案例。

王培挺身而出、勇擒劫匪，他以自己的实际行动践行了“对党忠诚、服务人民、执法公正、纪律严明”的诺言。

记者从漯河市公安局特警支队进一步了解到，今年36岁的王培作为一名特警，发生在他身上的惊险故事不止这一件。入警15年来，在危险和困难面前，总会见到他奋不顾身的身影。“不积跬步无以至千里，不积小流无以成江海”，他的这一举动并非偶然，而是日积月累的警务实战训练和忠诚为民的结果。

采访中，记者听到特警支队领导和同事对王培评价最多的话就是，无论面对急难险重任务，还是日常巡逻值守，王培总是勇挑重担，冲锋在前，忘我工作。他把感恩党和组织的培养、感恩人民养育作为自己干事创业的价值追求，把对党和人民的深情融入平淡琐碎的日常工作中，踏踏实实地做好分内的“小事”。

王培经常讲，“自己每一点进步都离不开党组织的培养和关爱，不管在什么岗位，都要牢记警察前面有‘人民’二字，永做党和人民的忠诚卫士。

“群众在我们心里有多重，我们在群众心里就有多重；我们对群众的感情有多深，群众对我们的感情就有多深。人民公安为人民，人民公安人民爱，只有做到为了群众的生命敢于舍弃自己的生命，才是一名真正特警应有的责任。”这句话深深地烙印在王培的心中。在一次营救跳河自杀的年轻女子事件中，王培奋不顾身跳入冰冷刺骨的河水中，奋力将女子拖向岸边，轻生的女子得救了，而王培自己却被冻得嘴唇发紫，浑身发烫，连续一个星期高烧不退。

“风霜雪雨万里路，铮铮铁骨驻街头”。王培不但是特警支队的一员“标兵”，公安队伍中的一把“尖刀”，更是保护群众的一面“坚盾”。他凭着对本职工作的无限热爱和不懈追求，凭着铁一般的信仰、铁一般的信念、铁一般的纪律、铁一般的担当，不断实现入警的誓言，用实际行动履行人民警察的神圣职责。

微语录

“我是一名警察，关键时刻保护群众的生命安全是我的使命，职责所在，我不能退

缩！”——“特殊力量”王培

微评论

《人民日报》网友“Yubin”说：救人质的同时还想着罪犯才19岁，还有改过自新的机会，实属难得。好警察！好人有好报！

长安剑网友“大龙”说：为了人质安全舍身救人，这样的好警察值得我们尊敬和自豪。我们的国家正是有了千千万万这样的好警察，才有了广大百姓平安安宁、花前月下的幸福生活。感谢像王培一样的好警察，向你们的英雄行为致以崇高的敬意！你们辛苦了！

长安剑网友“白云飘飘”说：好男儿浑身是胆，降歹徒首当其冲！

中国警察网网友“斌”说：特警王培，英雄壮举，向你致敬！

矣晓沅在清华图书馆查阅资料。

“轮椅上的跑者”矣晓沅

矣晓沅是清华大学的一名学生。6岁那年，一次高烧之后，矣晓沅被确诊为类风湿性关节炎，这被称为“不死的癌症”。之后他失去越来越多的行动能力，11岁时，他开始与轮椅为伴。27岁，与轮椅相伴了16年，矣晓沅从当初考入清华，到获得清华仅10个名额的特等奖学金，保送攻读硕士研究生，他的经历坚韧而传奇。

清华研究生矣晓沅：轮椅上的坚韧“跑者”

新华社记者　杨思琪　樊攀柳　王敏

“对于我这样的跑者，最重要的是用双脚实实在在地跑过一个个终点，让自己无怨无悔。”这是清华大学研究生矣晓沅近日在《朗读者》节目中说的一段话。

今年27岁的矣晓沅已经和轮椅相伴了16年，凭借顽强的毅力和坚韧，在求学和科研的道路上，他“跑”出一段又一段精彩传奇。

我是一个不服输的人

6月的清华园，清风徐徐，绿意葱茏，荷塘里的莲花次第绽放。矣晓沅摇着自己的轮椅迎面而来。这是他在清华园的第六个年头。

2012年，矣晓沅以云南省高考理科第16名的成绩被清华大学计算机系录取。从患病到坐上轮椅，再到走进清华，这一路他走得辛苦，但却很坚定。

6岁那年，一次高烧之后，矣晓沅被确诊为类风湿性关节炎，这被称为“不死的癌症”。之后，从跑不快、跳不高到走不动、站不起，肿大的关节让他失去越来越多的行动能力，11岁时，他开始与轮椅为伴。

“坐上轮椅后，我的生活变成了三点一线。对我来说，一本书、一道题就成为我世界的全部。”矣晓沅回忆，中学时他曾一度伤心、绝望，是父母和老师的关爱让他抬起了头，学会以感恩之心面对每一天。在父母的帮助下，他在高一时就确定了自己未来的学习方向——不需要太多体力劳动的计算机专业。

四年的大学时光里，矣晓沅参加辩论队，带队远赴云南腾冲进行社会实践，受邀为多所中学学生做演讲……充实的学习生活让他变得谦逊而上进，内心丰富坦然，性格也更加开朗。

“我是一个不服输的人，我相信可以凭着自己的努力追回来。”从刚入学专业排名90多名，到获评全校仅10个名额的特等奖学金，又被保送到计算机系人工智能研究所攻读硕士研究生，矣晓沅完成了一段段精彩冲刺。

推进无障碍,是我会一直坚持的事

记者初见矣晓沅,他就递来一张浅蓝色书签。书签正面是用中英文写的“请勿占用无障碍设施”,背面写着“助力无障碍筑梦未来”。矣晓沅说,这是他正在推进的一项重要工作。

作为清华大学学生无障碍发展研究协会第二任会长,他曾在一年时间里联合北京新起点公益基金会、北京病痛挑战公益基金会等多家社会组织,在校内外开展各类无障碍宣传科普活动,一方面呼吁加快建设无障碍基础设施,一方面呼吁社会关注、关爱残障人士,让每位“轮椅上的天使”能够生活在平等包容的环境里。

“刚读大学时,有一些教室,我的轮椅根本进不去,让我不得不退掉一些很喜欢的选修课。”矣晓沅介绍,两年前清华大学成立了无障碍发展研究院,开展无障碍国情研究与标准制定,探索无障碍人居环境和技术开发,促进无障碍人文理念的传播与人才培养。

慢慢地,学校里开始发生改变,教室、食堂、宿舍楼、图书馆等都进行了无障碍设施改造。但矣晓沅更关心的是,全国更多的学校以及更多的公共场所还没有这样的配套

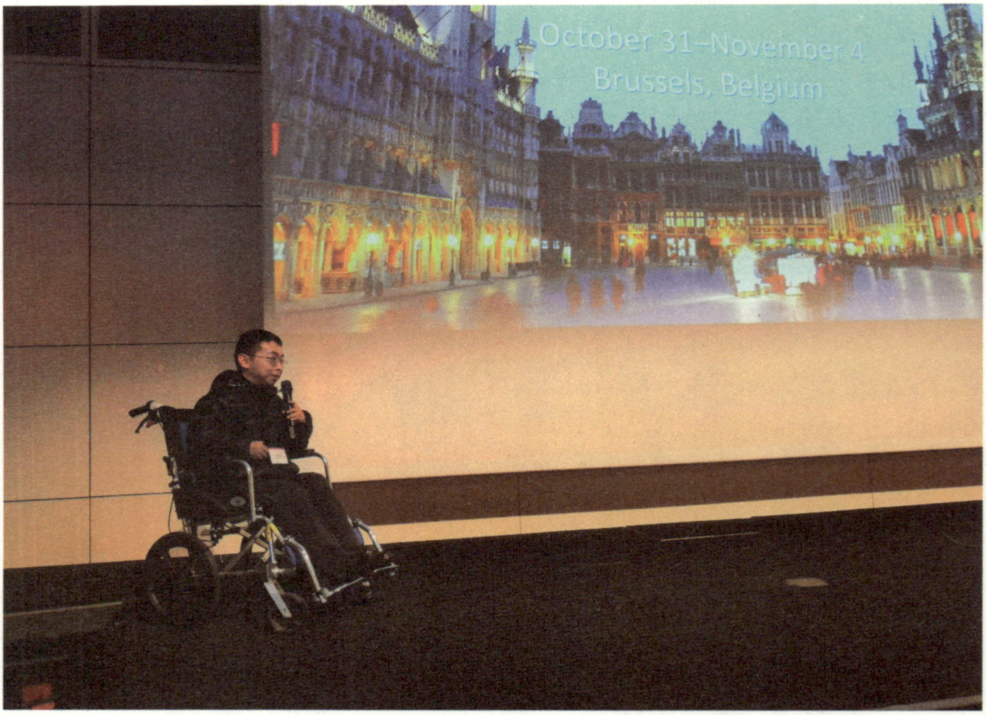

矣晓沅在学术会议上发言。

清华大学校长邱勇亲自为矣晓沅颁发奖学金荣誉证书。

矣晓沅参加辩论赛时和队友合影。

设施。

“推进无障碍，是我会一直坚持的事。”矣晓沅说。

轮椅束缚了脚步，却挡不住人生的高度

2016年，矣晓沅进行了膝关节和股骨头置换手术。如今，他每天要做三次康复训练，每次坚持一小时。除了训练、吃饭、睡觉，他剩下的时间都在做科研，他把自己的生活安排得紧张又规律，不浪费一分一秒。

记者发现，坐在电脑前，他的眼睛里闪现着理工科学生的睿智思维和清晰逻辑。而与人交谈时，他又有文科生的丰富情绪和风趣表达。

矣晓沅说，由于关节变形，他的手指弯曲严重，只能用两个无名指打字。他开玩笑说，就像记者写稿子不靠打字速度一样，他写代码同样如此。

走路不能抵达的地方，思维和心灵却可以到达。矣晓沅参与研发的人工智能系统“九歌”已经能够“写”唐诗和藏头诗了，预计一个月内可以“创作”宋词。在他看来，古诗词是了解人类语言、理解人类思维的一个切入口，他希望通过人工智能为弘扬和传承传统文化带来新契机。

轮椅束缚了脚步，却挡不住人生的高度。矣晓沅说，他希望自己能像霍金一样潜心探索，在人工智能和无障碍之间找到契合点，为更多残障人士提供便捷、舒适的生活环境。

眼下，最让矣晓沅感到惊喜的是，每当做完几个小时的康复训练后，他能够慢慢站起来，并且走上一小段路，他说自己像重新回到婴儿一样学走路，这种成长就是“从 0 到 1 的突破”。

望着妈妈，一直谈笑风生的矣晓沅眼眶不禁湿润了。他说，他最大的心愿就是能够恢复健康，独立生活，那时妈妈可以回云南老家和爸爸团聚。

记者手记

新华社记者　杨思琪　樊攀柳　王敏

没见到矣晓沅之前，脑海中总想到霍金。同样是困在轮椅上的人，会有着怎样天马行空的思想和坚韧的意志。矣晓沅说：“我一直是从父母的身上索取他们的爱，而我无以回报。”

在清华的校园里，我们见到了这位学霸和6年来一直照顾他的母亲郭琼芬。

郭琼芬是医学专业出身，学过护理，没来清华前，在云南当地卫校当老师。为了儿

子在清华的学习,她放弃工作来清华。

“我母亲算半个清华毕业生了,这些年来她陪我一起上课。”矣晓沅说。

矣晓沅对抗病魔顽强生活和学习的故事,让我们动容,然而他母亲的付出同样值得我们关注。

“对于儿子,我很抱歉,我自己是学医的,竟然让他成了这样子。”郭琼芬讲着这些,不禁眼眶湿润。

我们没有把这些细节写进稿子里,认真记下,同样是一种聆听。

“在清华,你最大的收获是什么?”我们问矣晓沅。

“学会谦虚。”矣晓沅很快就给出了答案,“在清华,无论你做什么,科研、考试,哪怕是唱歌,你都能找到比你牛的人。”

不断进取,不断学习,这也是我们记者要做的事。

微语录

“我希望有一天,我最大的梦想能够实现,那就是能够站起来,让我自己独立生活,让我母亲能够获得属于她的自由,我希望用知识来改变我自己的命运,用我的知识去改变世界以及他人。”——“轮椅上的跑者”矣晓沅

微评论

微信网友“是润玉啊”说:有此坚毅少年,实乃当今青年人学习的典范。

微信网友“言情很美好”说:坚强的孩子,这样的身体,还想着大家,如果年轻人都像你这样坚韧、好学,我们的国家就会早一天强大!向你学习,孩子!我同样是一个坐轮椅的母亲。

微信网友“喜欢吃鱼”说:这也是清华人的精神之所在,自强不息,点赞!

何有义在家中。

“勇救落水儿童的88岁老兵”何有义

88岁老人何有义，三台县乐安镇何家桥村人。1951年参加中国人民解放军，曾担任某部队通讯班班长，参加过上甘岭战役，并在抗美援朝时荣立三等功。1957年转业后一直在家务农，育有子女5个。从军的经历，让老爷子养成了一种不服输的性格，在当地也算得上是一位“名人”。2018年3月21日下午，同村一名小孩不慎落水，老人跳下河中将其成功救起，而自己却深陷泥沼，半小时后才脱身。而在几年前，老人在同一条河中也曾救起过一条生命。

绵阳三台88岁老人奋不顾身跳河救起男婴

绵阳日报社记者　邓勇

面对突然落水的小孩，88岁的老人何有义没有丝毫迟疑，径直跳入河水中，将顺水漂流的孩子一把抓住，顺利营救上岸。

由于深陷泥潭和体力不支，老人足足在冰冷的河水中挣扎了近半个小时，才得以脱险。这是2018年3月21日下午，发生在绵阳市三台县乐安镇何家桥村的惊险一幕。而事情的部分经过，正好被一位路人用手机拍了下来并上传到网络，不仅引起了网友们的广泛关注，包括央视新闻在内的多家媒体也纷纷转载。

“我死了没有关系，娃娃还那么小，肯定不能出事……”面对记者的采访，这是何有义说得最多的一句话。

目击者：他年龄那么大，一直上不了岸，大家都很焦急

3月26日上午，记者来到位于三台县乐安镇何家桥村的何有义家中。不凑巧的是，何大爷和家人出门赶场了。家门正上方，一块“人民功臣”的牌匾格外醒目。据了解，这

何有义救人现场。

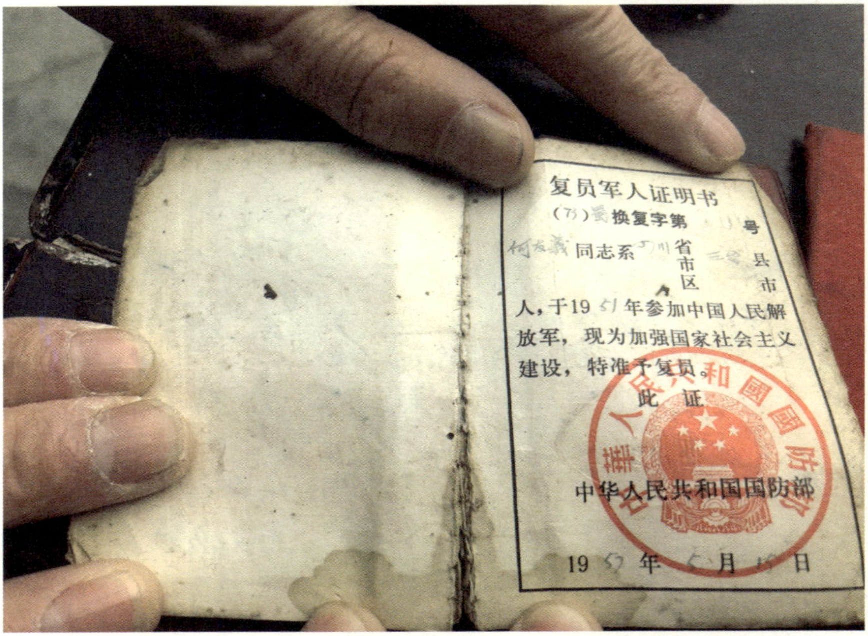

何有义是一名老兵。

是 1952 年三台县人民政府颁发的，纪念何有义在抗美援朝时荣立三等功。

得知记者是来采访何大爷救人的事情，村民任冬梅介绍起了当时的情况。21 日下午 4 时许，她和几位村民正在村委会广场闲聊，突然听到不远处传来声嘶力竭的呼救声，跑到事发地点一看，河里站着的正是何有义，大家正在想办法拉他上岸。而岸上的公路边，一位全身湿透的小孩被家人抱在怀中。“一看是有人落水了，大家都去帮忙，有的递竹竿，有的一直拉着他的衣服，因为使不上劲，何大爷一直都上不了岸，把大家急得不得了。”任冬梅说，就这样僵持了差不多 20 分钟，何大爷才上了岸。

事发时，在附近钓鱼的李先生目睹了部分经过，并用手机拍摄了视频。在视频中记者看到，孩子被抱上岸后，一位女士哭着跑到岸边，想拉何大爷起来。一名穿短袖 T 恤、戴鸭舌帽的男子站在水中，拉着何大爷的衣服，但使不上劲，很快就松开了手。最终，在大家齐心协力帮助下，何大爷被成功拉上岸，此时，他已经全身湿透，水珠不停地从衣服上滴落。“上岸后，大爷啥都没有说直接走了，旁边一名群众说大爷已经快 90 岁了。”李先生表示，大爷的举动让他感动不已，这才想到了上传网络，让这种正能量得到传播。

被救孩子家属:幸亏他第一时间跳下去救了娃娃

三台县乐安镇何家桥村,山清水秀,民风淳朴,现有人口1277人。何大爷救人的事情,很快成为当地的一段佳话。"要不是何大爷及时把我孙子救上来,我都不知道该怎样跟儿子儿媳交代。"回忆起事发经过,岳女士依旧显得有些后怕。

时间退回到几天前。

21日16时许,岳女士带着1岁零7个月的孙儿在家门前的一条村道上散步。"走到一半的时候,我看见村道旁的垃圾桶正冒着烟,于是准备去把火弄熄,就让娃娃一个人坐在儿童车上。"谁知刚转身就听到咚的一声,回头一看,孙子连人带车已经掉到河里去了,"娃娃一下就冲到河里面去了,当时吓蒙了,我也不会游泳,只能尖叫起来。"

20多米外的何有义跑了过来。等岳女士反应过来,何大爷已经站在水中,把孩子提了起来放在肩膀上,开始往岸边靠近。不过,孩子被救起来后,何大爷已经显得乏力,不能爬上岸,还是在随后赶来的好心人的帮助下,才回到岸上。担心老人年事已高,随后,岳女士多次登门致谢,幸运的是何大爷身体并未受到影响,而自己的孙子也只是呛了点水,并无大碍。

何有义:我死了莫得来头,孩子还那么小,不能有事

采访当天下午,记者在三台县乐安镇见到了正在和好友们玩牌的何有义。尽管已经88岁高龄,但老人面色红润,精神抖擞。何大爷告诉记者,当天他睡了午觉起来,临时决定去浇灌一下地里的南瓜苗。在担水的过程中,突然听见有人喊救命,于是赶紧到河边查看,发现一个孩子正在水里哭喊,他什么也没想就跳了下去。"水很冷,而且有点深,都打起胸口了,我就直接把娃娃放在我肩膀上,可是等我想上去的时候,发现已经陷进淤泥里了,根本上不了岸。"何有义说,由于在淤泥里泡了太久,回家后连衣服都脱不下来。"在那样的情况下,如果再有半个小时,恐怕我就没有了。但是我死了莫得来头,孩子还那么小,不能有事。"何大爷淡淡地说道。

记者在采访中了解到,今年88岁的何有义,三台人,1951年参加中国人民解放军,曾担任某部队通讯班班长,参加过上甘岭战役,并在抗美援朝时荣立三等功。1957年转业后一直在家务农,育有五个子女。从军的经历,让老爷子养成了一种不服输的性格,在当地也算得上一位"名人"。

老人家属:事发后才晓得这么惊险,后怕之余更添心疼

采访中,记者在当时孩子落水的地方看见,道路距离河道约1米多高,而何大爷下

河营救的地点，距离小孩子约有三四米远。当地村民告诉记者，这条河被称为苏农河，河道宽约 6 米，河中心超过 3 米深，平时主要是灌溉使用。由于年限已久，河道两边的淤泥很深，即便是年轻人，一旦陷进去也很难出来。

“我都是看了网上的视频，才晓得原来这么惊险，后怕之余，心里更多了几分对他的心疼。”何有义的儿子何成仕告诉记者，当天下午他回到家，看到屋里有几件湿透的衣服，一问才知道，原来是父亲下河救了人。“我当时想救人就救人嘛，只要老人家没事就行了，所以也没多问。”何成仕说，直到两天后朋友发给他一段视频，才了解到当时的情况原来这么惊险。而直到这时，妻子才悄悄告诉他，父亲当日换下的裤子上沾满了排泄物，可想而知，老人当时是如何拼尽了力气。“我们事后也感觉很震惊，他平常走路都要人搀扶，真的没想到他有这么大的勇气跳下河救人。”何成仕说，家里人知道消息后，也急忙回家来看望父亲，所幸老人身体并无大碍。

采访中，何成仕还向记者透露了一个细节，那就是父亲救人回家后，母亲以为父亲是在给南瓜苗浇水时不小心掉到了河里，上来就是一通责骂。而父亲也没有做任何解释，为此两人还赌起了气。直到后来母亲看了视频，这场冷战才结束。

何有义登上长城。

当地政府:正能量值得宣扬,正申报“见义勇为”称号

何大爷救人的举动,也引起了当地政府部门的高度关注。“像这样的正能量事情,就是应该宣扬,也值得我们每一个人学习。”三台县乐安镇党委副书记李义表示,目前,他们已经让何有义的儿子整理相关资料,正在按程序向相关部门申报“见义勇为”称号。

记者手记

绵阳日报社记者 邓勇

此次采访,并没有想象中那么容易。因为得到的线索就只有网友上传的一段视频,要很快寻找到这位老人成了最棘手的问题。前前后后差不多3个小时,才找到老人家中。遗憾的是,邻居说老人上街喝茶去了,估计要晚上才会回来,而他们也都没有老人的手机号码。

幸好,一位村民提供了老人儿子何成仕的电话,可一听记者要采访,对方立马就下了逐客令:“我们老爷子说了,这么小个事情没得啥子好说的。”不过,在得知我们已经在其家门外等候多时,何成仕还是心软了下来,同意回来一趟。

“至于老爷子接不接受采访我就管不着了哦!”何成仕挂了电话。

在等待何成仕回家的时候,记者开始向周边村民们打听救人的事情。“当时好吓人哦,幸好他反应快,不然那个娃娃就没得了。”“在那么冷的水里泡了那么久,又那么大年龄了,你说容不容易?”“真的是佩服他,真的好人啊!”……对于老人的举动,朴实的村民们毫不吝惜自己的赞美之词。而在大家的讲述中,事发的一幕幕也开始一点点被还原。

在何成仕的“引荐”下,记者最终还是在镇上的一家茶馆见到了何有义。因为上了年龄,老人的听力有些退化,所以记者每提出一个问题,都需要儿子何成仕在其耳边再大声重复一次,然而,这丝毫没有影响我们的交流。从参军到退伍,从年少到年迈,从救人到成为大家口中的英雄,老人侃侃而谈,语速飞快。“我死了没有关系,娃娃还那么小,肯定不能出事。”这是说起救人过程时,老人说得最多的一句话。

的确,对于这位耄耋之年的老人来说,岁月在他的身上留下了太多的影子,那逐渐退化的听力,那布满老茧的双手,那饱经沧桑的面庞,可也正是这样一个朴实的他、倔强的他、不甘示弱的他,让人有一种无法用任何语言来诠释的感觉。

后来我们得知,针对这件事情,前前后后去了好几拨记者,以至于每当看见拿着摄像机和相机的外来人员,村里人都会直接热情地指着老人家的房屋说:“记者哇,你们

找的人就在那里。”可令人想不到的是，很多人都吃了闭门羹。由此看来，我们还算是比较幸运的。

做记者8年以来，每一次碰到这样的新闻，我的心里总会暖一下：这些瞬间化身救人英雄的人，不过是和我们一样的普通人，他们到底有什么不同？

这也让我想起了采访中的一个细节，我问：“当时就真的什么都没有考虑，直接就跳下去了吗？”老人有些诧异地说：“救人还有什么考虑的？”

之前看过一句话：在真正会见义勇为的人眼里，正义，是不需要条件的；善良，是不需要思考的。

致敬！平凡的人们给我们最多感动。

微语录

“我死了没有关系，娃娃还那么小，肯定不能出事。”——“勇敢落水儿童的88岁老兵”何有义

微评论

新浪微博网友“人人如龙直达彼岸”说：肃然起敬，最可爱的老军人。

新浪微博网友“希若薇”说：为老人点赞是不能表达我的敬仰和钦慕之情了，真心希望老人家能健康长寿，每天都平安快乐！

新浪微博网友“梦祭终南”说：好人到老了依然是好人，英雄到老了依然是英雄。敬礼！

“中国网事·感动2018”

提名者

"戍边卫国'三人乡'"卓嘎、央宗姐妹

卓嘎、央宗姐妹是我国人口最少乡——西藏玉麦乡的"原住民"。在20世纪长达50年的时间里,姐妹俩跟着父亲桑杰曲巴,一家三口戍边卫国,坚守玉麦,谱写了一段可歌可泣的小人物的大故事。玉麦乡位于喜马拉雅山南麓,海拔3560米,在每年长达半年的大雪封山的日子里,父女三人是玉麦这片3000多平方公里国土上的国家坐标。2017年10月28日,习近平总书记给卓嘎、央宗姐妹回信,勉励他们继续做"神圣国土的守护者,幸福家园的建设者"。

玉麦的守望

新华社记者　张严平　边巴次仁　文贻炜

玉麦在哪里?

似乎远在天边。

云雾缭绕间,记者的车子在喜马拉雅山脉南麓蜿蜒陡峭的土路上,像一只飞上又飞下的山鹰。傍晚,幽深的河谷里终于现出十来栋藏式小屋,如盛开的格桑花。每一栋房屋顶上,都飘扬着一面鲜艳的五星红旗。

这就是玉麦——位于中印边境上中国人口最少的行政乡,只有8户人家35个人,全部是藏族。

正像西藏的一首歌里唱的:这是千年不变的守望……在与世隔绝的天地里,玉麦人绽放出生命的顽强。

51岁的卓嘎特别爱笑,牙齿白白的,眼睛黑黑的。

在夏季牧场的临时住所里,她正为家人准备晚餐。架在火塘上的锅里炒着土豆和青椒,一壶热气腾腾的酥油茶已经出炉。听着丈夫巴桑细数自家的牦牛,她笑得合不上嘴。

137头牦牛,对于一辈子生活在玉麦的卓嘎一家来说,是一生的积蓄。

15岁的大女儿巴桑央吉坐在火塘的另一旁。这个刚刚经历了中考的女孩,似乎对未来更感兴趣。

门帘掀起。央宗和她18岁的儿子索南顿珠来了。

央宗是卓嘎的妹妹。姐妹俩都生在玉麦，长在玉麦，在玉麦第一代老乡长，也是她们父亲的影响下，都选择了一辈子生活在玉麦这个几乎与世隔绝的地方。

玉麦极美，可与传说中的“香格里拉”媲美，但山陡路险，每年从11月开始大雪封山，直到来年6月，这里成为出不去进不来的“孤岛”。

玉麦极丰，林木参天，雨水充沛，但过量富足的雨水，让这片土地长不出庄稼，每一颗粮食，都需要从山外运进。

大雪封山之前，从山外采购回半年的口粮，是玉麦人一年里最艰苦的劳动。2001年玉麦乡通公路前，他们必须赶着马队，穿越一片沼泽遍地的原始森林，翻越海拔5200多米高的日拉雪山，再跨过一个陡峭的山谷，走完47公里的羊肠山道，才能把粮食运到家。

“西藏和平解放后，随着民主改革的进行，高原上发生了巨大变化，许多地方都通了车，玉麦曾有的20多户300多人，陆续迁出交通闭塞的玉麦，去过更好的日子了。”玉麦乡人大专职主席索朗顿珠说。

这位58岁的乡干部与玉麦的关系源远流长。早在玉麦乡隶属山南地区隆子县扎日区时，索朗顿珠便是扎日区的负责人。1999年，政府撤销了扎日区，在保留原玉麦乡行政区划的基础上成立了现在的玉麦乡。

他记得，从1983到1995年间，玉麦乡只有当时的乡长——卓嘎姐妹的父亲桑杰曲巴一家3口孤独地守望着。孩子们的母亲于早年病逝。

这期间，桑杰曲巴也曾一度把家搬迁到玉麦之外的曲松乡，但在曲松乡仅仅住了3个月，他就带着两个女儿回到了玉麦。

他爱玉麦，与零散的山外牧场相比，他更爱玉麦牧场的浩瀚无边。在这样的牧场上放牛，他感觉幸福。他对女儿们说：“如果我们走了，这块地方就没有人了！”

这句话，让两个女儿记了一辈子。岁月如同玉麦那条不知名的小河，经久不息地淌着。如今的玉麦，已是“人丁兴旺”。

39岁的大曲宗，落户玉麦已经有十几年的时间了。期间，她完婚生子，育有两个儿子。

大曲宗一家现在拥有几十头牲畜、一家商店、一家餐馆、一家简易的旅馆，过着丰盈而又平实的生活。

“在我们这里，家家生活水平差不多。”1997年来到玉麦乡的副乡长扎西罗布说。

2010年，玉麦乡人均收入超过7000元，高于西藏农牧民年人均收入。

扎西罗布身兼数职，作为副乡长，行政事务不多；作为医生，他笑称接生是他的主业。

"至今已经接生了6个孩子。"他说。

扎西罗布的大脑中，有一个清晰的玉麦户数变迁的脉络图——

卓嘎和央宗分家立户，是玉麦两户"土著"人家；1996年起陆续搬来扎西曲加、次仁措姆夫妇及那贡一家，两大家庭相继开枝生叶。

扎西罗布的妻子群宗是扎西曲加的二女儿，其大儿子次仁曲加与大曲宗结婚，小女儿拉吉白玛与来自山外的次旦扎西结婚。

那贡一家来到玉麦后，那贡将自己的两个妹妹也"拉"进了山里，一位便是大曲宗，另一位叫卓玛拉宗，与来自曲松的白玛才旺结婚，独立门户。

那贡是个典型的藏家妇女，腼腆羞涩，不愿多语。当时还不太愿意进山的那贡没有想到，玉麦飞泻的瀑布、缓缓流淌的溪流、宽广的高山草甸、浓密的树林，还有湿润的气候、充足的氧气，把她给迷住了。

她喜欢上了这个地方。"政府每个月还给我们900元的护林员工资。"那贡说。

在玉麦，年满18岁的公民都是护林员，每人每月都能享受900元的工资。

每月900元的工资，对当时西藏农牧民来说，是一笔可观的收入。

玉麦人像一棵大树，盘根错综地繁衍，日见枝繁叶茂。

如今，同为58岁的扎西曲加夫妻俩是玉麦乡的长者，而年纪最小的则是他们的外孙女，3岁的次仁白玛——拉吉白玛的女儿。

次仁白玛总是显得很害羞，不敢正眼看陌生人。这个头发很短的小女孩只有跟自己的表哥、5岁的旦增伟丹在一起时，才会显露出孩童天真的笑容。

旦增伟丹是卓玛拉宗和白玛才旺的儿子，他正在山间蹦蹦跳跳，像一头机灵结实的小牦牛。

他的性格有倔强的一面。父亲为了教他识字，在一个简易的木板上写下了30个藏文字母和10个阿拉伯数字，让他认读。可他一不高兴，就把木板摔在地上，木板成了两半。

玉麦人口太少，孩子们无法凑齐一个班级。

送孩子到山外读书，对所有玉麦的父母来说，虽心有不舍，但为了他们的未来，还得狠狠心送出山。

卓嘎的三个女儿到了上学的年龄后，她每次都会亲自送她们翻越雪山。

最美的花总是开在悬崖上。

玉麦人就是这样的花。在方圆3000多平方公里的土地上，每一个玉麦人都是国家的坐标。

每一个玉麦人从生活在这片土地那一天起，都会有一个比一般人更强烈的意识：我是中国人，我的任务就是为祖国守边防。

卓嘎姐妹记得，她们小时候十分渴望大山外的世界，几次央求父亲："到山外去吧！"

父亲总是说："不能走。这是国家的土地，我们得守着。"

作为第一任玉麦乡乡长，桑杰曲巴常去山外开会。回来后，他总要召集全体乡民，也就是他的两个女儿，传达上级指示。

孩子们就会想："做指示的就是国家吗？"

有一天，她们看到父亲翻箱倒柜找出平日里做衣服用的红布和黄布，又剪又缝。

卓嘎想，父亲一定是在给她们缝制新衣。

"父亲以前当过裁缝。"卓嘎说，她们眼看着父亲穿针引线，绕着红布的四边缝下来，接着又从黄布上剪下几个"看似像花又不是花的东西"，精心地缝制到红布上。

妹妹央宗认定这是一件极漂亮的衣服。待父亲缝制完成，她高兴地想试穿，可既没有袖子，又没有领子。

"这是什么？"姐妹俩问道。

父亲神秘地笑了："小孩，你们不懂。这是中国最有名的东西。"

这一天，中华人民共和国玉麦乡的 3 位公民，把乡长亲手制作的第一面五星红旗牢牢插在他们的屋顶。从此，这里国旗飘扬。

卓嘎至今清晰地记得，父亲曾先后做过 4 面国旗。后来，随着西藏物流发达，桑杰曲巴不再做国旗了，他每年都会买回来两三面崭新的国旗。卓嘎发现，父亲买回来的国旗和他自己亲手缝制的国旗，除了大小之别，别无差异。

年年飘扬的国旗，让卓嘎姐妹开始懂得，什么是国家。

国家，就是五星红旗。

国家，就是脚下的土地。

她们懂得了，守护土地，就是守护国家。

从此，大山深处除了有鸟鸣水流的声音，还时常传来两个女孩对着大山的歌唱。她们为自己歌唱，为父亲歌唱，为守护的土地歌唱。

随着国家的强大，这片土地日新月异。

2001 年，桑杰曲巴最大的心愿实现了——通往山外的玉麦公路修通了。

"父亲沿着这条公路，去了一次拉萨。"卓嘎说。

这一年，老人安详地去世，享年 77 岁。卓嘎至今清楚地记得，父亲临终前对她说的一席话："如果我们走了，这块地方就没有人了，中国的地盘就会小了。"

老乡长的一生，被定格在了这片方圆3000多平方公里的土地上。这里很大，大到堪比一些国家的面积；这里很小，小到只有几户人家几十个人。然而，他对祖国的忠诚、对家乡土地的热爱，却跨越整个雪山高原。

父亲的爱，流入女儿的血脉。

1996年，桑杰曲巴老人退休，女儿卓嘎“替父从政”，担任玉麦乡乡长。这一当，就是15年。

这15年，是玉麦乡变化最大的时期。

玉麦肥沃的草场、漫山遍野的竹林，为这里的居民带来了可观的发展前景。

58岁的次仁措姆编织竹器的功夫非常娴熟。“一个小的竹筐可以卖到5元左右，有时还可以拿竹筐换粮食，一筐换10斤左右青稞。”老人说，她一天最多时可编十几个筐。

2006年，政府统一出资为玉麦乡7户人家盖了新房。次仁措姆的房子也是当时所建。

对于政府的关爱，次仁措姆觉得自己“无以回报”，唯有守护好这片土地，才是尽了自己的本分。

“这里是中国的地方，自己的土地要由自己人来住。”老阿妈用最朴素的话语表达了玉麦人的共同信仰。

随着人口的增多，从1999年起，玉麦乡开始在一些重要的日子举行庄严的升国旗仪式。

大山跃动着新的生机，玉麦人编织着明天的梦想。

“玉麦蕴藏有丰富的资源，包括水、森林、林下资源等，我希望通过我们的努力，注册‘玉麦’商标，打造‘玉麦’品牌，造福这里的百姓。”达瓦侃侃而谈。

1981年出生的达瓦，是玉麦的第三任乡长。

从小上内地西藏班，后在东北完成了大学学业的达瓦，正在努力为这片土地带来新鲜时尚的空气。

“最近我想去趟拉萨，定制一批标有‘玉麦产’字样的包装袋。”达瓦指着群宗商店里的一种煨桑(供佛燃烧所用的一种植物叶子)包装袋说。

玉麦，也是藏传佛教神山扎日转山者必经之地。因地处神山之缘，此处所产煨桑、腾镯等颇受信徒喜爱。而玉麦乡民所开的商店、旅馆等，均供转山者所用。

“现在这个包装袋上写的是‘扎日产’，我想这些东西都是产自我们玉麦，应该把它改过来。”达瓦充满信心地说。

这仅仅是新任乡长达瓦到任后想做的第一件事情。比这件事情更为重要和紧迫的是，达瓦希望上级政府能够对玉麦公路进行一次较大规模的维修，以此保障这里能够四季通车，不再成为“孤岛”。

"这也是国防的需要。"达瓦很严肃地说。

他相信,有了交通的保障,不仅可以更好地巩固边防,还可以将玉麦盛产的东西运出去,为这里的乡民们带来更多的利益。

达瓦的愿望,也正是乡亲们所盼望的。

群宗的商店和大曲宗的商店隔墙而立。距两家不到50米的地方,卓玛拉宗和丈夫白玛才旺正在修建一处新的商店和小旅店,即将竣工。

群宗和大曲宗心里隐约感觉到了一种"压力":这个商店和旅店建完了,可能会影响她们的生意。卓玛拉宗也不希望自家的店铺影响姐姐和邻居的生意。

可生活就是这样。

现代商业文化的因素在这偏远的小乡村萌动。

玉麦与世无争的静谧正在悄然改变。

然而,玉麦人,不管你家里有多少牲畜,不管你是经营饭店、商店还是旅馆,他们所期望的未来,不是钱越挣越多,而是生活得更加精彩。

次仁措姆老阿妈的外孙女扎西德吉成为玉麦历史上第一个考上内地西藏中学的学生。老阿妈充满了成就感。

从刚到内地生活上的不适应,到今天发奋学习,偶尔打电话给外公外婆报个平安,扎西德吉已经融入了都市的生活。"她现在生活和学习很好。"次仁措姆脸上洋溢着幸福的笑容。

次仁措姆希望扎西德吉毕业后能够回到玉麦,或者到离玉麦不远的曲松工作,"但这仅仅是我的想法,不知道孩子自己有什么打算。"

卓嘎的女儿巴桑央吉则坚定地表达了自己学成后回到玉麦的想法。15岁的她不假思索地说:"这里很缺医生,我希望自己能够成为一名医生,回到这里。"

央宗的儿子索南顿珠,这个有着出众的体能和高大身材的18岁男孩,学习成绩相当优秀,是"宋庆龄奖学金"的获得者。

到上海去领奖是他长这么大第一次出远门。上海现代化的高楼大厦让他感觉像住在一个高高的桶子里,他并不喜欢。吸引他的是上海的那些学校,"我希望自己能够到上海读书"。

央宗为自己的儿子感到骄傲。自己从未去过内地,但儿子在18岁就完成了母亲48年来"连想都不敢想的事"。

"玉麦"品牌,是达瓦乡长设想的一个商业运作的模式。然而,对于玉麦本身来说,茁壮成长的玉麦孩子,才是真正的品牌,才是未来发展的关键。

正像卓嘎说的,孩子是我们玉麦最大的希望。

卓嘎担任乡长15年,没有多么轰轰烈烈的事业,只是沿着父亲的足迹,默默坚守着玉麦;没有多少可供书写的政绩,只是带领乡亲们在这片不长庄稼的土地上坚韧地生活。

她唯一一次出远门,是2001年参加隆子县组织的基层和边境乡镇干部前往湖南等省的参观活动。

她像进了另一个世界,印象最深的是这些地方的夜晚"天上没有星星,地上全是星星"。

今天的玉麦,让卓嘎感觉像跨越了千年。通了手机,能看电视。她相信,玉麦的明天会与山外世界一样精彩。

"希望新乡长能够给玉麦的乡亲们带来更好的未来。"卓嘎期望着。

清晨的玉麦,太阳穿过云朵,洒下万道金色的光芒。

家家户户的藏式屋顶上,国旗飞扬。

新乡长达瓦穿戴整齐,站在乡政府院子里那面鲜红的国旗下,兴高采烈地招呼着在家的人们都来合影。

守望着自己祖国土地的玉麦人,有一种发自内心的神圣与幸福。

因为他们知道,玉麦的每一个人都是国家的坐标。

记者手记

新华社记者　边巴次仁

2011年,与时任新华社领衔记者张严平老师一同去玉麦,正值玉麦雨季,狭窄的盘山道路泥泞不堪,乱石丛生,丰田越野车爆胎。司机罗布次仁和我想当然地照着汽车螺丝"前紧后松"的原理,拆卸轮胎,却始终拧不动螺丝。最后发现,原来汽车轮胎的螺丝是"前松后紧"。

同行的摄影记者普布扎西说,我和罗布次仁犯了一个"经验主义的错误"。

这件事情,我至今印象极其深刻。一是那次采访报道,我们采写的《(严平走近)玉麦的守望》影响很大;二是普扎关于经验主义错误的言语。

经过媒体打造和推出的很多正面人物,受众接受习惯也会时常陷入习以为常的惯性思维。比如,当下一说卓嘎、央宗,收到总书记写的回信,几十年坚守祖国边陲,就会觉得是高大的、威猛的英雄式人物。

可事实并非如此。

从2005年(西藏自治区成立50周年报道)第一次前往玉麦,至今我已经去了数次,写了数篇关于玉麦的稿子。这期间,与卓嘎和央宗姐妹聊天采访也有十几次。卓嘎其实是一个有点腼腆的、内向而瘦小的中年妇女;央宗则刚好相反,外向、善谈和健壮。

卓嘎有着较强的表达欲,但却有点羞于言辞。你和她还不够相熟、不够亲近的时候,她的内心世界几乎是封闭的,也会惜字如金。央宗则明显喜欢表达自己的想法,偶尔还会抢话,说过去的故事。

他们跟很多藏家普通妇女并无两样,养儿育女,牧牛挤奶,牧区妇女日常的所有琐事儿她们都要一一去做,整天有忙不完的事儿。平凡得如同在玉麦的草地上、林木间到处盛开的不知名的小花。

可她们又跟绝大多数牧区的妇女有着巨大的不同。她们如同盛开在陡峭悬崖上最美丽的花。

因为她们曾经在父亲的带领下,守护一方国土;在父亲的引领下,坚持在一些重要的时间节点举行升旗仪式。因为有了她们的坚守,五星红旗在祖国边陲3000多平方公里的土地上高高飘扬。可也因为父亲的坚持,她们姊妹也耐受了常人难以承受的孤独和寂寞。

姐妹俩有个共同的特点,就是爱笑。卓嘎更甚。卓嘎一笑,两排白牙齐齐外露,灿烂、会心。

我想这种笑容,也是一种勇气。曾经面对着玉麦的大山、河水、树木歌唱的小姑娘,唯有用笑容才能慰藉内心的孤独,唯有用笑容才能排解身心的寂寞。

待她们渐渐长大,明白了父亲曾经执着坚守的意义、父亲临终前的遗言、父亲手绣国旗的意义,于是,她们毅然传承了父亲的遗志,坚守玉麦。

我常想,一个人的内心如何丰满,才能如此抵得住寂寞和孤独,如此甘于默默坚守?

当我与卓嘎和央宗姐妹越加熟悉,她们开始跟我聊家长里短的时候,她们跟我分享父亲的故事的时候,我渐渐明白:对于她们而言,站在生养自己的土地上,她们有着极强的故土难舍;而作为祖国边陲大地上像坐标一样的存在,她们有着坚如磐石的守土决心。

2017年10月28日,载入史册的一天,总书记回信给玉麦姐妹,让全国人民深深记住了玉麦的姐妹、玉麦的故事。

微语录

"如果我们走了,这片土地谁来守护?"——戍边卫国"三人乡"卓嘎、央宗姐妹

微评论

新浪网友“冬日暖阳”说：家是玉麦，国是中国。正是因为你们两代人的付出，才为祖国守住了大小是半个上海市的国土面积，国家感谢你们，人民感谢你们，为你们的辛勤付出点赞！为你们感到骄傲、自豪！

微信网友“杨树”说：什么是爱国？这才是真正的爱国主义的注解。我们每一个中国人都应该具有这种爱国主义精神。他们就是一面旗帜、高高飘扬在祖国的边境线上。

微博网友“碧海云天”说：第一次听到玉麦这个地方，但看完这一家人的故事，我哭了，我发自内心地佩服！

微信网友“然妮 10”说：真正的爱国者和伟大的平民英雄！

“农民文化使者”刘石江

福建寿宁农民刘石江44年前为村里人办起了一个免费图书馆。几十年来坚守不易，哪怕破产也要办下去的决心感动了村民，很多人在他的影响下从牌桌上聚集到了书墨香中。从意气风发的书生到白发满头的老者，刘石江自费为农民传播文化数十载无怨无悔，堪称“农民文化使者”。

“一生就做好这一件事”，他坚持43年在农村办图书馆

新华社记者　刘娟

距离最初办起免费图书馆的时间，已经过去了43年。

1974年夏天，刘石江还是个18岁的青年，刚刚从县城的高中毕业回到农村，意气风发地办起了一个“煤油灯下的图书馆”，把村民们从牌桌上聚集到了煤油灯下读书。

如今，刘石江已年过六旬，鬓发斑白的他和妻子一起“留守”在村子里，为有需要的老人、孩子们固守着一间藏书7000余册的图书馆。

刘石江打定了主意，“一生就做好这一件事”。他的坚守打动了网友，引起了媒体关注，面对慕名而来的读者，刘石江说：“我的生命已融入图书馆，不管面临什么困难，我都会一如既往地办下去。”

身在乡野，心向“明月”

去往福建寿宁县竹管垅村的路弯弯曲曲，盘山而上，刘石江的图书馆就深藏在这海拔600米的群山之中。山上的云雾笼罩着低矮的土木瓦房，贫穷也像云雾一样，困扰着这里的人们。

物质的匮乏带来的是精神的匮乏。农闲时，村民们除了打牌，鲜有别的娱乐方式。刘石江家的农舍，成了填补村民们精神需求的“高地”，阅读之风在此兴起。

见到刘石江时，他正和妻子忙着整理书籍，身材不高的他几乎"淹没"在书堆里。

刘石江家两层小楼的 6 间房里，有 3 间装满了书。书架上不仅有农业技术书，也摆放着《二十四史精华》《三言两拍》等文史经典。

"书能让人长智明理，无论对城市人还是村里人来说都一样重要。不同的是，大城市里要读到书很容易，但在农村接触书的渠道就少一些。"刘石江感叹，乡村太需要图书馆了！

刘石江会木工，靠着这项技能攒下了一些家业，他建起了乡里的第一座两层砖混楼房。乡亲们好奇地问他从哪儿学的技术，他掏出几本专业书说："就靠这个。"村民们循着他的法子开始跟着书"自习"，把农业种植等技能提高了一个档次。

还有不少贫困户常到他的图书馆，寻思着能不能从书里找到一些致富的方法，刘石江都会热情地向他们推荐茶叶种植等实用书籍。一些贫困户依靠科学种茶，逐渐脱贫。

刘石江家也种茶，现在图书馆的日常运营都靠着夫妻俩每年 2 万元的茶叶收入在维持。妻子柳德声不识字，和丈夫一起干农活"养活"这份事业，一双手因为采茶而长满老茧。

"口袋里只要有几块钱，都会被他拿走去买书，一件漂亮衣服也没给我买过。"妻子忍不住抱怨，"但孩子们总劝我说刘石江做的是有意义的善事，是值得的。"

虽有抱怨，但图书馆只要有人来，柳德声还是热情地倒上一杯热茶，脸上挂满笑容。

"要不是妻子支持，我也坚持不下来。"刘石江面带歉意，他特意找出了两人结婚时的照片，照片里两个年轻人面对未来满怀憧憬。

生活总有许多变化，让他历经波折

如果没有开图书馆，刘石江可能会拥有另一种人生。

1979年高考前，有人喊刘石江一起报考，可那时图书馆已成立 5 年，刘石江离不开。"人啊，有了牵挂，就走不了了。"刘石江说，"我要是走了，大家精神寄托的地方就没了。"

刘石江放弃了高考，但命运没有放弃对他的考验，他先后从事过木工、养殖、司机等工作，一切努力都是为了让图书馆能一直开下去。

最初，为了买书，身无分文的他在父亲的同意下，将家中仅有的一头猪卖了，又向生产队借了 400 元，才换回了 1000 多册书和一些桌椅。这笔债务，他足足干了 5 年的活才还清。原本靠着政府发放的每月 15 元补贴，图书馆运营还算顺利，但 1979 年之后，补贴取消了，刘石江开始了靠自己赚钱养图书馆的漫漫长路。

为了维持图书馆的运营，刘石江自学木工，做木凳、木床来卖钱。1988 年，他手头攒下 1 万多元，次年建起乡里第一座两层砖混楼房，沿街的店面本可以经营小卖部，但他还是坚持辟为农家图书馆，免费开放。

“生活总有许多变化，让我经历波折。”刘石江说。1989 年，刘石江将图书馆交给妻子打理，到县城办起养鸡场，却以亏本告终，濒临破产。刘石江关掉养鸡场回到家后，手头只剩下了 5000 元。“再亏了怎么办？”刘石江心想，“还是全投入图书馆里吧，这比较值得。”

他想让图书馆一直开下去

回忆起往事，他对家人还是心怀歉疚。那时候小女儿出生，生活压力陡增，“如果关掉图书馆，两个人都出去做生意的话，生活可以过得很好的”。

但他还是放不下。

在极其困难的情况下，刘石江借钱考驾照，先后给人当过司机，搞过客运，跑过货物运输。

“这是一段艰辛的往事。”刘石江说，曾经有人劝过他以这项公益事业进行募捐，但他举棋不定，犹豫着不肯走这一步。因为一直以来，对于他办图书馆不盈利这件事，村民们是不太理解的，还有人在背后议论他“肯定有什么目的”。

“2000 到 2002 年是最困难的时候，因为那时候不像现在有网络，大家对书的需求比现在大很多，每天图书馆都挤满了人，书不够读，又常常丢书。那时，我货车也不开了，想多买一点书也没办法。”刘石江回忆，他只能去向县文化局申请募捐，很快得到支持。

刘石江拿出一本用塑料纸精心包好的账目簿，上面清清楚楚地记着收到的每一笔捐款，一共募集到接近 3 万元资金。“这是大家对我的支持，我心存感激。”刘石江手捧着账簿说。

43 年来，投入的钱已经数不清了。“估计有几十万吧，但是我觉得很值。”刘石江说，“哪一天我走了，我要把图书馆捐出来，让它一直开下去。”

记者手记

新华社记者　刘娟

我常想，人这一辈子，短短几十载，怎样度过才算不枉此生？见到刘石江后，他眼里那种坦然和坚持令人动容，让人感受到有一种“逆向而行”的活法，即使是他人看起来有点傻的固执，也能活出岁月无悔。

那一年，距离他最初办起免费图书馆的时间，已经过去了43年。他从18岁的农村第一批人人称羡、有着大好前景的知识分子，到如今的两鬓斑白，坐拥7000本书，每日粗茶淡饭，静候着村民上门来寻知识的文化使者。

如果没有开图书馆，刘石江可能和他同批高中毕业的同学一样走上了重要岗位。

然而，对于自己的选择，他是没有后悔过的。如果没有经受过考验，他的坚持可能没有如今的分量。

这些年，他是吃了很多苦的，连带着他的家人一起。生意屡次濒临破产，仍不放弃以商养书，即使只剩最后一头猪，最后5000元，他也不顾妻子阻拦，坚持要拿去换书。对于他的这项事业，妻子是有怨言的。“那时候小女儿出生，生活压力陡增，如果关掉图书馆，两个人都出去做生意的话，生活可以过得很好的。”刘石江回忆。

但他还是不愿意放下。43年来，投入的钱已经数不清了。“估计有几十万吧，但是我觉得很值。”

雨果有一句话让刘石江印象深刻：多建一所学校，就少建一座监狱。他觉得图书馆也一样，“多建一座图书馆，就可以少建一个监狱”，这就是他一直坚持的原因。

2011年，民间图书馆协会邀请刘石江去北戴河参加研讨会。在那场研讨会上，他见到了来自全国的民间图书馆从业者，他们就像一粒粒火种，点燃了孩子们、村民们心中的希望之火。受到这些同行的鼓励，刘石江更加坚定了自己的方向。

让刘石江引以为豪的是，村里不少大学生都是从他的小小图书馆里“走出”的。他觉得，这是多少钱都买不来的。“我常常会想，人活着是为了什么？我不会说好听的话，只是觉得不能只为了自己赚钱，更要做一点有益于大家的事，这就是意义吧。”

在北戴河的会议上，一位70多岁的北师大中文系教授让刘石江颇有感触，“那位教授把自己的一个别墅作为图书馆捐献了出来。”

“我也打算这样，哪一天我走了，也要把图书馆捐出来，让它一直开下去。”刘石江说。

放眼当今社会，为了一己私利“吃相丑陋”的人比比皆是，即使高知如博士，也有霸座高铁不知悔改的，即使家财万贯如明星，也有偷税漏税无视规则的……刘石江只是一个普通农民，只有着一幢自建小屋，却能有这样的心愿，他的情怀真真实实地震撼了我，因此我诚挚地向大家介绍这一位高尚的农民文化使者——刘石江，希望这个社会里，像他一样的存在能多一点，再多一点。

微语录

“雨果说:‘多建一所学校,就少建一座监狱。’其实,我觉得图书馆也是一样——多建一座图书馆,就可以少建一个监狱。”——“农民文化使者”刘石江

微评论

网友“星月静空”说:这真是造福子孙后代的事,能坚持43年,刘老真不简单。

网友“常春常春”说:要是农村以后都有图书馆就好了,利国利民,功在千秋。

"圆梦巨人"孙建涛

孙建涛是泗水县微公益协会会长。5年前,因为一声怯懦的"爸爸",他开始带领团队转型做公益。5年的公益道路,让1600多名困境儿童成了他的"孩子"。因为这份责任与担当,他不得不愧对自己的亲生儿子,他希望每个困境中的孩子都能拥有健康快乐的童年,这是孙建涛的愿望,也是他喜欢做的事情。正因为他的坚持、他的执着,这份公益事业才越做越大。

"圆梦巨人"孙建涛

泗水县微公益协会　乔赞　于恒刚

我们一行走进泗水育才学校的时候,小娇娇害羞地钻进了孙建涛的怀里。如果不是孙建涛,不是孙建涛背后的泗水县微公益协会,或许小娇娇不会走进这样基础设施完备、教学质量一流的寄宿制学校。或许,她还会待在泗水那个偏僻的小山村里,光着脏兮兮的身子,和家里的小猫小狗玩。

如今,在泗水县微公益协会的帮扶下,已经有1610多名像小娇娇一样的孩子,得到孙建涛和他身后泗水县微公益协会的帮扶。

在泗水深厚的文化底蕴背后，是相对落后的经济条件和低水平的人均可支配收入。作为济宁市唯一的纯山区县,与周边的邹城、曲阜等之间的差距巨大,其中很大程度是观念上的落后。在决定将当初的拍客团转型为专注公益的泗水县微公益协会时,孙建涛告诉团友:"咱们帮的不仅仅是物质,更是观念和生活习惯的质变。"

因为一声怯懦的"爸爸"

在推动团队转型之前，孙建涛是泗水县国土资源局圣水峪中心所党支部书记,兼任齐鲁拍客团泗水站团长。在他的组织下，泗水站先后为山东广播电视台农科频道、公共频道报送了多部宣传泗水的专题片。一时间，泗水火烧、桃花水母、四角羊为省内外观众熟知。如孙建涛所说：这是泗水的特色，为了服务家乡的发展，应该让更多的人知道。

说起孙建涛转型公益的决心，离不开这个叫娇娇的小姑娘，她是齐鲁拍客团泗水站帮扶的第一个困境儿童。2014年刚入秋，孙建涛带领团友到泗张镇采风，在上焦坡村一处破旧院落，他看到了年幼的娇娇正一丝不挂地在院子里玩，目光呆滞的妈妈坐在地上傻笑。孙建涛试图去喊正随哥哥玩耍的娇娇，却发现这个小姑娘眼里充满了恐惧，双手抱住哥哥迟迟不敢松开。孙建涛迟疑了片刻，向这个小姑娘伸出手，说："娇娇，今年几岁了，想不想和小朋友们玩？"问一句，不答应，问两句，依旧不答应。孙建涛发现了其中的蹊跷，意识到如果不去改变，这个孩子将无法真正地融入社会。回到县城，孙建涛立即安排人员将娇娇的情况介绍发布到了齐鲁拍客团网站，在转发到朋友圈的时候，引起了鸿润集团王德定董事长的注意。在王德定的建议和大力支持下，孙建涛把娇娇接到了县城条件最好的幼儿园办理了全托，联系医院和心理医生为她进行了生理和心理上的全面检查。半年后，孙建涛再次去看她的时候，害羞的娇娇竟然喊出了她出生以来的第一句"爸爸"。娇娇的话刺痛了他，如果不把公益做下去，怎么对得起孩子那句软糯糯的"爸爸"？孙建涛在心里默默地下着决心。

对于转型后的发展，孙建涛心里也没有底。新成立的组织公信力不强，不少人怀疑其发布信息的真实性。大面积铺开走访期间，因大量困境儿童信息集中发布，齐鲁拍客团网站后台时有屏蔽，新走访孩子迟迟得不到帮扶。一时间，新组织的运作陷入僵局，但孩子们不能不帮。如何解决这个问题，就不得不提孙建涛年轻时的经历，他当过兵，当过保安，还是商会会员，身边有很多创业成功的朋友。孙建涛想到了他们。但是，当把困境孩子的情况介绍发给曾经的朋友时，他才发现事情没有想象中那么简单。对方客气点的，简单回复几句，表示对孩子的怜悯，但一说到钱，立马没了音信；有的干脆视而不见，或者直接拉黑。孙建涛的内心受到了很大的打击，但他没有放弃，只要有一丝希望，他还是会向朋友们苦口婆心地介绍需要帮助的孩子。

和儿子的一段对话，让孙建涛意识到了一个潜在的问题。这天下午，孙建涛下班回家，躺在沙发上翻阅孩子们的信息资料时，他发现了一个共性的问题，由于团友们大多初次接触公益，帮助孩子的心情急切，所写帖子的角度都集中在穷苦惨上，没有顾忌到孩子的隐私情况，任何人都可以看到。孙建涛觉得不妥，这些帖子如果被受助孩子的同学看见并提起，他们的自尊心一定会受到巨大的打击。想到这里，孙建涛问坐在一旁的儿子："假如你的隐私被同学拿去开玩笑，你会怎么办？"儿子愤怒地回答道："我会打他。"儿子的反应超出了孙建涛的想象，"既然三年级的小孩子都这么看重隐私，那么我们所接触的那些初中生、高中生，他们的心理又会产生怎样的阴影呢？不行，必须想个万全之策，让他们有尊严地接受资助。”思来想去，孙建涛觉得，如果隐去涉及孩子隐私的信息，在帖子上简单叙述家庭情况，聚焦孩子的闪光点，帮扶效果岂不是更好。想到这，孙建涛眉心舒展，喜形于色，不顾天色已晚，赶紧把这个想法告诉了协会现任秘书长王金成，由他起草新的发帖规范。在接到孙建涛的通知后，王金成也灵光一现，提出了好建议，在帖子后边加上协会的简介和二维码，方便爱心人士直接联系救助。经过这次小小的改动，待资助孩子的帮扶速度明显加快，协会的公信力有了很大提升。

经过认真准备和充分酝酿，2016 年 1 月，经泗水县民政局批准，泗水县微公益协会正式成立，团队开始走向正规化、专业化发展道路。

为了更多孩子的美好未来

随着时间的推移，孙建涛所带领的泗水县微公益协会逐渐受到社会认可，在册会员达到 186 人，救助范围遍及泗水县域内 13 个镇街的 592 个村庄，爱心人士遍布海内外。在孙建涛的努力下，泗水县微公益协会在省内首设新闻发言人和爱心助学信息系统，建立全市首家公益网站，运作模式由当初单纯的资金救助向精神物质等多方位帮扶扩展。泗水县微公益协会成了家喻户晓的品牌，也成了泗水县一张靓丽的名片，但是，孙建涛并不满足于此。

在一次公益组织的座谈会上，公益同仁谈到了项目化运作。孙建涛的团队做过项目，是当初为了参加山东省青年志愿服务项目大赛，整合协会相关模式而申报的，虽获得当年的铜奖，但落地效果不好。座谈会结束后，孙建涛并没有直接离开会场，而是立刻找到那位同仁求教。听了同仁的介绍，孙建涛发现了其中的问题，要想从项目上取得进展，就必须在原有基础上进行革新，最好的方式就是和大公益组织合作，而这恰恰是协会的短板。

正当孙建涛为这事一筹莫展的时候，好消息传来，泗水县微公益协会被国家级的中华儿慈会看中，派出项目人员专程到泗水实地考察。在为期两天的考察中，项目人员跟随志愿者深入村庄，一同参与走访对接活动，真切地看到了团队运作的规范和专业，完整齐备的工作流程、任劳任怨的志愿者、融洽热情的工作氛围、高效务实的工作团队，都让儿慈会的专家们惊叹不已。不久，好消息传来，中华儿慈会同意与泗水县微公益协会进行深度合作。同年 9 月，两家组织共同在腾讯公益平台发起”微爱大善让天使回归”项目，预筹资金 50 万元。经过前期准备，不到 3 天便超额完成筹款目标。

有了这一次尝试，泗水县微公益协会的项目化运作便一发不可收拾，先后同中国扶贫基金会、新华公益等组织合作，上线“过年吃上肉，是孩子最单纯的渴望”“泗水爱相随，困境儿童圆梦计划”等公益项目，筹集资金30多万元，惠及千余名困境儿童。到2017年年中，泗水县微公益协会已经累计帮扶困境儿童1400余名，实现全县所有村庄的拉网式覆盖。

2018年，泗水县微公益协会申报“微爱1加N”项目，拟筹资450万元，涉及困境儿童的爱心助学、“五防”教育、放飞梦想和温暖小屋等多个方面。孙建涛知道，350万元对刚刚步入正轨的泗水县微公益协会来说，的确是个不小的数目。从8月下旬开始，在孙建涛的倡议下，协会大多数成员将微信昵称改成“姓名加备战99公益日”字样，营造全民推广的良好宣传氛围。进入9月，孙建涛开始带领项目组主要成员分赴意向企事业单位进行实地宣讲。

临近99公益日的那几日，孙建涛向单位请了假，全天待在协会驻地筹备捐款事宜。几天下来，孙建涛的眼圈黑了、嗓子哑了，但收获让他忘记了所有的一切。99公益日期间，来自全国各地的5.4万多人参与捐款，创造了全省县级公益组织筹款的新纪录，取得了99公益日三天五项指标(筹款总额、公共筹款总额、总筹款人次、一起捐人次、一起捐发起者人数)全省第一名的好成绩。99公益日结束的那天，孙建涛感叹道：“新的纪录了。”

如今的泗水县微公益协会已累计筛选泗水县590多个村庄的4000多个困难家庭，为1610多名符合资助条件的少年儿童建立了详细的帮扶档案，对1400名困境少年儿童实施了长期的生活和学业帮扶，累计帮扶资金近600万元。作为带头人的孙建涛先后获得齐鲁最美家庭、山东省善行义举先模人物、齐鲁最美青年提名奖、济宁市优秀共产党员、济宁市最美青年等称号，其先进事迹被多家省市级媒体专题报道，泗水县微公益协会先后获得“第三届山东省青年志愿服务项目大赛金奖”“山东慈善奖最具影响力项目”“山东省最佳志愿者服务项目”“第六届山东省管理创新先进单位”“济宁市优秀志愿者服务队”“济宁爱心天使团队”等荣誉称号。

记者手记

泗水县微公益协会　乔赞　于恒刚

改变就意味着分歧，在孙建涛提出转型的那段时间，拍客团的得力干将离开了大部分。当有人提出，人都走了，公益还是否做得下去的疑问时，孙建涛坚定地说：“农村家庭生活的贫困，首先影响到的就是孩子。我们做的是良心事，大家不要担心，还有人会源源不断地加入。”

那段时间，孙建涛消瘦了不少。他也不知道，自己给外界的承诺能否兑现，毕竟泗水做公益的运作模式，没有前例可循。

每当翻看着孩子们的照片，想到那些澄澈的眼眸、纯真的笑脸都代表背后家庭的希望时，他便暗暗地下决心，既然选择了，就要做下去，不能放弃，孩子们还等待着去改变，孙建涛在默默地给自己加油鼓劲。也许，正是当初的这份信念，让他坚持了下来，实现着一个又一个的新突破。

孙建涛个头不高，说话出口成章，似乎在他的脑海里有着用之不尽的想法、思路。采访孙建涛时，我询问他，这几年坚守的准则是什么。孙建涛说：“为了孩子。希望我们身边的每个困境中的孩子都能拥有健康快乐的童年。”“为了孩子”成了孙建涛挂在嘴边的话。

今年99公益日期间，孙建涛一直吃住在协会办公室，指挥着协会成立以来最大的硬仗，每天，他都要接打上百个电话，去沟通方方面面。最终努力没有白费，3天时间他们便筹资420万元。

99公益日期间，一直在协会忙碌的孙建涛，把家里的事务都交给了妻子。99公益日像没有硝烟的厮杀，孙建涛筋疲力尽回到家，看到一向活蹦乱跳的小儿子躺在沙发上闷闷不乐，他才发觉，自己亏欠家庭太多了。

谈起未来，孙建涛说：“现在孩子们的眼界有了很大改观，下一步我们还要对家长进行培训，在一定程度上改变他们落后的观念，助力孩子们更好地成长。”

如果说，公益的路带给孙建涛的是快乐、是责任、是担当，那么，带给那些困境儿童的就是希望和未来。我想，能把喜欢做的事坚持做下去，才能称得上是事业。祝福孙建涛的公益事业越做越大。

微语录

“希望我们身边的每个困难孩子都能拥有健康快乐的童年。”——“圆梦巨人”孙建涛

微评论

微信网友说：因为有你，山区的孩子不会孤单，向孙建涛叔叔致敬！

微信网友说：一个镜头，拓展了拍客团（泗水县微公益协会的前身）的活动范围；一个镜头，让一向乐善好施的企业家王德定（现任泗水县微公益协会名誉会长）更加倾心公益事业；一个镜头，把小娇娇的成长牢牢地牵挂在王德定心上。天还是那样蓝，但从此，在小娇娇的心灵里，蓝天之上，还有洁白的祥云飘过，有自由的小鸟飞过……

“移动照相馆”90后杨董清

杨董清，1992年出生，云南保山人，公益摄影师。2015年春节，杨董清召集青年志愿者发起了“全家福公益摄”活动。他带领的团队扛起相机、自带干粮，走进保山市施甸县最贫困的山区，为从没拍过全家福的乡亲们拍照。3年来，已累计为200多户村民拍摄并赠送了全家福，为300多位老人赠送了纪念照。杨董清盼望着，到第十个年头自己能举办一个“全家福”摄影展，并回访那些曾经拍过照的人，看看他们的变化。他深信，自己现在多拍一张照片，未来家乡的群众就会减少一分遗憾。

大山里的“移动照相馆”杨董清

新华社记者　林碧锋　王安浩维

拿起智能手机，来张自拍、合影留念，记录美好瞬间……这些发生在我们身边看似再平常不过的举动，对一些大山深处的老百姓来说，却显得遥不可及。

在我国西南边陲的云南省保山市施甸县大山深处，一些群众一辈子没拍过一张照片。直到2015年，90后小伙杨董清发起“全家福公益摄”项目，才圆了他们的心愿。

3年来，杨董清背上相机、自带干粮、走村串寨，累计为4个乡镇200多户上千位群众免费拍摄“全家福”，用镜头记录幸福瞬间，温暖人心。

全家人永远的遗憾

干练的发型、朴实的着装、灿烂的笑容，1992年出生的杨董清在大家眼里是一位十足的阳光大男孩。他老家所在的施甸县太平镇地理脉村，是云南西部大山深处的一个小村庄，这里的人们世代以务农为生。

有件事一直深深镌刻在杨董清的脑海里。在他小时候，一辈子生活在山里的爷爷有个梦想，就是能拍张全家福。然而当时村里条件有限，没有相机，村民们只有踩着泥泞的小道，再经过一个多小时车程，前往县城才能拍张照片。

“后来我有了相机，爷爷却已经走了，他小小的愿望始终没能实现，这成了全家人永远的遗憾。”杨董清动容地说，“在一些贫困山区，拍照依然是一件奢侈的事情，不少老人一辈子都没留下一张像样的照片。”

2015年春节，在重庆上学的杨董清回到老家，再次被这种情况所触动，便萌生了为群众免费拍全家福的念头。他在父亲的陪伴下，来到木老元乡大地村为一些村民拍照，“全家福公益摄”项目就此萌芽。

刚开始，有些村民对杨董清的“公益拍”心存顾虑。“大家以为拍照要付费。”杨董清回忆说，被“拒绝”后他并没有放弃，而是想办法与村里德高望重的老人交流，然后由老人领着他到一些村民家里拍照。

“有些从未拍过照的老人，面对镜头时表情略显僵硬，几经调整才顺利拍完。”杨董清说，为了让群众拍照时更加放松，他总会先跟大家叙叙家常，聊聊村里的趣事，气氛慢慢就轻松了起来。

山村道路狭窄，有些地方车辆无法通行，杨董清就徒步前往村庄，常常一走就是一两个小时。“山里的天气说变就变，遇到下雨天，山道泥泞，徒步更艰难，有时我们就搭着乡亲们的拖拉机进村拍照。”他说。

每一次拍摄都非常感动

“笑一个！一、二、三！”伴随着清脆的快门声，去年 2 月 4 日，正值春节前夕，杨董清为木老元乡大地村村民张文芹一家 6 口人拍摄了第一张全家福。61 岁的张文芹笑得很开心，“从前欢度节日或者家有喜事，我们都没拍过照。”她感慨道。

那几天，天空下着小雨，杨董清来到摆榔乡大中村，一连走了三户人家，都因为家里有人去串门走亲戚而未能拍成全家福。“人不齐，又下雨，今天就算了吧，你们过两天再来。”领路的村民李大哥无奈地说。

杨董清并没有打“退堂鼓”，继续往前走了半公里路后，看到不远处半山腰有户人家，一位身着布朗族服装的老奶奶正在打扫院子，老爷爷在一旁安静地坐着，杨董清连忙打招呼：“爷爷奶奶好，过年了，我们来帮你们拍张照，不收钱！”

“上来坐吧，这边路滑，小心点！”70 岁的退伍军人杨富春热情应道。他高兴地找来凳子对门摆好，喊来正在看电视的 12 岁的孙子。两位老人端坐，孙子杨赛彪站在他们身后，祖孙三人拍了第一张合照。

“每一次拍摄都非常感动，大家像过节一样，梳妆打扮换上新衣。”杨董清说，如今

“公益摄”团队包括 2 名摄影师和 1 名记录员，车是自己的，油费自己出，大家都带上干粮，哪怕乡亲再热情挽留，他们也不会留在群众家吃饭。

拍好照片，杨董清就拿到城里的照相馆处理、打印、过塑装框，再委托亲友把照片送到各个村子，最后由村委会主任或村民小组组长送到群众手中。“拍摄产生的油费、冲洗费等费用一部分自己出，一部分来自爱心人士捐款，每一笔钱我都逐一记录并及时公布。”他说。

相机、闪光灯、三脚架……从一个人到一群人，3 年来，杨董清领着团队走遍施甸县木老元乡、摆榔乡等 4 个乡镇，为 200 多户上千名群众拍摄并送去全家福，村民总会欢喜地把照片挂在家里醒目的位置。

贫困山区需要更多关爱

“我的梦想是给家乡每户人家拍一张全家福。”

“希望借此呼唤更多人关注贫困山区的人们。”

“一辈子做好一件小事也不容易，我会坚持做下去……”

这是 25 岁的杨董清在采访中反复提及的几句话，对于自己 3 年来的付出，略显腼腆的他总是轻描淡写地一带而过。在他看来，一张普通的全家福对山区的贫困家庭却意义重大。“一张照片就是一段历史的切片，他们身后的房子、身穿的衣服、脸上的表情，都是重要的细节。”

“每当看到乡亲们把全家福挂在家里醒目的位置，都令我动容。”杨董清说，每一次去拍照都深切地感受到群众的真诚、淳朴与热情，也感叹自己力量的微弱，“我只能为他们拍一张照片，而不少贫困家庭需要更多帮助。”

今年春节，为了让乡亲们更快地拿到全家福，杨董清特意买了一台便携式打印机，从此他给群众拍照，走到哪里就背到哪里。“拍完照就能打印，乡亲们再也不用等待个把月才能拿到照片。”他说。

如今，杨董清有了新的身份。今年 6 月，他和几位朋友在保山市区共同成立了一家影视工作室。他说：“这是新的起点，让我更加坚定地追逐自己的梦想，用镜头温暖更多贫困山区的人。”

“我只是一名普通的摄影师，尝试用相机去做一些力所能及的小事。”杨董清说，自己切身感受到家乡新农村建设和精准扶贫等工作带来的变化，但在云南乃至全国各地的贫困山区，还有许多人需要更多关爱。

今年是“全家福公益摄”项目实施的第三年，杨董清盼望着，到第十个年头自己能举办一个全家福摄影展，并回访那些曾经拍过的人，看看他们的变化。“我现在多拍一张照片，可能他们未来就会减少一分遗憾。”杨董清说。

记者手记

新华社记者　林碧锋　王安浩维

走进大山拍照、整理照片、打印装框……最后一张全家福收官，松了一口气，也算是圆满完成了“2017全家福公益摄”的工作，看着铺满地板的一张张全家福，杨董清告诉记者，其实他的内心已是满满成就感。

干练的发型、朴实的着装、灿烂的笑容，1992年出生的杨董清在大家眼里是一位十足的阳光大男孩。在与记者的交谈中，他的话并不多，甚至略显腼腆，直到说起公益摄影，我们的话匣子才从此打开。

“当初为什么会想着做这件事？”面对记者的提问，杨董清谈起了童年的回忆，他老家所在的施甸县太平镇地理脉村，是云南西部大山深处的一个小村庄，这里的人们世代以务农为生，许多人一生都没拍过一张照片。

真正触动他的，是他的爷爷一生未能实现的梦想——拍张全家福。这个如今看似容易实现的愿望，却让他的爷爷等待了一生。“后来我有了相机，爷爷却已经走了，他小小的愿望始终没能实现，这成了全家人永远的遗憾。”杨董清动容地说。

这种状况一直持续到2015年。杨董清决定背上行囊，拿起相机，走进家乡的家家户户，让大山深处的父老乡亲减少一分遗憾。那年春节，作为大四学生的他发起了“全家福公益摄”项目，从此，他用镜头“走”进老百姓的内心深处。

一路走来，杨董清的团队不断壮大，也得到越来越多人的支持和帮助。去年，他们购置了打印机，带上笔记本电脑、墨盒、相纸，俨然成了一个移动的山村“照相馆”，老乡们基本上当天就能领到照片，他说这样大大提高了工作效率。

杨董清告诉记者，去年有一回，他和团队成员来到施甸县太平镇田头村杨梅坡组、酒房乡梅子箐村拍摄，连续工作3天，由于太过劳累加之大山里昼夜温差太大，拍摄结束后团队中的小伙伴几乎一半熬成了感冒。他说：“虽然大家都没有一分报酬，但是每一个人都全心全意在努力，我特别感谢团队里的每一位成员，是他们撑起了‘全家福公益摄’项目。”

崎岖的山路，零散的村落，前往乡亲们家里拍摄时，时常需要村里的干部群众带路，他们或骑着摩托，或是走路，陪杨董清的团队走村进户。采访过程当中，杨董清说得最多的不是自己做了什么，而是“感谢”二字。

在走村入户的过程中，杨董清感受最深的就是乡亲们的真诚、淳朴与热情。他说，同时还可以了解家乡的社会发展变化,增进和老乡们的感情。“拍摄前的沟通很重要,一切的善意之行必须建立在互相理解,彼此接受的基础上。”

“希望活动能够达到一个什么样的效果?”杨董清说,我们不是第一个做这件事的人,之后会有更多的人一起来做,只是希望唤醒更多人关注贫困山区的人们,也号召大家一起拿起手机或相机为自己家乡的乡亲拍照。

“每一次看着大山深处零散的村落,我知道大山很大,贫困的地区很多,我相信坚持下去,每一个大山深处的人家,总会有一张幸福温馨的全家福。”杨董清说。

微语录

“我的梦想是给家乡每户人家拍一张全家福。一辈子做好一件小事也不容易,我会坚持做下去。”——“移动照相馆90后”杨董清

微评论

新浪微博网友“枯桓”说:不只农村,其实好多老人也没机会拍下美丽的照片。我爷爷奶奶辛苦一辈子几乎没拍过照,每次我拿手机给他们随意拍的时候,他们总是让我等等,然后摆出正襟危坐的样子。我会忍不住想笑,但又能感受到他们对于照相和现在随手就能拍的理解不一样。

新浪微博网友“任炫攀”说:为在乡村山区传递美的、留住美的人点赞!

新浪微博网友“Grizz梨”说:无论是一名业余还是资深摄影师,拍摄最大的乐趣莫过于捕捉佳景和记录快乐,而老一代人脸上的笑容便是这快乐的符号。点赞!比心!

新浪微博网友“嘿看这边儿”说:超棒!很感动,希望小哥哥可以一直坚持下去,加油!

"打拐寻亲达人"俞海忠

俞海忠,42岁,1995年参加公安工作,1998年2月至今,一直在启东市公安局刑侦大队工作,现为刑侦大队综合室副主任,被评为全省追逃工作成绩突出个人、全市十佳侦查员,获得优秀共产党员等荣誉称号,先后6次被嘉奖。他十几年如一日,始终战斗在公安刑侦研判岗位上,平时善于钻研业务,针对跨区域流窜犯罪的特点,打造了一个面向全国的刑侦论坛。2016年7月,他创建的"启东警务协作平台"团队被公安部和中央电视台联合表彰为全国打拐寻亲先进集体。今年1月12日,俞海忠又获得南通市第二届"最美警察"称号。

1月26日,启东市公安局政委茅晓东、刑侦大队民警俞海忠受邀参加中央电视台综合频道《等着我》大型公益寻人节目的现场录制。茅晓东和俞海忠等人从主持人倪萍和国家公安部刑侦局副局长陈士渠手中接过中央电视台《等着我》栏目组启东工作站的牌匾"为缘寻找,为爱坚守",这是该栏目组目前在全国公安机关设立的唯一一个工作站。

打拐寻亲的"最美警察"不忘老百姓的康宁团圆

新华网江苏频道记者　戚轩瑜　唐杨

"信息收集与共享有助于侦破跨区域流窜作案"

日前,由江苏省启东市公安局创建的启东警务协作平台召开第二届全国研讨会。研讨会以智慧警务、助力公益为主题,以警媒、警企合作和区域协作为议题,通过授课、座谈的形式展开交流,深入挖掘、利用平台在维护社会稳定、打击犯罪、服务民生等方面的综合资源,调动平台专家会诊疑难复杂的地域性、系列性、方面性侵财案件,借鉴经验,拓展侦查破案思路。

这样一个"空间作战、区域协作"的新平台,最早起源于俞海忠一手创办的"启东刑侦论坛"。俞海忠说,自己之所以会建立这个协作平台,与发生在7年前的一桩拐卖儿童案有着密切关系。

2011年，启东市一名家长带着孩子前往当地公安机关申报户口。“当时，我们觉得这孩子可能是被拐卖来的。”根据种种迹象，民警产生了怀疑。于是，启东警方对这名孩子进行血样采集，录入了DNA数据库。当年11月，昆明警方通过启东上传的信息数据迅速侦破这起拐卖儿童案件，成功解救了2名被拐儿童。

因为这件事，一直在刑侦部门从事研判工作的俞海忠敏锐地意识到，信息收集和共享在侦破跨区域流窜作案过程中将起到关键作用。于是，他开始潜心研究，建立了“启东刑侦论坛”。很快，这一论坛引起全国同行的高度关注。

通过不断吸纳、融合各地警务资源，打破信息壁垒，俞海忠的“启东刑侦论坛”为各地公安机关打击跨区域流窜犯罪、追逃等工作提供了有力支撑。从最初的数十人，到如今实名注册超过2.3万人，所有的会员全是民警，其中100余人还是全国各地主要警种的专家能手，遍及全国31个省、区、市2800多个县、市级公安机关，日均在线协作的会员3000余人。经过5年多的磨砺，俞海忠的“启东刑侦论坛”在全国公安系统中人气“爆棚”。

“现代城市高新技术犯罪行为比较严重，一些犯罪分子也会利用高科技手段，所以我们从事的情报工作就越来越重要了。原来通过调查走访或现场勘察，可能就把这个案件破了。但现在如果没有高科技手段，没有情报研判支撑，有些案件或许就很难破。我觉得我们这个岗位应该是越来越重要了。”俞海忠说道。

“帮助老百姓全家团圆值得我做”

截至目前，俞海忠和他的论坛会员先后向1000余名求助者伸出援手，帮助200余人找到亲友，其中很多都是失散多年的。现在，俞海忠又多了一个身份，公安部“儿童失踪信息紧急发布平台——团圆”启东市唯一联络人。

今年1月26日，启东市公安局政委茅晓东、刑侦大队民警俞海忠受邀参加中央电视台综合频道《等着我》大型公益寻人节目的现场录制。这是俞海忠第六次站在央视的舞台上，与以往不同的是，此次录制现场还举行了一个简单而又隆重的授牌仪式。茅晓东和俞海忠等人从主持人倪萍和公安部刑侦局副局长陈士渠手中接过中央电视台《等着我》栏目组启东工作站的牌匾“为缘寻找，为爱坚守”，这是该栏目组目前在全国公安机关设立的唯一一个工作站。

“为缘寻找，为爱坚守”启东工作站这个平台通过协助各地公安机关打拐民警即时发布儿童失踪信息，并自动推送到相关媒体和失踪地周边一定范围内的相关人群，尽可能多地搜集失踪儿童的线索，协助破案。

谈起与《等着我》栏目的结缘，俞海忠介绍，2015 年初，作为中央电视台综合频道《等着我》栏目的志愿者，"启东刑侦论坛"一名会员参与了该栏目的寻亲协查，并成功帮助对方找到了失散多年的亲人。事后，该会员向栏目组透露，是"启东刑侦论坛"起到了关键作用，当即引起了栏目组的极大兴趣，随即找到了"启东刑侦论坛"的创始人和站长俞海忠。

让俞海忠难忘的是，2015 年 7 月，"打拐寻亲联盟"成立不久，节目组向俞海忠发来协查请求。一名观众 16 岁的妹妹因被父亲打骂，于 2012 年离家出走，此后杳无音讯。患病离世的父亲在临终前嘱托儿子一定要找回失踪的妹妹。为了完成父亲遗愿，这名观众找到了《等着我》栏目组。俞海忠得知后，通过"启东刑侦论坛"发布了寻亲信息，多名志愿者联合起来，几番查找，最终找到了线索，兄妹得以团圆。

"每一次在节目现场看到那些分离了几年甚至几十年的亲人，他们一见面就抱头痛哭，这让我非常有感触，觉得做这个事情还是很有意义的。全家团圆，这可能是一些老百姓唯一的心愿，帮助他们达成心愿很值得。"俞海忠说。

"优秀的刑侦人员要静下心来，用心去干"

不仅如此，通过不断吸纳、融合各地警务资源，打破信息壁垒，俞海忠的"启东刑侦论坛"还为各地公安机关打击跨区域流窜犯罪、追逃等工作提供了有力支撑。2015 年 7 月，为打造升级版"南通公安"，创新高端的信息化应用能力建设，南通市公安局启动"创客工场"建设，俞海忠积极参与其中。经过近一年的努力，2016 年，"启东刑侦论坛"更名为"启东警务协作平台"，俞海忠将个人经验转化为全局共享，从一人创新演变为全警创新应用。

"这也是因为局里面比较支持的缘故。本来是以我们刑侦条线为主，但刑侦条线还是有点狭隘的。譬如网络网侦这方面，还包括情报中心的情报条线等，有很多条线都在为打击犯罪服务的，所以要综合考虑。"俞海忠介绍道。

与其他刑警有所不同的是，俞海忠以电脑为战场。"挖掘到案件的线索后，先要自己梳理，形成一定的思路，也要会刻画这个嫌疑人可能是什么样的，要会分析。这些东西都是在日积月累中慢慢学才懂得的。"俞海忠说。他现在犹记得刚进入警察队伍时，跟着老刑警走街串巷排查案件的经历，他始终认为："破案的话，你现在光靠纸上谈兵是不行的。"

"要成为优秀的刑侦人员，有一个关键就是要静下心来，用心去干。某个破案线索可能刚有一点思路，但因为心思一乱就断掉了。没有这个破案思路，案子也做不下去。"俞海忠诚恳地说道。

据悉,除了"打拐寻亲联盟",现在的"启东警务协作平台"设有 11 个板块 39 个子板块,会聚着一批全国各地的优秀民警。这里发布的每条帖子和回帖都很可能是破案的关键线索。截至目前,这一平台总发帖量近 55 万条,完成各类协作事项 3 万余件,协破案件 6000 余起,抓获各类犯罪嫌疑人 3500 余名,成为全国公安机关最具影响力的内部交流平台之一。

记者手记

新华网江苏频道记者　戚轩瑜

我和摄影搭档唐杨在启东市公安局等待俞海忠的时候,他的同事告诉我们,老俞的家离单位较远,分别在城的两端。就在前一天晚上,老俞才陪外出诊病的老父亲赶回来,身为独生子女的他陪伴父母双亲的时间并不多。只等候了一小会儿,穿着警察常服的俞海忠风尘仆仆地走进了办公室,那双明亮有神的大眼睛给我们留下了深刻的印象。

说实话,对于采访的记者而言,俞海忠不是一个令人满意的采访对象。因为无论你怎么引导他谈一些感人肺腑的话语,都只能是以失败告终。老俞的同事给我们推荐了一篇网友为他写的《史记·俞海忠列传》,看完之后,有两句话确实让我深以为然。我一边读一边跟老俞说:"'虽屡有建树,犹觉不足也',确实很写实,像你。'激情易,持恒难',更是将你刑侦的这份幕后工作写得入木三分。"老俞不好意思地笑笑,说:"网友随便写了玩的。"

据俞海忠介绍,在打拐寻亲的过程中,他并不直接与老百姓接触,是根据"启东刑侦论坛"上会友发布的寻人线索或是公益组织提供的寻亲线索进行协查。换句话说,如果没有当地宣传部和媒体机构的发掘,老俞干的这份幕后工作很可能一直是默默无闻的。他通常只能在央视《等着我》的节目现场目睹全家团圆的感人场面。

"每一次在节目现场看到那些分离了几年甚至几十年的亲人,他们一见面就抱头痛哭,这也让我非常有感触,觉得我们做这个事情还是非常有意义的。全家团圆,这可能是一些老百姓唯一的心愿,帮助他们达成心愿很值得。"俞海忠告诉我。

征得俞海忠的同意,我走近他的办公桌,我很好奇一个优秀的刑侦人员的桌面上会摆些什么。除了一沓厚厚的资料袋,还有一封已开封的信件,我很自觉地没有去看信封封面上写了什么,也没有为了满足自己的好奇心去问,但我暗自揣测:现在还能以信件作为交流方式的人,应该是能静得下心来的人。俞海忠将刑侦论坛上会友所做的诗集递给我看,很难想象,这些铁血汉子也有诗意柔情的一面。

但老俞桌面上最引人注意的还是鼠标垫，鼠标垫上非常显眼地写着几个大字："认真是一种态度"。用到泛黄的鼠标垫就在老俞的手腕下密密实实地压着，似乎在告诉我们老俞对自己的'律己'已经达到一种润物细无声的境地。老俞笑呵呵地说道："公安机关除了打击犯罪，也要服务群众。我觉得这个打拐寻亲是我的本职工作之一，做就做了，也没什么值得宣传的。"

谈起自己从警20多年，未来对自己什么期许，俞海忠很认真地说道："踏踏实实做好工作吧，然后把这个刑侦平台给发展下去。无论是打击犯罪也好，还是处理公益活动也好，都要深入下去。"

微语录

"秉持人民公安为人民的初心，继续耕耘好警务协作这一平台，在打击犯罪、服务人民领域实现新作为。"——"打拐寻亲达人"俞海忠

微评论

微信网友"安永刚"说：时代先锋，警界楷模。携手同行，共圆平安梦。

微信网友"柳岸晓风"说：专司情报探案之职，虽屡有建树，犹觉不足也。叹跨境擒贼之难，忧歹人贩童之恶。十年磨剑，茅塞顿悟，势单力薄，尤为困苦。遂建刑坛，广招天下同志之士。振臂一呼，四海之内联袂而朝往焉。奇人异士入盟者甚多，数载后，云集数万之众。众人拥戴，始称俞站长。

81岁"学霸奶奶"薛敏修

薛敏修是地道的天津人，出生于1936年12月的她在1959年参加全国高考未被录取后，大学梦便成了她一生的追求。工作的原因令大学梦似乎渐行渐远，但年已耄耋的她却始终没有放弃。2014年，薛敏修报考天津大学网络教育学院电子商务专业(专升本)并被成功录取。四年的大学时光艰难却又充满阳光，这场半个世纪的追寻，终得善果。

生有涯而知无涯，年龄没有成为她停下脚步的理由。2018年2月4日，薛敏修站上了天津大学毕业典礼的讲台。

这位81岁的毕业生，谈起学习就像18岁时的模样

新华社记者　郭方达　张建新

"不要屈服于同龄人的压力，生命的意义就在于挑战自己。"2018年2月4日，在天津大学一间礼堂内，正举办着一场毕业典礼，一位头发花白的毕业生在台上发言。

她叫薛敏修，今年81岁，在完成了专升本的所有必修课程后，在这一天她拿到了天津大学现代远程教育的本科毕业证书。同时，四门外语的自学经历，让薛敏修成为天津大学学生们争相学习的对象。追溯她的求学梦，还得从60年前说起。

大学梦始终在心里

20世纪50年代，大学便是薛敏修无比向往的最高殿堂。1957年，21岁的她刚从中专毕业就参加高考，并被西北大学录取。但由于一些客观原因，没能够成功入学，这使得大学成为她心中的一个执念。

决意要通过知识改变命运的薛敏修，在那个年代学习了俄语和拉丁语。从事药品管理工作后，她经常要进行药品登记，但海外运来的药品使用说明都是用英文写作，这使得她在工作中遇到了难题。"我最早不会英语，要么就着拉丁语的写作方式去查字

典，要么干脆通过主要成分的分子式去确认，费时费力，也不准确。”

于是，薛敏修萌生了学习英语的念头，同时他对法语也有兴趣，怀着强烈的学习欲望，她自学了英语和法语。“这两种语言之间有相似的地方，放在一块对比着学，还真把它们学了下来。”薛敏修说。

多年来保持学习的精神和态度，源于她渴望上大学的愿望始终坚定。2001 年，高考取消年龄限制，薛敏修意识到自己的大学梦可能真的要实现了，于是她先报名学习“电子商务”的大专课程，为再次参加高考做准备。

大学之路柳暗花明

2013年，时隔近 60 年，薛敏修再次踏入高考考场。已经 70 多岁高龄的她，和“后生”们比拼，确实有些心有余而力不足，尽管竭尽全力，但成绩并不理想。

当薛敏修以为大学梦真的此生无缘时，天津大学网络教育学院的现代远程教育课程给她提供了一条途径。

工作人员回忆，2014 年春天薛敏修来报名时，大家都以为她是为孙子而来的。“奶奶，您……”可没等工作人员把话说完，薛敏修就纠正道：“别叫我奶奶，我来这儿是学习的，请叫我薛敏修同学。”

刚入学时，大学的教育对于薛敏修而言还是有些吃力，甚至几次面临“被劝退”。

教数据库基础的老师认为她年纪太大，许多课程对她来说太复杂，就劝她退学去上老年大学。在学高等数学的时候，即便听不懂老师在讲什么，她依然硬着头皮学，因为害怕老师认为自己听不懂而劝自己退学，甚至不敢问老师问题。

时间久了，薛敏修摸索出一套属于自己的方法：上课听不懂的，如果是基础问题，她就去翻中学的课本自学，如果是大学阶段的问题她再去问老师。即便如此，第一学期一共 5 门功课，她仍有 2 门不及格。考不过再继续补考，求知路上她一直不言放弃。

六十年执念终梦圆

薛敏修的勤奋好学，在整个学院都出了名。她告诉记者，自己一般早上 5 点钟起床，而养成这个习惯的原因，是因为有一台广播节目会在早上 5 点播送英文消息。一天内的时间主要被用来学习专业知识，其中计算机相关的课程她花费的精力最大。

“计算机我以前没碰过，但现在这个时代，你不会用计算机，还怎么学习呢？我一定要跟上时代。”专业课上，尽管基础弱、底子薄，但薛敏修硬是靠着一种不怕输的精神，最终通过了计算机课程的考试。“考了 6 次才过没什么丢人的，过不了就不敢学了才丢人。”薛敏修说。

在天津大学网络教育学院，薛敏修是年轻人“身边的榜样”。“你还这么年轻，怎么就不能坚持下去呢？你看看薛敏修同学……”“这门课，你再努力复习一下，你看看薛敏修都过了……”薛敏修几乎成了老师和同学口中“别人家的好学生”。

对于毕业一事，薛敏修说：“我当然是高兴的，但是这张证书不重要，我就想学点本事，人老了也应该继续学习。”至于未来是否还有继续升学的打算，薛敏修态度十分明确，“只要让我考，我就去考”。

“只要学习我就高兴，只要学习我就有收获。”81 岁薛敏修的眼神中闪烁着对知识的渴望，就像是 18 岁时的模样。

记者手记

新华社记者　郭方达　张建新

记者第一次见到薛敏修，是在天津大学一堂毕业典礼上。在乌黑色头发的人群中，一抹亮银色缓缓地从人群中出现，然后挪到台上站定。

那就是薛敏修，记者心里这么想，但她的神态还是让记者有些意外。80 多年的生活令她的身体有些佝偻，可是眼神却清澈如孩童。

“不要屈服于同龄人的压力，生命的意义就在于挑战自己。”从书本里时常看到类似的勉励话语，但带给记者的触动，都远不及一位 81 岁的毕业生亲口说出来。

早在 1957 年，薛敏修便参加了高考并取得了不错的成绩，被西北大学录取，但是因为个人变故，此事没有成行。参加工作后的薛敏修再抽不出复习迎考的时间，但大学梦的种子，一直在心里静静等待着发芽。

“我去报名的时候，大伙都喊我奶奶。”薛敏修对于称呼有着自己的坚持，“我年龄比孩子们大，但只要在学校里一起上课，就应该互相称呼同学。”

学习并不容易，已经 80 多岁的薛敏修学起来确实吃力。她和记者开玩笑说，感觉自己像个小学生，又想学好，又怕老师觉得自己太笨，于是总是扭扭捏捏。

“我是个‘笨’人，自然只有‘笨’办法。”但她口中的“笨”，却是许多年轻同学都做不到的坚持。

早上 5 点钟起床只为听一档英文广播节目，数学弄不明白就翻中学教材重新自学，对计算机一窍不通就从开机操作开始，数据库课程她一共重修了 6 次才合格……

“但这并不丢人，怕失败就不去学了才丢人。”薛敏修谈起这段经历，嘴角有了笑意，“我觉得我这辈子不白活。”

掌握多门外语的薛敏修，也是学校里的风云人物。每当有人考试不及格，把薛敏修作为榜样,成了天津大学部分老师指导学生的"灵丹妙药"。

"薛同学都能学下来,你凭什么说自己不行?"就这样,一个端着书的银白头发的背影,成了众多学生竞相学习的对象。

"我指一样东西,您能用几门外语给我们说说吗?"采访过程中,记者问道。

"没问题。"薛敏修似乎很习惯这种"小挑战",还有一点乐在其中。

记者随手拿起身边的水果,英语、法语、俄语、拉丁语……看着记者有些发愣的神情,薛敏修开心地笑了。

2018年,薛敏修正式从天津大学毕业,站在台上的她神采奕奕,"只要政策允许,有机会我希望继续读研究生"。一语毕,台下便响起了热烈的掌声。

也许对于薛敏修来说,追寻梦想的道路,才刚刚开始。

采访结束时,薛敏修邀请记者常去家里坐坐,"给我带几本你们年轻人喜欢的书来看"。面对这样的请求,记者欣然应允。毕竟,谁会讨厌和一个年轻的灵魂对话呢?

学海无涯,在其中畅游时,每个人都是青春的模样。

微语录

"不要屈服于同龄人的压力,生命的意义就在于挑战自己。"——81岁"学霸奶奶"薛敏修

微评论

新浪微博网友"–myselfxx"说:活到老学到老,谨记在心中。

新浪微博网友"爆三观"说:老奶奶很棒,年轻人也要为自己理想努力奋斗。过年了,有的人风风光光回家了,有的人灰头土脸地回家,还有不想回家的,还有找不到家的,都不要紧,生活还要继续,要活给自己看,对得起自己的付出,活出自己的样子就好。远方的你,新年快乐,愿该有的温暖你都有。

新浪微博网友"假正经Stephy"说:不要屈服于同龄人的压力,不要囿于成见,不要让别人的观点淹没自己的初衷。要有自己走下去的勇气!这奶奶真的太棒了。

“小红帽爷爷”郭文培

郭文培生于1929年，1953年参军入朝鲜，1954年在朝鲜加入中国共产党，1958年回国，截至目前已有64年党龄。

从朝鲜回国后，郭文培被分配至平武县当时的伐木场，当起了警察兵和户籍管理干事。从林场转业，郭老回家务农，并先后在村上担任了民兵连长、会计等职务，为村里的发展出谋划策。

几十年来，郭老并未忘记自己党员的身份，依旧在抗洪救灾、公益事业等方面身先士卒、发挥余热。

“小红帽爷爷”郭文培

绵阳日报社记者　裴玉松

“喝点热水吧，这里有鸡蛋，快拿着吃点，不够的话那边还有……”2017年8月8日晚，九寨沟发生了7.0级地震，由于进出九寨沟最畅通的道路就是绕道平武县，因此地震发生后的3天，平武县成为转运游客最重要的中转站。而家住平武县龙安镇九龙路社区的88岁老党员志愿者郭文培为受灾游客烧水、煮鸡蛋、发面包的画面，记在了不少人心中。因表现突出，郭老受到时任省委书记王东明等省市主要领导的点赞，感谢他为抗震救灾做出的贡献。面对媒体的采访，郭老却说：“我是老党员，为大家做点事是应该的！”

余震中准备热水和鸡蛋

8日晚，九寨沟发生7.0级地震，郭老一家都在屋里，震感越来越明显，厨房柜子里的碗开始啪啪地往外掉，郭老意识到这不是轻微的地震。晃动终于停止，一家人还惊魂未定，郭老开始给老伴雷玉珍“下命令”：“老太婆，多烧几壶水，明天一早，新客运站人肯定多。”郭老经历过不少“大场面”，对此心中有数，知道要做点准备。孙女听到爷爷的吩咐，赶忙翻出家里剩下的几十个土鸡蛋，拿到厨房里准备煮熟，她知道明天爷爷肯定要去车站做志愿者，她也打算同行。

九环线是进出九寨沟的一条交通要道。九寨沟地震发生后，平武县新客运站成为转运游客极其重要的中转站。在接下来的三天里，许多被疏散的游客在此踏上了前往绵阳、成都的回家路。

郭老的家离车站仅有200米。9日早上6时许，他和老伴带着儿媳和孙女先把家里的桌子搬到车站，让志愿者摆放食物和水，方便出来的游客能立即食用，又跑去用柴火烧开水、泡茶、煮鸡蛋、备好面包，尽量赶在第一批受灾游客到达之前准备好一切。

坚守三天把自家变成救灾临时伙房

早上7时许，第一批受灾游客到达客运站。郭老和许多“小红帽”志愿者赶紧迎上前去，送水送吃的，让惊魂未定的游客们感受到了温暖。一对脸上还有血迹的年轻人走下车，有些惊慌失措，郭老赶紧迎了上去。“有热水、鸡蛋，还有牛奶，快吃点吧。”拿到郭老送来的早餐，满身疲惫的他们才有了一丝轻松。

烧开水、煮鸡蛋、泡茶……因为距离较近，郭老的家成为志愿者服务的“临时伙房”，从9日上午到10日凌晨1时，他们加班加点地为被疏散转运来的游客烧了10多锅近50瓶开水，煮了300多个鸡蛋，让刚刚走出九寨沟的游客感到温暖和心安。

因为不放心受灾游客，郭老只休息了几个小时，第二天早上7时许又赶到车站发放面包，指引游客。为了突出党员身份，郭老还特地将党徽别在胸前。“让大家晓得我是党员，有困难可以找我！”郭老说，虽然苦点累点，但能帮助到受灾游客，他和家人都感到很欣慰。当天他又忙到晚上7时许。

第三天，转运来的游客逐渐少了，郭老还坚持在这里，一直坚守到下午1时许。据悉，从9日早上6时到10日凌晨3时，郭老家的“临时伙房”一共为受灾游客烧了20多锅开水，煮了3000多个鸡蛋。

抗美援朝老党员多次参加救灾抢险

“老人家做事利索不含糊，不比年轻党员差。”平武县龙安镇九龙社区居委会书记严光军说，郭老在他们社区就是一面流动的红旗。

据介绍，郭老是一名“老志愿”——20世纪50年代，他就参加志愿军，上了朝鲜战场，表现优异，还曾荣获三等功。1954年在朝鲜火线入党。回国后，先是分配到平武伐木场，后转业回家务农，在村里担任过民兵连长、会计。几十年来，郭老从未忘记自己共产党员的身份，在抗洪救灾、公益事业等方面，身先士卒、当好表率。

在2013年“8·9”洪灾中，金玉国等几位村民的房屋后面发生了大面积山体垮塌，情况十分危急。得知险情后，九龙社区立即组织包括郭文培在内的党员先锋队帮着村民转运家什、清理淤泥。因抢险及时，为村民挽回了不少损失。

郭老参与的最近一次抗洪抢险发生在今年7月28日。那一夜，平武强降雨140多毫米，严重威胁到九环线一带的交通安全。考虑到郭老年纪大了，社区并未通知他前去巡路、清淤。让大家意外的是，郭老自己带着铁锹，主动找到道路抢险队，与大家一起清淤抢险……

据了解，郭老夫妇主要靠他每月1050元的复员补助和每人每月75元的高龄老人补贴生活，日子其实并不宽裕。即使这样，两位老人对公益事业很热心，时刻为周围的党员干部、群众做好表率。郭老的儿子郭明说：“父亲一辈子闲不住，喜欢为大伙儿做点事。”

“加入了共产党，我就会一辈子跟着党走。共产党是全心全意为人民服务的，我只要还能动，就该为群众做点事情。”仅有小学文化的郭老，用朴实的话语说，“人要感恩，2008年那么大的地震，全国多少人帮了平武？如今我能干得动，就要坚持为人民服务。”

记者手记

绵阳日报社记者 裴玉松

从8月9日早上6时到10日凌晨3时，郭老家的“临时伙房”一共为受灾游客烧了20多锅开水，煮了3000多个鸡蛋。这是我采访最后成稿前向郭老儿子郭明求证的数据。如此的工作强度，一名年轻人也感到吃力，对于一名80余岁的老人而言，其难度更不必说。

九寨沟抗震救灾中，许多游客被困在景区，经平武是一条畅通的“生命通道”。当游客们成功脱险后，在车站能喝上一口热乎乎的开水，吃上一颗温热的鸡蛋，能让他们真切地感受到好心人的关爱，获得灾后余生的喜悦。受助与互助，重在将善意传递。有个细节让记者记忆犹新，凡是接受救助的游客登车之前都会给郭老爷子道谢、拥抱、合影。大家向记者表示，这次地震中真切感受到了志愿服务的意义，今后将用自己的行动将这一大爱传递下去。

老伴儿有时“数落”他，但是只要身体条件允许，郭文培还是选择继续加入志愿行列。有人称他为一面“流动的旗帜”，看到他就觉得心底踏实，有力量。近年来，正是在郭文培的影响、感召下，不少原先对志愿服务不关注的人，越来越关注，甚至积极投身其中。这是郭文培在采访中向记者透露的。

一句“共产党是全心全意为人民服务的，我只要还能动，就该为群众做点事情”，道出了郭文培投身公益的初衷。采访中，郭老提及最多的就是自己既然是一名党员，就要对得起组织几十年来的培养，关键时刻要站出来发挥先锋示范作用。从硝烟纷飞的年代到如今的和平年代，郭老见证了国家如何繁荣富强，老百姓如何过上了幸福生活。“以前饭吃不饱，现在的日子做梦都想不到！”郭老告诉记者，正是感到发展不易，因此特别喜欢做一些力所能及的事情，为社会发展贡献余热。

不忘初心方能坚守本色。一名评论员在评论中说，作为党员，要像郭文培那样老老实实做事，清清白白做人，在危难时刻彰显党员本色，发挥党员作用，为广大人民群众的生命财产安全筑起一道“铜墙铁壁”；要像郭文培那样牢记宗旨信念，不忘自己当初为什么入党的信念，真正把为人民服务作为自己的目标；要像郭文培那样不忘初心，坚守党员本色，始终保持党同人民群众血肉联系，把每一件关乎群众的事办好办实。

郭文培告诉记者，今后一旦有需要，他还是会义无反顾地投身志愿服务！

微语录

“加入了共产党，我就会一辈子跟着党走。共产党是全心全意为人民服务的，我只要还能动，就该为群众做点事情。”——“小红帽爷爷”郭文培

微评论

网友“秋雨”说：向老兵致敬！郭老爷子人老心不老，身上的品质令人感动，也值得我们学习！

网友“北极燕鸥”说：我是一名本地人，郭老爷子在平武有口皆碑，特别是他一直以来无私帮助饥困的人，让我们觉得十分不易！积善之家，必有余庆！

“湿地护鸟人”高国武

一身迷彩服，黑红色的面庞，留着一寸长的胡须，从晨雾中缓缓走来的高国武透着几分乡野泥土之气。一台照相机、一架望远镜和一包解毒药物，是他出行的标配。

位于辽河平原北部、科尔沁沙地南缘几十公里处的卧龙湖，是世界鸟类迁徙通道上的重要驿站之一，这里的鸟类数量最高时可达50万只。十年如一日，高国武一直默默地守护着这些鸟儿，面对斧砍、刀伤也不曾退缩一步。

“护鸟奇人”高国武眼中的鸟世界

新华社“中国网事”记者 石庆伟 于也童

家住辽宁省沈阳市康平县的生态保护志愿者高国武，被当地人称为“护鸟奇人”。10年的护鸟生涯，高国武对爱鸟护鸟，从激情化为对生灵的眷恋，十年如一日，一路艰辛却未有一刻退缩。

孤舟一叶，十年无悔护鸟路

每天清早，67岁的高国武按时出发，绕着卧龙湖湿地，徒步巡视二三十公里，观察湿地里各种鸟儿的生存状况，并对受伤的鸟儿实施救护，驱赶盗捕者。随身携带的一台照相机、一架望远镜和一包解毒药物，是高国武的出行标配。

“春秋两季，我每天凌晨3点就要从家里出发，抢在鸟类觅食之前，寻找并清除盗捕者下的毒药。”高国武一身迷彩服，黑红色的面庞，留着一寸长的胡须，透着几分乡野泥土之气。

位于辽河平原北部、科尔沁沙地南缘几十公里处的卧龙湖，面积120多平方公里，是辽宁省最大的平原淡水湖。近年来,曾经干涸的卧龙湖经当地政府大规模治理,重新恢复水草丰美的生态景观,成为鸟类天堂。

"卧龙湖是世界鸟类迁徙通道上的重要驿站之一,这里的鸟类数量最高时可达50万只。"外人看来枯燥单一的护鸟生活,高国武却乐在其中。

"我在卧龙湖边长大,儿时听到鸟群起飞时的振翅声,感觉比飞机轰鸣声还要响亮。"高国武回忆。

2007年,康平县卧龙湖自然保护区管理办公室正式成立,熟悉水情的高国武成了保护区的一名普通工人。

"一次我驾船巡查芦苇塘,老远就看到有鹰盘旋,我估计附近会有鸟的尸体。"高国武很快就看到这样一幕惨景,一群鹰、隼和喜鹊正在啄食河滩上遍布的大雁尸体。"风一吹,鸟的羽毛混着芦苇乱飞。"高国武说,"那些大雁都是被偷猎者毒死的,猛禽在吃了它们的肉后也会中毒,照那样发展下去,卧龙湖肯定很难再看到鸟了。"

这一幕深深刺痛了高国武的心。第二天清晨,高国武就穿起棉大衣、带着手电筒走进卧龙湖湿地里的芦苇荡,开启了自己的护鸟之路,这一走就是10年。

眷恋生灵,一路艰辛未曾退缩

常年出入湿地中,受水气侵蚀,高国武患上了风湿和湿疹,每逢下雨天,不仅关节又疼又肿,皮肤也会发痒。

因为护鸟,高国武阻断了很多偷猎者的生财之路,因而他时常遇到危险。有一回,三个正在下毒药的偷猎者,为阻止高国武报警,用空心铁管殴打他。偷猎者逃跑后,受伤的高国武并没有马上去医院,而是清除掉毒药后又继续巡湖。

更有丧心病狂的偷猎者在高国武巡湖必经之处拉了一根铁丝,想给他制造一起车祸。"幸亏我的摩托车行驶速度慢,翻转的瞬间扭转到了泥地。"为了阻止不法分子偷鸟蛋,高国武更是经常带着一身伤回家。这些危险不但没能吓退高国武,反而坚定了他爱鸟护鸟的信念。"如果我不去做,不法分子只会更加猖狂,不能让他们伤害鸟儿。"高国武掷地有声地说。

"大天鹅、白天鹅、疣鼻天鹅、丹顶鹤、灰嘴鸭、豆雁、东方白鹳……"说起心爱的鸟儿,高国武总是特别兴奋,"卧龙湖湿地鸟岛是鸟的天堂,这里有240多种鸟儿,每天我必须巡逻,不然不放心啊!"

湿地的鸟儿种类多样,其中和高国武感情最深的是一只黑尾鸥。

"有一年巡逻我发现一只黑尾鸥栽倒在芦苇丛里,走近一看发现它中毒了。"高国武马上为这只黑尾鸥注射了解毒针,并把它带回家照料。

高国武给这只黑尾鸥取了个名字叫"黑嘴儿"。"一开始它还有点怕生,过了几天就和我亲近了起来,会和我捉迷藏,也会落在我肩膀上。"回忆起黑嘴儿,高国武面带笑意,"虽然舍不得,但必须让它回归自然。"

高国武将"黑嘴儿"带到了当初救助它的地方,让它回归到自己的族群中,但黑嘴儿只是站在原地。

"黑嘴儿,快走吧,你还要继续迁徙,咱们明年再见。""黑嘴儿"似乎听懂了高国武的话,起飞后不断在空中盘旋,"我刚要转身走,它一个俯冲下来,落在了我的肩膀上,我的眼泪一下就出来了。"

带着不舍,高国武又将黑嘴儿抛向了高空。"打这以后,我每次看见黑尾鸥都会想这是不是我的黑嘴儿或者是它的后代。"

坚若磐石,爱鸟之心不止步

随着卧龙湖不断加强生态治理,截至目前,卧龙湖生态保护区生物种群已有 580 余种,其中禽类达到 143 种之多,包括国家一级保护鸟类 6 种、二级保护鸟类 23 种。"白天鹅、灰嘴鸭、豆雁等珍稀鸟类也达到了有观测记录以来的极值,许多鸟儿还在这里安了家。"高国武说。

高国武的爱鸟之心感动了很多前来拍鸟的摄影爱好者。"我们拿着相机蹲守拍一会儿鸟都很累了,很难想象老高为了守鸟,曾整夜整夜地蹲守在湖滩里的艰辛,每次举起相机看到鸟儿成群结队飞过,我们都能感受到老高的付出和真心。"一名摄影爱好者告诉记者。

在高国武的影响下,很多摄影爱好者及很多爱鸟之人相聚到了一起,他们组成了"湿地保护志愿者协会",只要有时间就去看护候鸟。

春天是候鸟迁徙的季节,高国武和他的同伴每到这时便很忙。

"湿地保护志愿者们,大量候鸟已到卧龙湖,并在卧龙湖周边农田觅食,希望志愿者们行动起来,如发现有伤害鸟行为者,请及时拨打电话告知野保科。"每每观测到候鸟的最新动向,高国武都会第一时间在群聊中告知大家。

鸟岛面积 64 公顷,每一条沟壑都在高国武心里装着。高国武经常住着的鸟岛观察站环境简陋、阴冷潮湿,十年如一日护鸟,很多人不理解高国武,做这么多图什么?

"我就希望鸟儿有个安全的栖息地。人与自然应该是共生的,万物皆有灵,生命都是平等的,我希望能有更多人加入我们,湿地保护、爱鸟护鸟都需要更多力量。"高国武说。

虽然春意已浓,但凌晨的卧龙湖畔仍有丝丝寒意。高国武又一次穿戴上自己的装备，在晨曦中，脚步坚定地走向湿地。

记者手记

新华社“中国网事”记者　石庆伟　于也童

对高国武的采访结束后，我被他拉进了“卧龙湖湿地保护群”，群里68名成员都是爱鸟、护鸟之人。“白枕鹤来了，不过只见一天就走了。”“早上在第二监测点看到了东方白鹳。”“大雁来了，咱们要及时保护，现在得行动起来了。”在群聊里，高国武第一时间与志愿者们分享鸟类的迁徙情况。

从孤身一人到现在与大家并肩，高国武护鸟的正能量正在卧龙湖畔传递着。

谈到自己的事儿，高国武并不多说，但只要和鸟相关，高国武的发言频率就高起来了。我经常能想起高国武站在卧龙湖畔，举着望远镜观测飞鸟的样子，那个时候，他眼里有光。观测到新的鸟类迁徙到卧龙湖时，他黑红色的脸庞笑开了花。

他是真的倾尽了自己的所有来爱鸟。

“有人说我挡了他们的财路，也有人威胁我，说要我的命。但我觉得他们不至于为了几百块钱杀了我，不过就算是真的，我也不怕。”面对担心自己的朋友和家人，高国武总是这样说，但他心里清楚，面前的艰难和险阻有多大。

多年护鸟救鸟，高国武已经成为半个兽医，他每天要在湿地周围走上二三十公里，观察湿地附近鸟儿的情况。遇到中毒的鸟儿，他马上采取措施，还经常带回家治疗。

这些被救助的鸟儿回归蓝天的瞬间，是高国武最期盼也最失落的时刻。“人都有感情，养它、照顾它，能不亲吗？舍不得，但是没办法，鸟儿的家在蓝天。”高国武说。

在采访过程中，最打动我们的是高国武的那股钻劲儿。“我就认这一个事儿，就是要把这些鸟保护好。”高国武不过是一位普通人，但是他把自己的全部精力投在护鸟这一件事上，把平凡的事做到极致。

捕杀大象只为象牙，偷猎犀牛只为犀牛角……我们常常听到这类新闻，但并不是每个人都有勇气像高国武一般，能一路热忱、坚定地走下去。在他身上，我体会到一种美好的冀望。但是，我们却需要这样执着的信念滋润，没有坚守的愿景，又何来向前的动力？他说，哪怕看到一只大雁能在栖息地安然地度过一个冬天，也是令人欣慰的收获。

高国武给鸟儿拍的照片很多，但他自己的照片却少之又少。我很喜欢湿地志愿者偷偷为他拍摄的一张照片，在辽阔壮美的卧龙湖畔，高国武踽踽独行，他的眼神始终望向湖中，望向他牵挂了一辈子的鸟儿。

"现在好了,我不是一个人了,志愿者越来越多,以后会越来越好的。"高国武笑着说。

微语录

"我就希望鸟儿有个安全的栖息地。人与自然应该是共生的,万物皆有灵,生命都是平等的。"——"湿地护鸟人"高国武

微评论

网友"我不管江晚吟最可爱"说:善良的心有很多,其实每一个人都是善良本身,但是能坚持下去,就是最伟大的成功。

网友"天天都有美丽心情 Eva"说:为这种坚守感动!积善行,思利他。

"一把铁锹救出 40 人的环卫女工"张玉芳

张玉芳,47 岁,河北省邢台市环卫处清洁一队一名普通环卫工人。2017 年 12 月 14 日,因雪天路滑,在 107 国道沙河大桥畔发生一起车祸,40 人命悬一线,正在附近工作的张玉芳用铁锹将玻璃窗砸碎,为 1 名司机和 39 名乘客打通了逃生路。

事发一瞬间,真情暖人间。张玉芳说,只是她的工作岗位离得近,赶来得及时一点,"谁遇到这事儿,都会冲上去。"张玉芳,一名普通的基层劳动者,但平凡的她却用善良、朴实和勇敢展现了一名劳动者最美的风采。

这位环卫女工的一把铁锹,危难之际救出 40 人

新华社记者　费洪海　高博

冬日里,河北省邢台市 107 国道沙河大桥畔,一个橘黄色的身影手拿扫帚正在认真地清扫路面。不久前,这里曾发生一起车祸,40 人命悬一线。危难之际,正在附近工作的环卫女工砸窗救人……

这名环卫女工名叫张玉芳,今年 47 岁。记者见到她时,她正忙着捡拾垃圾,天有些冷,但细细密密的汗珠打湿了她前额的头发。说起不久前发生的那一幕,不善言辞的她连摆手说:"细想想,真没啥,谁遇到这事儿,都会冲上去。"

"这种情况谁见了都会去帮的"

12 月 14 日,邢台迎来今冬第一场雪。早上 6 时,家住邢台市经济开发区沙河城镇北街村的张玉芳早早起床了。看了一下窗外,张玉芳对爱人说:"雪越下越大了,路不好走,得早点上街清扫。"

6 时 40 分,她把扫帚、铁锹等工具放到三轮车上,出了门。张玉芳家距工作的清扫段并不远,可她每次都提前出门。

天特别冷,雪一直下。7 时 40 分左右,张玉芳正在 107 国道沙河大桥附近清扫路面

积雪。一辆客车从她身旁开了过去，车速不是很快，轮胎与冰面摩擦，发出嚓嚓的声音。

突然，远处传来一阵刺耳的刹车声。紧接着，客车突然一个掉头，侧翻在马路中间。目睹了这一切的张玉芳有些愣神儿。“这可不得了，车翻了，得多少人堵里面，救人要紧。”她抓紧手中的铁锹，往出事地点跑。

客车侧翻，里面的哭声、喊声响成了一片。透过玻璃窗，她看见司机正拿着一个小锤砸前挡风玻璃。先跑到事发地点的 2 个年轻人正在用脚踹玻璃窗，一下、两下……但玻璃窗却丝毫没反应。

“用铁锹砸，砸开了让他们出来。”张玉芳举起手中的铁锹，开始使劲砸玻璃，几十下之后，玻璃有了一点点裂纹，却始终打不破。

身边的一位年轻人主动接过铁锹，大家齐心合力将玻璃砸碎，为 1 名司机和 39 名乘客打通了逃生路。最终，车里的 40 人扶着铁锹，一个接着一个从破洞里钻出来。不远处的地面上，汽油漏成一片。

“幸亏及时，汽车随时有爆炸的可能。”现场一位司机说。十几分钟后，交警赶来了，救护车赶来了，事故中的 5 名伤员被送往医院治疗。

救援结束后，张玉芳平静地回到工作岗位，继续清理冰雪。张玉芳说，只是她的工作岗位离得近，赶来得及时一点，“这种情况谁见了都会去帮的。”

“谁家有困难，她一准帮忙”

正午的阳光洒在路上。趁着午休的机会，记者再次走近张玉芳。正巧，她的爱人王燕军来给她送饭。“热乎面条，快吃。”王燕军心疼地说，扫了一上午，快歇歇。

王燕军向记者介绍，家里有六口人，两个女儿已经出嫁，小儿子在新疆和田当兵，家里还有一个 70 多岁的老母亲。一个多月前，爱人才当上清洁工。

说起那次事故，王燕军说，只听她回来嘟囔了一句，也没细想，谁想大伙儿都知道了。

喝了一杯水，吃完了一碗面条，张玉芳接过了话茬：“当时我就想赶快救人。非要问为啥，因为我爱人也是一名司机，今年 7 月出车祸，摔伤了右臂，要没有热心人的相助，说不定会发生啥危险。心存善念，多行善举，总是没错的。”

坐在一旁的工友韩素英指着张玉芳说：“这是个干活特实在的人，不会说啥。”吴贞云是清扫一队外环清扫班班长，她和张玉芳早就认识，她对记者说，玉芳不仅工作上兢兢业业，生活中也怀有一副热心肠，谁家有困难，她一准儿帮忙。

"她的善举温暖了寒冷的冬季"

邢台环卫女工张玉芳砸窗救人的事迹流传开后,市民和网友纷纷为其点赞。邢台市城市管理综合执法局发出了向张玉芳学习的通知,号召大家学习她见义勇为、敢于救人的精神。

邢台市环卫处办公室工作人员郭延娜感慨地说:"同为环卫人,我感到自豪。危急时刻,她迸发出的人性光辉让人感动。"

获知了张玉芳的善举,家住邢台市桥西区温馨家园小区的大学毕业生杨泽源感到脸上很有光彩,他说:"我很感动,觉得很给邢台人长脸。我要将这个故事告诉更多的同学,为张玉芳点赞!"

邢台县晏家屯镇孝子村村主任李景武说:"张玉芳的故事,值得全村人学习。她的事迹值得宣传,倡导良好社会风气,将美德传递下去。"

事发一瞬间,真情暖人间。张玉芳的爱心善举,温暖了这个寒冷的冬季。

记者手记

新华社记者　费洪海　高博

张玉芳,47岁,河北省邢台市环卫处清洁一队一名普通环卫工人。2017年12月14日,因雪天路滑,在107国道沙河大桥畔发生一起车祸,40人命悬一线,正在附近工作的张玉芳用铁锹将玻璃窗砸碎,为1名司机和39名乘客打通了逃生路。

记者上午采访时,张玉芳已经连续忙碌了两个小时,她还在不停地挥动着扫帚清扫着路上的垃圾,不放过任何一个角落,一遍下来,她的额头已经渗出一层薄汗。

事发一瞬间,真情暖人间。张玉芳为人朴实憨厚,在工作中,她勤恳敬业,附近居民说每天早上一开门就能看见张玉芳的身影,无论刮风还是雨雪天气从来没有离开过岗位,班长工友也都夸她是个实在人,"虽然平时话不多,干起活来却很卖力"。生活中她是个热心肠的人,待人诚恳,乐于助人。

已是工友眼中"名人"的她,从不觉得自己是"名人",只是更加兢兢业业地做好自己的本职工作。只要别人说起那次救人事迹时,她总是说:"那种情况谁见了都会去帮的。"

张玉芳,一名普通的基层劳动者,但平凡的她却用善良、朴实和勇敢展现了一名劳动者最美的风采。

像张玉芳一样,在邢台默默坚守在岗位上的环卫工人还有3000余名,他们早出晚归,忙碌在市区的街巷里,清洗街道路面、清理死角垃圾、清除路面泥点、收集门市垃圾、擦洗城市家具、保洁公厕卫生……正是有像环卫工人这些基层劳动者付出的点滴汗水，才换来了市民们舒适、欢乐、洁净的生活。

微语录

“细想想，真没啥，谁遇到这事儿，都会冲上去。”——“一把铁锹救出40人的环卫女工”张玉芳

微评论

网友“阡陌红尘”说：故事很平凡，但凡人善举让人感动。对人怀有一副热心肠，处处做好事，才有了遇到他人有困难，做到该出手时就出手的感人举措。

邢台市桥西区温馨家园小区的大学毕业生杨泽源说：我很感动，觉得很给邢台人长脸。我要将这故事告诉更多的同学，为张玉芳点赞！

"守护'候鸟'的留守妈妈"李秋会

李秋会是河南省栾川县秋扒乡的一名普通妇女。如果不是2011年的一颗恻隐之心,她可能会在大山深处守着自己的三代同堂之家,继续做着全镇最大餐馆的老板娘,并就此安享一生。她没有想到,仅仅因为"见不得留守儿童在餐馆门口受冻,并把这些孩子接进自己家"的一个微小善举,就此改变了她生命的轨迹。她舍弃餐馆,克服生活的艰难,一心扑到照顾留守儿童的事业上,6年救助百余名儿童,成为中国波澜壮阔的城镇化进程中,"留守儿童"这个特殊群体的见证者。

"留守妈妈"李秋会:用爱为百名"小候鸟"筑巢六载

新华社记者　李鹏

"听,孩子们要回来了!"坐在与学校一墙之隔的院子里,听到急促的下课铃,48岁的李秋会本能地从凳子上"弹"起来,望向门外。

眨眼的工夫,40多个拉着手唱着歌的"小候鸟"三五成群地出现在了大门口。看见李秋会,"小候鸟"们扔下书包,飞快地挤过来,落在她的腿上、怀里,甚至挂在脖子上,叽叽喳喳地叫个不停,安静的院子顿时沸腾起来……

自从6年前把在餐馆门口冻得瑟瑟发抖的留守孩子让进自己的家门,当时在河南省栾川县秋扒乡经营餐馆的李秋会怎么也没有想到,就是这个小小的举动改变了她的人生。

见不得上学的孩子吃苦

"这些留守孩子的家里太穷了。"李秋会说,6年前,她在秋扒乡中心学校附近开餐馆,每天傍晚都有许多幼儿园和小学的孩子挤在餐馆门口等着家长来接,"冬天天黑了，家长还没来，孩子冻得直发抖。”

后来，她才知道这些孩子都是山里的留守儿童，因为年龄小，不能在学校寄宿，但父母都外出了，爷爷奶奶又走不了山路，孩子们为了上学赶路，经常是早上天不亮就出门，晚上半夜才到家。

这些孩子的遭遇深深地刺痛了李秋会的心。小时候也住在山里的李秋会至今还记得自己上学时的情景：为了不迟到，鸡叫一遍就得起床。有时候鸡叫早了，只能在学校门口等，时间浪费在路上，上课了却困得想睡觉，“什么也没学到，四年级就不上了。”

“见不得上学的孩子吃苦。”也就是从那时起，李秋会把自家在学校隔壁的房子腾了出来，让给孩子和家长免费歇脚。可后来，一些家长急着外出打工，为了让孩子免受奔波之苦，干脆带了铺盖卷儿和火炉，让孩子放学后自己生火做饭，晚上就在李秋会家打地铺过夜。

李秋会看在眼里，疼在心里。想了很久，她干脆把自己的餐馆租出去，出钱把房子改造一新，添置了新床铺，当起了专职的“留守妈妈”，亲自照顾起了几十个孩子的起居，而这一照顾就是6年。

捡垃圾赊米面，一年贴进好几万

一开始，李秋会只收留秋扒乡中心学校的留守儿童。可后来，一些父母无力抚养或者非婚生被遗弃的孩子也找上门。

5岁的小陈博(化名)，父亲智障，爷爷残疾，母亲婚前生下他后远嫁他乡；8岁的陆瑞(化名)和5岁的陆轩(化名)两姐弟，母亲智障，父亲常年在外打工……看着一双双清澈却无助的眼睛，心软的李秋会也都收进家门。

孩子越来越多，李秋会感觉时间越来越不够用。白天忙着买菜做饭，还要往返学校，“幼儿园的孩子尿裤子了，要去送衣服；小学的孩子在学校跟人打架了，还要去跟人家赔礼道歉。”到了晚上，等孩子们都睡下，李秋会才能腾出时间，洗洗涮涮、缝缝补补。而赶上孩子头疼发烧，李秋会说：“一夜都不能睡觉。”

除了时间，孩子们要吃饭、穿衣、购买学习用品，李秋会越来越感受到经济压力，经常入不敷出。看到有些孩子冬天光着脚，她从垃圾堆里找袜子；孩子要买拼音卡，她从药店捡来硬纸盒自己做，做到半夜还做不完。做专职“留守妈妈”前，李秋会连拼音也认不全，现在已经记得滚瓜烂熟。

原来，李秋会的餐馆全乡最大，还有一排门面房，现在光在粮油门市赊的米面钱都有好几千元。餐馆和门面房的租金不够用，李秋会就拿爱人在外打工的钱补贴，“一年贴进好几万元。”

6年里，李秋会收留的孩子像“小候鸟”一样，走了又来，来了又走，总数已经超过100个。苦苦支撑的她说：“我不干了，有些孩子就得失学。”

“电力雷锋”接力“留守妈妈”

走进李秋会为“小候鸟”筑起的爱巢，宿舍(1)是幼儿园孩子的宿舍，宿舍(2)是小学生的宿舍。为了给孩子们晚上盖被子，李秋会抱着自己的孙子就住在宿舍(1)和(2)之间的客厅。宿舍(3)里是两个初中生，6年前李秋会收留他们时，他们还在上小学。

李秋会的爱人一开始很难理解她收留孩子的行为。“时间长了，孩子们围着他，一口一个爸爸地叫着，他也接受了。”李秋会指着客厅门楣上方的“关爱儿童”四个大字说，“这就是喜欢书法的爱人写的。”

2016年，看着李秋会一个人照顾几十个孩子实在忙不过来，曾经当过代课教师的同乡陈月莉就主动白天过来帮忙做饭，晚上给孩子们辅导功课。

李秋会的善举不仅影响了身边的人，还感化着山外的人。2014年，国家电网栾川县供电公司的电工在入户巡线时，得知了李秋会的故事。随后，“电力雷锋青年志愿者”主动与李秋会对接，除了捐衣捐物送文具，每个月还定期上门与孩子们开展“主题月活动”。

“我不求孩子们长大了能记得我。”虽然日子过得拮据和辛苦，但李秋会很满足。至今她还记得，有一次“小候鸟”们看见她的袜子、裤子破了，争先恐后地说：“妈妈，等我长大了，给你买好多漂亮衣服。”

记者手记

新华社记者　李鹏

“妈妈，等我长大了，给你买好多漂亮衣服。”当这句话从一群天真无邪的孩子口里说出来，我再也没有忍住眼泪。

这是我为数不多的面对采访对象落泪的经历，刻骨铭心。不是因为伟大，而是因为平凡。平凡得像伏牛山区随处可见的大山，却足以掀起每个人内心的波澜。

回忆起2017年冬在大山深处一个普通农家小院内与李秋会初识，需要特别感谢洛阳市电力系统的电工和宣传人员。栾川县的电工在巡线时发现了一个“特别”的家庭和一个“特别”的妈妈。

这个特殊的家庭由一群甚至被亲生父母都已经遗忘的留守儿童和一个和他们没有任何血缘关系的“妈妈”组成。为了这些萍水相逢的孩子，“妈妈”可以视如己出，抛却世俗的金钱名利，飞蛾扑火，蜡炬成灰，单纯地以爱之名。

她就是李秋会，一个“留守妈妈”，一个小学都没有毕业的普通农村妇女。

在决定做全职“妈妈”前，连拼音都认不全的李秋会展现了非凡的经商才能。她白手起家，靠着中国农村妇女的朴实和吃苦耐劳，把小餐馆做成了全镇最大的餐馆，还买下了临街的一排门面房。

在大山深处的小乡镇，虽然“贵”为老板娘，李秋会的家庭也仅仅是比一般农民略好。丈夫走街串巷摆流水席，儿子儿媳在外打工，自己和仍在襁褓中的孙子一起留守老家。

“见不得上学的孩子吃苦。”这是李秋会救助留守儿童的唯一初衷。一个人照顾数十个上蹿下跳的孩子，“老板娘”李秋会的人生变得让外人看不懂。她压榨了自己所有的时间，倾尽了自己所有的积蓄，甚至负债，甘愿与这些没有血缘关系的孩子一起消耗自己的人生。

“累不累？”“累。”

“为啥还要干？”“我不干了，有些孩子就得失学。”

大爱无形。冬日农家小院的冷风里，坐在记者对面，李秋会带着浓重的豫西口音，字字平凡，却又如不远处的大山，字字千斤。

李秋会也难。她毕竟只是一个柔弱的农村女人。她爱孩子，除了照顾留守的孩子，她还要照顾家庭，每晚搂着孙子入睡，可一有孩子哭闹，她都要起身去哄。她愿意把人性中对自己骨肉自私的爱，分给“人之幼”。

无论生活多么艰难，她留给孩子的都是乐观。听到孩子下课的铃声，李秋会“弹”起，紧蹙的愁眉瞬间变得豁然开朗。我在观察，她的肢体不会骗人，眼神更不会。

每个人都是先为人子人女，后为人父人母的。李秋会说：“我不求孩子们长大了能记得我。”她知道，即使亲生骨肉也会有长大飞走的一天，何况“候鸟”。她安于内心的善良和认知。

放学的“小候鸟”看见李秋会，纷纷扔下书包，飞快地挤过来，落在她的腿上、怀里，甚至挂在脖子上，叽叽喳喳地叫个不停，安静的院子顿时沸腾起来……看见她的袜子、裤子破了，争先恐后地说：“妈妈，等我长大了，给你买好多漂亮衣服。”

那是我见过的最美的风景。

在中国这个拥有世界最多人口的东方古国，迈入波澜壮阔的城镇化的时代，会有“留守儿童”的酸楚，但时代终将证明，这仅仅只是发展中的一个插曲。不信，你看伏牛山里大山最美的样子。

微语录

"我不干了,有些孩子就得失学。"——"守护'候鸟'的留守妈妈"李秋会

微评论

微信网友"微笑人生"说:伟大的母亲。

微信网友"山岩"说:秋会,好样的!

新浪微博网友"佳琪"说:愿我们身边多一些这样的人,你太棒了!

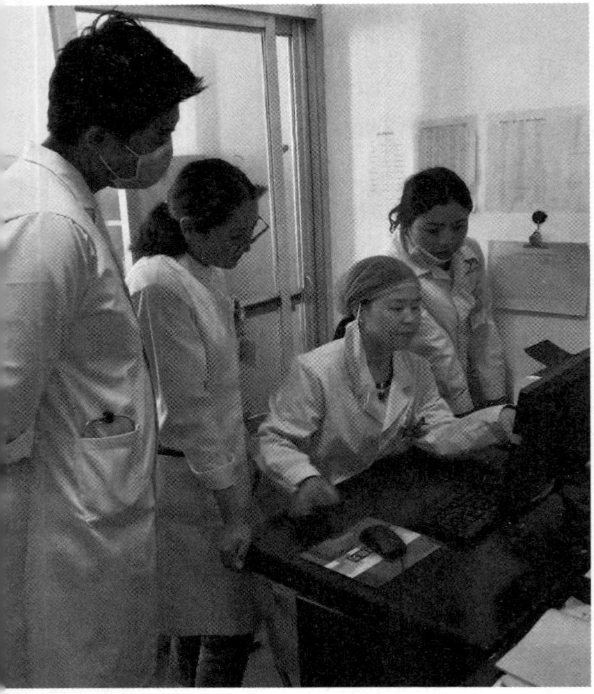

“援藏医生”韩晓瑞

韩晓瑞，邢台市人民医院产科主治医师，生于1983年。2016年7月7日，带着责任与梦想，韩晓瑞主动请缨，参加河北省第八批援藏干部支援西藏阿里地区工作团，支援阿里地区札达县卫生服务中心。

阿里地区平均海拔4500米，血氧含量只有平原地区的70%。为了正常开展工作，韩晓瑞靠吸氧和服用“高原安”维持身体状态，晚上服用“安定”来帮助睡眠。期间，她主动下乡给村牧民义诊，累计健康宣教普及人数达600余人，半年直接接诊400余人，接生30余人。

韩晓瑞还将三甲医院规范的诊疗程序普及到札达县医院，每天参加大交班和全院大查房，全面推行电子病历，使札达县医院的电子病历系统与现代化医院进行了接轨。

援藏一任，造福一方

新华网河北频道记者　魏会博　韩洋

在雪域高原上有这样一种植物——雪莲花，大部分植物在这里根本无法存活，但是雪莲花却能在零下几十度的严寒和空气稀薄的缺氧环境中傲霜斗雪、顽强生长……

2016年7月7日，援藏医生韩晓瑞奔赴西藏阿里札达县。阿里是西藏最远的地区，平均海拔4500米以上，号称“世界屋脊的脊梁”。札达县冬寒夏凉，空气稀薄，干燥多风，对于一个从未到过西藏的人来说，是一个巨大的挑战。

韩晓瑞，带着责任与梦想，充分发挥自身的专业和技术能力，为当地患者百姓服务。她，就是那朵盛开在阿里的“雪莲花”。

"我肩负的使命不能半途而废！"

"没有人真的那么伟大，更多的是来自一个人的责任感。"2016年7月，韩晓瑞选择了奔赴西藏阿里札达县，为西藏偏远地区的医疗事业做出贡献。报名之初，大家都被西藏阿里的自然环境所吓倒，空气稀薄、紫外线强、肺水肿等等，让作为医生的他们也心存害怕。"别的医院都有人去，我们不能没有人去吧！"当时的韩晓瑞就是这样，一股劲地冲向前，没有做任何思考，报上了自己的名字。

就这样，韩晓瑞成为邢台市首位援藏女医生。"其实，当时我的心里也很害怕，所有的事情都是未知的。"从报名至启程阿里的这段时间里，韩晓瑞是煎熬的，西藏阿里到底是什么样子，她一无所知。"除了害怕，我心中也充满着对西藏的情结，对西藏的向往。都说西藏是一片圣土，我也想知道西藏到底是什么样子的。"

对于韩晓瑞的举动，医院的领导也纷纷为她点赞，作为一位女同志、一位母亲、一个女儿，她主动报名，担负起这份责任，舍弃小我为大我，领导跟她开玩笑说："韩晓瑞，你是不是特别喜欢旅行，有这么大胆的想法，还主动报名！"韩晓瑞的确喜欢旅行，也时常向往诗和远方，可真正要踏上援藏之路时，她也开始犹豫和不舍。

"当通知我要去阿里的时候，心里最放不下的是我的女儿。"2016年7月份进藏前，韩晓瑞刚陪女儿过了一个六一儿童节，临行前，她和母亲一起去商场给女儿买衣服。"我给闺女买了9月1号上小学开学要穿的衣服、中秋节的衣服、元旦的衣服、新年的衣服，还有她上二年级、三年级的衣服……"这是韩晓瑞日记里的一段话。

是的，作为一个母亲，放下自己心爱的孩子，奔赴远方，是一件多么不容易的事。韩晓瑞带着复杂的心情，与沉默不语的母亲，一直静静地逛着、选着，她边挑选衣服边对母亲说："妈，我婆婆不太会买衣服，而且特别节省，您多把把关，让丫丫上学时穿得体面一点。"除此之外，韩晓瑞还给女儿买了很多文学读物、字帖。

走之前，韩晓瑞在字帖的每一页写下了留言，对女儿的督促、鼓励、关爱……诸多情感迸发在每一页的字帖纸上。她把首饰都摘下来，交到爱人的手上，"这可都是我女儿的！"不能陪在孩子身边尽一个母亲的责任，作为母亲舍弃这份责任，纵有千万般不舍，韩晓瑞也没有退步，"这是我的责任，我既然选择了，就不能退缩。"

就这样，韩晓瑞瞒着女儿，踏上了支援西藏的征程。开始的半年里，她并没有告诉女儿支援西藏的事实，一直说自己在北京协和进修，"当第三个月的时候，我女儿想我想疯了，而我老公也在异地工作，忙得请不下假，爷爷奶奶觉得瞒不住了。"

在丫丫的强烈要求下，爷爷奶奶将她送到姥姥家。"我女儿跟我爸妈说：'你们一定要把我带到北京，我知道北京没有多远。'当时我的泪就往下掉，我必须得告诉她了。"至此，韩晓瑞便把支援西藏的事实告诉了丫丫，让她意想不到的是，一个8岁的孩子，竟然完全理解她，这大概就是对韩晓瑞最大的支持和鼓励吧，“这是一场负责任的战争，我肩负的使命不能半途而废！”

这是一场没有硝烟的“战争”

初至阿里地区，由于没有在高原旅行与生活的经历，身体难以负荷，长期的缺氧让韩晓瑞的“高反”愈加严重，干燥的环境让她的皮肤不再像之前那样水润，甚至变得干裂，头疼、头晕、恶心时常相伴。阿里地区平均海拔 4500 米，血氧含量只有平原的 70%，最开始的一段时间，韩晓瑞白天需要服用“高原安”、吸氧来维持正常工作，到了晚上头疼得睡不着，则需要服用“安定”来帮助睡眠。这场没有硝烟的“战争”，伴随着“高反”真正地来临了。

“这里条件的艰苦，是我没有想到的。”韩晓瑞说，当地医疗技术和设备都比较落后，也没有规范的制度、流程。在札达县卫生服务中心，因为没有规范的孕检，韩晓瑞就把专业、规范的产科医疗知识和流程带到这里，率先开展了“NT 检查”“多功能胎心监护的使用”，在有限的条件下进行胎儿畸形的宫内筛查，形成规范的孕期检查。此外，韩晓瑞还主动下乡给村、牧民义诊，普及孕期知识，让她们认识到孕期规范检查的重要性。

为了提高当地医疗工作人员的专业水平，每个月韩晓瑞都会给当地的医疗工作人员进行专业培训，“我每个月都会组织 2 到 3 次讲座，对他们进行专业的指导。”

韩晓瑞的到来，创造了无数的第一次：无痛分娩，无痛人流术，无痛上取环术，等等。这些医疗技术不但保障患者的治疗安全，并有效降低患者的痛苦，也给当地医护人员打开了新视野，“以前他们根本就不知道，原来睡一觉孩子就生下来了，原来睡一觉手术就做完了！”韩晓瑞说，他们还开展使用了新生儿经皮胆红素测定仪，有效防治新生儿高胆红素脑病的发生率。

“我把他们废弃 20 多年的手术室，重新打开了。”在邢台市人民医院的帮助下，韩晓瑞将麻醉药品、手术衣、刷手衣、手术器械、术后镇痛泵等装置，都带到了札达县卫生服务中心，为开展手术打下了良好的基础，完善了当地的手术室建设。

“我在这里的每一步都是顶着压力前进，但是我不能退缩，我得带着他们往前走。”2017 年，为积极响应“西藏自治区筛查包虫病”活动，韩晓瑞同其他藏族同事一起下牧区进行筛查，“牧区根本就没有路，一坐车就是七八个小时才能到达目的地，一路上也没有厕所。”韩晓瑞的生活习惯与藏族同胞依然存在着较大的差异，筛查期间，没有宾馆，甚至连床都没有，能睡到藏式沙发的时候都倍感幸福，更多的情况是 15 个人挤在作业组提供的房子里，没有床，打着地铺，男同志一排，女同志一排。

"牧区人烟稀少，没有厕所，更重要的是，我们下乡是来做包虫病筛查的，我们喝的水与牦牛、野狗喝的是同一条河内的。"在海拔4000多米的地方，水的沸点是75度，根本没有办法对水进行高温消毒，而水源内很可能就被包虫污染了，"我们也随时有着被染上包虫病的可能性，我们真的是在用生命在工作"。在这个漫长的筛查过程中，没有水洗手、洗脸，更没有办法洗澡、换衣服，"医生都有轻微的洁癖，这对于我来说太痛苦了，我做梦都梦到自己的被子上有虫子在爬。"韩晓瑞不断地战胜自己，超越自己，改变自己，与当地人融为一体。

"从不解到理解，我做到了！"

"起初别人都不看好我，但是现在产科是最有模有样的！"韩晓瑞高兴地说着，"开始的时候谁都不支持我，尤其是我要开展产钳助产术时，同事们不支持我，就连援藏的领导都不支持我。"

2018年，韩晓瑞在札达县卫生服务中心，开展了第一例产钳助产术。产钳助产是处理第二产程难产最有效的方法，不但可以缩短产程，结束胎儿宫内窘迫状态，减少产后出血发生率，还能有效降低剖宫产率。"当时，产妇已经没有力气了，孩子在宫内的心率一直在降低，我必须采取措施。"韩晓瑞大胆的举动，让这对母子平安，当孩子哇哇大哭的那一刻，韩晓瑞深吸一口气，悬着的心终于放下了。

"产妇的妈妈进了产房送糌粑糊糊时，得知母子平安，双手合十冲着我微笑并走过来，围着我转圈。"韩晓瑞说，虽然她们语言不通，但那一刻，她百感交集，忍不住流泪了。这大概就是对一个医生最大的肯定吧，首次产钳助产术的成功，让韩晓瑞得到了同事和领导们的认可。

韩晓瑞几次连夜送病人，疲劳、晕车、缺氧等不适，并没有打消她对病人服务的决心和坚持。夜晚的山路上没有路灯，一边是山壁，一边是悬崖，随时都有着坠崖的风险。就这样，5个多小时的路程，转了数不清的弯，随着海拔的升高，出现多次胸闷心悸，她靠着大口地呼吸，甚至胸腹式联合呼吸自救，撑了下来。"再难，责任和使命使得自己坚强地撑下去，做到最好，不负我心。"

"虽然每一步走得都特别艰难，但是我真的做到了！"韩晓瑞把她在援藏时的经历，都毫无保留地告诉女儿，她想让女儿学会担当，学会负责任。"孩子，有一天，你长大了，你也一样会面临抉择，而你要跟我一样，不后悔，不掉队。"这是韩晓瑞在日记里写给女儿的一段话，她给女儿树立的榜样，也是对女儿最好的教育。

在援藏的日子里，韩晓瑞与医院领导、同事的关系融洽，得到当地很多患者的好评。她将好的医疗技术带到札达，更将三甲医院的管理理念、创新务实的工作作风带到了札达。

目前,阿里地区要求札达县卫生服务中心创建二甲,这个要求和目标对札达县卫生服务中心来说是挑战,更是机遇。“我愿意投入更大的精力去完成这项任务,医护的能力强大起来,给老百姓的医疗服务才能更优质。如果能在2019年7月份援藏结束之前完成这项任务,这将是我最引以为傲的事情了。”

这两年多来,韩晓瑞时刻牢记着“援藏一任,造福一方”的使命,牢记着“健康所系,性命相托”的医学誓言,这位美丽的卓玛,在雪域高原上,既像雪莲花一样绽放,又像雄鹰一样翱翔。

记者手记

新华网河北频道记者 魏会博 韩洋

考虑到医生的工作很忙,上班时间很少会接电话,记者便给韩晓瑞发了一条短信,但是等了一个早上也没有回信,当天下午记者便拨通了韩晓瑞的电话。电话接通,在几句简单的交流后,因韩晓瑞有事,就约到了晚上进行电话采访。

晚上8点。“您好,现在说话方便吗?”韩晓瑞发给记者一条信息,开始了记者对韩晓瑞的采访,仅仅是在电话里,就能感受到韩晓瑞热情的样子。

因为心中有一份责任,一份对西藏的执着与向往,韩晓瑞选择参加河北省第八批援藏工作团,支援阿里地区札达县卫生服务中心。抵达初期,带着对父母、孩子的思念,伴随着强烈的高原反应,韩晓瑞的心情非常低落。“我跟领导说:‘领导,怎么现在只有远方,没有了诗?’领导告诉我:‘西藏并没有什么神秘的,他只是不一样的人间,他同样是很多人的家乡,让很多人感受到温情。’我想,既然选择了支援西藏,我就应该担负起这份责任和使命。”

援藏干部每年有85天的年假,现在的韩晓瑞处于休假期,“我刚回邢台进入休假,每天我都陪着父母和孩子。”作为一位母亲,在援藏的日子里,每天最思念的便是自己的孩子,韩晓瑞会给女儿分享她在援藏工作中的种种,“我给孩子讲很多我在西藏面对的危险和困难,是如何坚韧、勇敢地面对、解决,我希望她相信方法总比困难多,相信智慧比情绪更能解决问题。关于危险,自己要提前预估、防范,既要相信别人,又要相信自己。”

随着话题的深入,韩晓瑞动情地讲述着她在援藏中的每一段经历,或伤心,或开心。在每个夜晚,韩晓瑞都会陷入深深的思念中,有时会顺手在手机上写下一大段文字,也就当是给自己说说话。“今年阿里才有了4G,以前都是2G,根本就上不了网,感触深的时候,就自己在手机上写写。”

援藏工作带给韩晓瑞更多的是一份使命感。当地的医疗条件差,医疗工作者工作水平不高,韩晓瑞就每个月给当地医疗工作者举行专业课讲座2到3次,规范孕检,下乡开展义诊,开展无痛人流术、催产素引产术、产钳助产术等等,并将札达县医院荒废20多年的手术室重新建立、使用起来,在别人从不理解到理解的过程中,韩晓瑞步履艰难,却从未放弃过前进的脚步。

援藏生活改变了韩晓瑞,从不喝牛奶的韩晓瑞,为拉近与藏族同事、牧民的距离,变成了喝着酥油茶的人;下乡筛查包虫病时,与牦牛、野狗喝同一条河里的水,是冒着被传染上包虫病的危险而工作的人;在所有人都不看好她工作时,成为依然奋勇向前的人。她在不断地向他人证明自己,也在不断地超越自己。

“不好意思,我忘记了你的身份,把你当作了一个倾诉者。”这是韩晓瑞对记者说的最后一句话,这大概是对一个记者最好的称赞吧。在1个多小时的采访中,韩晓瑞的故事让记者的泪水夺眶而出,援藏干部的故事不只有这些,还有许许多多的援藏干部们,用他们的那份担当与责任,用他们舍弃小我为大我的精神,不断地为祖国的发展贡献力量。

微语录

“我要时刻牢记着‘援藏一任,造福一方’的使命,牢记着‘健康所系,性命相托’的医学誓言。”——“援藏医生”韩晓瑞

微评论

新浪微博网友“悠悠_UU”说:医者仁心,感谢白衣天使们!

新浪微博网友“极地曙光”说:爱及生灵,纯素和平!

新浪网友“在邢台网”说:善行邢襄。

“90后造血干细胞捐献者”刘成

刘成，今年24岁，是桓台县公安局巡特警大队的一名辅警，主要负责视频监控和视频侦查工作。他2013年加入中华骨髓库，成为一名光荣的造血干细胞志愿者。2017年6月，刘成接到他和一名白血病患者配型成功的通知后，担心自己身体超重影响捐献。于是，刘成制订了“疯狂”的减肥计划，每餐只吃蒸熟的土豆、地瓜和蔬菜，下班后跑步10公里，在运动过程中，多次出现呕吐和虚脱现象。但为了挽救患者性命，给患者生的希望，刘成硬是咬着牙坚持了下来，以顽强的毅力在5个月内成功减肥60斤，身体各项指标达到了最佳捐献标准。

为捐骨髓救人，这位巡警5个月“疯狂”减重60斤

新华社记者 邵鲁文

“虽然我不知道‘他’今年多大，也不知道‘他’来自哪里，但我衷心地祝福‘他’今后一切顺利，希望我能帮助到‘他’。”病房里，刚进行完造血干细胞捐献的山东淄博桓台县公安局巡特警大队队员刘成这样对记者说。今年7月以来，为保证身体各项指标健康，能顺利进行造血干细胞捐献，这位90后小伙用5个月的时间减重60斤。

1993年出生的刘成在淄博桓台县公安局巡特警大队主要负责视频监控和视频侦查工作。工作之余，他还有一个特别的“爱好”——献血。刘成告诉记者，从2011年开始，每隔一段时间，他就会到当地的血液中心献血，正是这个“爱好”，让他有了这次能够挽救他人生命的机会。

“在2013年的一次献血中，红十字会的工作人员问我要不要加入中华骨髓库，说加入后如果今后能配型成功，可以挽救白血病患者的生命。”刘成说，他没有任何犹豫，

立刻同意了。

不知不觉过了 4 年，刘成说，这期间虽然一直进行献血，但自己早就忘记加入中华骨髓库的事情。直到 2017 年 6 月，他接到一个电话，电话中，当地红十字会的工作人员告诉刘成，经过初步比对，他的造血干细胞有很大概率和一位白血病患者配型成功，询问刘成是否愿意捐献并进行进一步的检查。与最初同意捐献时一样，刘成又一次不假思索地同意了。

不过，也有不小的困难摆在刘成面前。根据医生要求，刘成在进行造血干细胞捐献前，必须保证身体各项指标健康，而根据刘成此前的体检结果，暂时还达不到要求，原因就是体重超重比较严重。身高 1 米 72 的刘成，当时体重是 220 斤。“体重严重超标了，还有点轻度脂肪肝，这样没有办法捐献骨髓，只有把体重减下来才行。”刘成说，从那时开始，他下定决心来一次“疯狂”的减肥。

为了能尽快把体重减下来，刘成给自己制订了减肥计划：每天跑步 10 公里，跑完后再进行无氧训练；同时每天的饮食以粗粮和水果为主，尽量少吃肉。这个计划说起来容易做起来难，对体重超标的刘成来说，每天跑步 10 公里其实很难坚持。刘成说：“最开始确实是很不适应，与其说是跑，到最后不如说是‘爬’10 公里。但为了能够捐献成功，就算‘爬’也要‘爬’下来。”

刘成的坚持也让单位领导和同事感触颇深。桓台县公安局巡特警大队大队长荆德金告诉记者，那段时间，刘成每天都要去大队的体重计上称重两三次。一开始荆德金不知道原因，后来才了解到，刘成之所以着急，是因为有人在“等待”着他，他要去挽救一个人的生命。

经过一两个月的训练，刘成逐渐适应了减肥节奏，终于在 11 月的体检前减重 60 斤，将体重控制在 160 斤以内，身体的各项指标也都正常。12 月 27 日，刘成在济南军区总医院完成了造血干细胞的捐献。记者见到他时，刘成显得有些疲惫，但却很开心。他告诉记者，自己的一桩心愿终于要实现了。

说起近半年的减肥历程，刘成说，心里只想着救人，别的什么都没考虑过。“这半年来从来没想过放弃，我一直觉得，有一条人命正等着我去救，只要我减肥成功了，对方就有救了。”

由于造血干细胞捐献的“双盲原则”，刘成和被捐献方都无法获知对方的身份，也不知道对方身在何处，没有任何渠道可以进行沟通。记者问刘成，对那位素未谋面的患者有什么话要说，刘成表示：“如果对方是一个孩子，我希望他健康快乐地成长；如果是一个成年人，我希望他好好工作，事事顺利。”

记者手记

新华社记者 邵鲁文

初见刘成，是在医院的病房里，小伙子躺在病床上，还没有完全恢复。当谈到捐献骨髓一事时，他表现得很腼腆。“这没有什么，真的没什么，这是我应该做的。”刘成一直在向记者反复强调。

虽然不善言辞，但刘成还是慢慢向记者打开了“话匣子”，谈到自己成长的经历，父母亲对自己的教育，以及自己加入中华骨髓库的过程，要捐现骨髓时内心真实的想法。

让记者感到意外的是，对于捐献一事，刘成的内心非常平静，并没有什么复杂的心理斗争。这种平静，一方面是内心的坚定，另一方面，也看到刘成对于奉献爱心一事一直以来的坚持。

2017年12月27日上午，在济南军区总医院造血干细胞采集室，刘成经过196分钟的努力完成了造血干细胞的捐献。

微语录

“虽不曾谋面，但我在做的事情，能挽救一个生命，我愿意为此付出一切努力。”

——“90后造血干细胞捐献者”刘成

微评论

新浪微博网友“王林324”说：你的每一次奔跑，都给别人带来希望，赞赞赞！

新浪微博网友“季平的玫瑰865”说：不为自己，不为家人，只为他人，这样的坚持，真令人感动。精神伟大！

微信网友“芒果不吐皮呀”说：聪明是一种天分，而善良却是一种选择。愿好人一生平安！

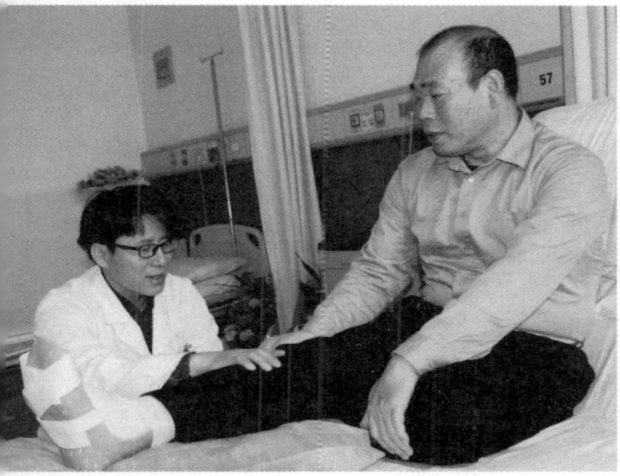

"徒手接人的侠义民警"鲁志学

今年1月的一天，湖北十堰城区一少女从7米高暖气管道上跳下欲轻生，千钧一发之际，55岁民警鲁志学，找准下落位置，一把将即将落地的女孩抱住。后经检查，女孩仅受轻伤，鲁志学则因为巨大冲力导致右腿胫骨骨折。面对危险，鲁志学没有犹豫迟疑，徒手接住轻生者。他接住了人与人之间最基本的友善，接出了人民警察的责任担当，彰显了平凡人的仁爱之心。

民警徒手接住坠楼女孩：守护家庭希望，接出责任担当

新华社记者　李伟

55岁的民警鲁志学，火了。

"那一刻根本没有机会思考害怕不害怕，是一种本能。"躺在病床上的鲁志学面对社会公众的赞誉，还是感到有些意外。

女孩欲轻生，民警奋力救下

1月15日上午10时许，十堰市公安局东岳分局北区派出所接到警情，有一位年轻女孩坐在河边距离地面7米高的暖气管道上欲轻生。

值班民警鲁志学立刻和两名女警一起前往处置。"孩子，你有什么事情，我们都能帮你解决。你先退后，慢慢退回去，这么高，管道又滑，多危险哪！"鲁志学一边反复劝说轻生女孩，一边快速勘查现场。随后，他留下两名女民警在路面上继续劝解女孩，自己则翻过河岸，下到河道上做好准备，防止意外发生。

突然，女孩没有一点征兆，从7米高的管道上站起，然后纵身一跳，从河道上方垂直而落，一直在仰头观察的鲁志学来不及思考，瞄准女孩落地的方位，下意识地张开了双臂……

鲁志学携带的执法记录仪画面一阵晃动，女孩成功接住，他却被砸倒在地。

“倒地的一瞬间，有那么十几秒什么都不知道。”鲁志学回忆。

记者回看了鲁志学倒地后的执法记录仪画面。当时，几位同事和群众围了上来，查看女孩和鲁志学的情况，鲁志学清醒之后，感到右腿钻心地疼，根本站不起来。

“只要女孩没事”

一个人从7米高的地方下坠产生的冲击力有多大，鲁志学心中有数，但他没有丝毫犹豫，依然挺身而出，徒手接住了轻生女孩。

躺在病床上，鲁志学说，当时自己心里一直揪着，就想着救下这个女孩。“这个姑娘跟我的孩子年龄差不多大，看到她坐在上面，想想父母抚养的艰辛，一个孩子就是一个家庭的希望啊。”

同事们立即拨打了急救120，两辆救护车先后将受伤的鲁志学和女孩送往了医院。

“我这儿没事，女孩怎么样了？”就在医院做检查的时候，鲁志学还在不停地询问女孩的伤情，当得知她没什么大碍后，才放下心来。

经检查，鲁志学右三踝骨折、右踝关节半脱位、右踝下胫腓联合损伤等，属于复杂型骨折。

在医院，鲁志学的爱人这几天忙着照顾他，也没有休息好。她红着眼睛说，老鲁工作认真，爱管“闲事”，作为妻子她既感到骄傲，也免不了担惊受怕。

被救女孩的父母在安顿好女儿后，也马上赶到了鲁志学的病房，噙着满眼泪水感谢鲁志学救了他们的孩子，救了他们一家。

“任何一个警察都会这么做。为人父母和儿女，谁家的孩子不疼爱呢。”躺在病床上的鲁志学坦然地说，“只要女孩没事，我这点伤不算什么，也值了。”

网友称赞：双手接住了责任担当

救下女孩后，新华社、中央电视台等媒体都对“侠义”鲁志学的感人事迹进行了报道，引发网友热议。

网友“健康是福”说：“看到鲁志学的事迹后，我止不住热泪盈眶，人民警察好样的！”

1月16日，东岳公安分局召开专题党委会，经过研究决定向上级公安机关汇报请示，为鲁志学同志启动“火线送奖”模式，申报个人三等功。

“鲁志学同志在危险面前，不顾个人安危，是我们全体民警的榜样，彰显了我们公安民警为人民的本质。‘火线送奖’是针对立功民警岗位分散、任务繁重的现状，改变传统集中授奖的做法,把记功奖励送到民警的执勤岗位,送到民警手中,鼓舞立功民警的工作热情。"东岳公安分局局长梁虎说。

来自十堰市的汉江师范学院副教授胡文江发朋友圈感慨:近段时间某地一保安徒手接坠楼者,当场牺牲。即便如此,这种善行义举并没有中断。我们的鲁警官没有犹豫迟疑,仍然徒手接住轻生者!他接住了人与人之间最基本的友善,接出了人民警察的责任担当,彰显了平凡人的仁爱之心。

记者手记

新华社记者　李伟

从警十几年,鲁志学始终把帮助他人和惩奸除恶当成自己工作和生活的信条。

时间回到2018年1月15日。当天上午10时许,湖北省十堰市一名高中女生爬上高约7米的暖气管道欲轻生,在女孩纵身跳下的瞬间,鲁志学果断向前,用双臂抱住坠落中的女孩,确保其生命安全。鲁志学却因巨大的冲击力,右脚踝骨及胫骨多处粉碎性骨折,至今脚上还留有钢钉。

"当时我什么也没有想,作为现场处置的民警,我必须保护当事人的生命安全。"鲁志学说,"救人是警察天职。作为人民警察,我怎能眼睁睁看着一个年轻的生命在眼前消失?我相信遇到这样的情况,大家都会这么做的。"

"当时如果不是'大侠'全力相救,女孩腿部或腰椎很可能摔断,后果不堪设想。"记者采访期间,一同参与救援的民警付力回忆起事发一幕,仍心有余悸,"当时看到女孩重重地砸在'大侠'身上,我差点吓傻了。"

采访过程中,不少民警跟记者讲述了鲁志学的事迹点滴,汇成一句话:鲁志学舍己救人并非偶然。

原来,市公安局东岳分局的领导、同事都喜欢把爱打抱不平、见义勇为的鲁志学称作"大侠"。记者从市公安局东岳分局获悉,事发后该局局长梁虎以及不少同事都赶到医院,看望慰问受伤的鲁志学。

"鲁志学作为一名老民警,在危险面前,不顾个人安危,把群众的生命安全看得比一切都重要,彰显了公安民警的高贵品质和为民奉献的大爱情怀。希望鲁志学早日康复回到岗位,用他的英雄事迹激励大家对党忠诚、服务人民,为建设平安十堰做出更大贡献。"梁虎告诉记者。

"'大侠'平时就是侠肝义胆的人。"市公安局东岳分局北区派出所所长徐捷、教导员李传勇告诉记者,鲁志学从警以来工作非常敬业。26年来,不论是寻找失踪人口,还是处理偷、抢等案件，鲁志学均表现出色。鲁志学是全所年龄最大的民警，但工作中从来不输年轻人。为了抓拦路抢劫的“小混混”，他曾多次把嫌疑人追得瘫坐在地上，束手就擒。就在不久前，他还获得市公安局东岳分局的年度嘉奖。

因为采访鲁志学，记者一直关注着他的动态。后来知道，今年的6月6日，经与单位沟通，伤情尚未完全恢复的鲁志学回到单位，和同事一同到东风高级中学进行安全检查，服务高考。自1999年以来，鲁志学每年都参加高考安保。

侠之大义者，为国为民。鲁志学虽未像小说里的义侠那样经纬天地，却用实际行动演绎着“侠”警的传奇。

微语录

“任何一个警察都会这么做。为人父母和儿女，谁家的孩子不疼爱呢。”——“徒手接人的侠义民警”鲁志学

微评论

新浪微博网友“健康是福”说：看到鲁志学的事迹后，我止不住热泪盈眶，人民警察好样的！

新浪微博网友“时光不老”说：金色盾牌，热血铸就，这就是人民警察！警察也是血肉之躯，也有父母妻儿，希望我们每个人都有责任、有担当，让警察同志少一分危险，少一分牺牲！

苗乡"禁毒妈妈"龙秀姐

龙秀姐是位苗族女性，作为湖南湘西花垣县花垣镇登高楼社区党支部书记，她主动参与一线禁毒工作十余年，用坚韧、勤劳、善良的母爱，感化教育着社区的"瘾君子"们。她推动组建"妈妈禁毒联盟"，至今已让26名社区吸毒人员走向新生，回归社会。龙秀姐获得"全国三八红旗手""全国巾帼建功标兵""湖南省禁毒先进个人""湖南省劳动模范"等荣誉称号。

苗乡"禁毒妈妈"：把"瘾君子"当成自己的孩子

新华社记者　　柳王敏

"我们要做好这些特殊孩子的'妈妈'，让他们感受到什么是母爱。"

说这话的人叫龙秀姐，是位苗族女性，作为湖南湘西花垣县花垣镇登高楼社区党支部书记，她主动参与一线禁毒工作10余年，用坚韧、勤劳、善良的母爱，感化教育着社区的"瘾君子"们。她推动组建"妈妈禁毒联盟"，至今已让26名社区吸毒人员走向新生，回归社会。有位受她帮扶成功戒毒的年轻人，亲切地称她"满娘"(苗语，与"妈妈"意思相近)。

不能放弃"瘾君子"们

"毒品是人类社会的公敌，是万恶之源。"长期在禁毒一线工作的龙秀姐，对于毒品的危害深恶痛绝，"特别是那些(吸毒的)年轻人，穿着破烂，被家庭、社会所抛弃，我们看着都不忍心。"

20世纪90年代以来，花垣县的毒品问题逐渐成为一个严重的社会问题。而龙秀姐所在的登高楼社区位于县城中心，共有2500余户1.1万余人，社情复杂，禁毒工作困难重重。

20世纪末，国家禁毒委在全国范围内部署、开展了一场声势浩大、打击力度重的禁毒专项斗争。1998 年，龙秀姐当选为登高楼社区党支部书记，积极参加到这场禁毒斗争中来。2004 年，花垣镇登高楼社区禁毒工作领导小组成立，相关社区禁毒帮扶制度也建立起来。

“吸毒人员大部分都被家庭抛弃了……家人没有能力承担的责任社区来承担，我们不能放弃他们。”龙秀姐说。

吸毒人员在戒毒过程中常有反复，社会治理也存在着各种难以把握的问题。为了维护社会稳定，教育吸毒人员，龙秀姐他们经常到县特殊涉毒人员集中收治中心，去看望、教育那些吸毒成瘾需要强制戒毒的“瘾君子”，其中不乏涉案率比较高、危害社会治安的人员。而在长期禁毒工作中，龙秀姐深感个人力量的有限，也逐渐意识到简单的“社区干部+民警+家属”的帮扶方式的局限。

“妈妈的爱”是最好的治愈剂

“吸毒人员以年轻人居多，他们被家庭抛弃，得不到关爱……戒毒又是一个长期的过程，需要善良、有耐心的人坚持去做。”龙秀姐认为，禁毒是场持久战，更需要耐心。

2007 年 9 月，在龙秀姐的倡导下，由 16 名下岗人员组成的“登高楼社区妈妈禁毒联盟”成立。10 年来，“妈妈禁毒联盟”走街串巷劝解、教育吸毒人员，逢年过节还到收治中心看望戒毒所的收治人员。每年“6.26”国际禁毒日，“禁毒妈妈”们身着苗族服装，上街宣传禁毒知识。如今，“妈妈禁毒联盟”已有固定成员 26 人，有大型活动时人数可达 50 人，成为花垣县一道特殊的风景线。

“把别人的孩子当成自己的孩子，不管是否亲生，都应该照顾。”对于帮扶、救助吸毒人员，龙秀姐这样说，也是这样做的。吸毒青年小华(化名)染毒后体质变差，经常生病，又害怕住院，对生活心生厌倦。龙秀姐多次找她彻夜长谈，小华感动得痛哭流涕。为解决小华的生活和住房问题，龙秀姐找到相关部门，为她申办低保、社保、廉租房，几乎“跑断了腿”。龙秀姐还多次动员小华的亲人，一起帮小华戒毒。

小华生病了，龙秀姐主动帮她联系医院提供免费治疗，还陪在病床旁照顾她的起居饮食。“当时我的丈夫也生病了，也住在城南社区医院。我丈夫有想法，说她(小华)是你什么人，给她买东西不给我买，后来他想通了，也支持我。”长时间的真诚劝戒，让小华在 2014 年彻底戒毒成功。后来龙秀姐生病住院，小华也像女儿一样去医院照顾，亲切地称龙秀姐“满娘”。

在社区管理中，龙秀姐也耐心细致。她创新网格化管理服务新模式，以熟悉的面孔教育熟悉的人群,还定期开展禁毒宣传活动,举办禁毒励志演讲等。

"禁绝毒品,让生命不再凋零"

"我们禁毒工作的最终目的,就是要吸毒人员脱离'毒海',回归家庭,回归社会,过正常人的生活。"龙秀姐说。

10余年来,龙秀姐和"禁毒妈妈联盟"视吸毒人员的情况,分批分期为10人办理了低保,为8人申报了廉租房,为25人办理了城市居民医保,为15人成功介绍职业,让他们自食其力,重拾生活信心。

"为吸毒人员申请廉租房、办低保,有的老百姓不理解。我们入户劝导教育吸毒人员,他们的家人也有不支持的。"龙秀姐对记者说,她们的方法就是反复解释,不断劝说,"嘴皮子磨破了"还得继续劝,有时甚至还要"依法吵架"。

20多岁的小峰(化名)不幸染上毒品,龙秀姐和"禁毒妈妈"们上门沟通,劝他接受教育戒毒,却都被小峰的母亲赶了出来。原来小峰怕吸毒被人知道后,被单位开除。龙秀姐一边耐心劝说,一边跟小峰单位沟通,多方联系,最后和单位一起帮助小峰成功戒毒,回到正常工作岗位。

"被骂是常事,骂了我们还要去。吸毒不能藏着,不能逃避,要及时劝戒。"龙秀姐说。多年坚持终于有了回报:经过帮助、劝戒,26名社区吸毒人员重回社会,开启新的人生。成功戒毒的小华,如今主动加入禁毒工作中,为吸毒人员现身说法,还悄悄协助禁毒民警破案。

花垣县登高楼社区先后荣获"全国综合减灾示范社区""湖南省文明和谐社区""湖南省禁毒先进集体""湖南省民主法制先进社区"等多项荣誉。龙秀姐本人也当选"全国三八红旗手""全国巾帼建功标兵""湖南省禁毒先进个人""湖南省劳动模范"等。

"禁绝毒品、人人有责,让生命不再凋零……"一首《花垣禁毒之歌》,在百里苗乡传唱。"社区禁毒没有休止符,社区康复永远在路上。要让他们(吸毒人员)重新树立生活信心,用顽强的意志告别毒品。"龙秀姐说。

记者手记

新华社记者　柳王敏

龙秀姐十分健谈,她可以拉着你讲很多故事。主动参与一线禁毒工作10余年的龙秀姐,用坚韧、勤劳、善良的母爱,感化教育着社区的"瘾君子"们。

"你为什么要这么做?"我问她。

“你不知道啊，那些吸毒的人，蓬头垢面的，无比难看。”龙秀姐边说边比画，“我们要救助他们，要是连我们都放弃了，那他们就更加没人关心了。”龙秀姐用“母爱”的温暖和善良感化着他们，诠释着什么叫“母爱伟大”。

“母爱”的故事千千万，龙秀姐当属那最闪亮的一抹色彩。

微语录

“我们要做好这些特殊孩子的‘妈妈’，让他们感受到什么是母爱。把别人的孩子当成自己的孩子，不管是否亲生，都应该照顾。”——苗乡“禁毒妈妈”龙秀姐

微评论

微信网友“多多”说：我们村的人才，我为你点赞！

微信网友“倔强萝卜”说：多一些关注，就多一些温暖；多一些关爱，就多一些改变。龙秀姐用实际行动诠释了什么叫“大爱无言”。

"一个孝子两个妈"严富荣

"只要不嫌我穷,就一起过吧。"为了这句承诺,湖北省荆门市漳河镇关庙村的严富荣足足坚持了30多年,一直以来悉心照料一个现年97岁没有任何血缘关系的"妈"。

严富荣30多年的义养,真情付出,不求回报。温暖的不仅仅是孤寡老人的心,更是人与人之间逐渐失去的信任。"我最大的心愿,就是给老人做百岁大寿。"一个大字不识几个的汉子,用他的质朴,让这个不幸的家充满温馨,充满感动,也让敬老爱亲像长明灯一样永远燃烧下去,他真正诠释了"孝"的含义。

"一个孝子两个妈" 湖北人严富荣 "孝" 对人生

新华网湖北频道记者　曾伟龙

"只要不嫌我穷,就一起过吧。"为了这句承诺,湖北省荆门市漳河镇关庙村的严富荣足足坚持了30多年,一直以来悉心照料一个现年97岁没有任何血缘关系的"妈"。

一诺千金,义养孤老30余年

中国人历来重孝,素有"百善孝为先"的说法。"孝"字的汉字构成,上为老、下为子,从字面含义来看,就是一个年轻人背着一个老年人。而严富荣身上,却背了两个"妈"。

今年59岁的他,原本是湖北省襄阳市保康县马良镇人,后来搬到荆门市漳河新区张河镇的一个村落。他义养的李敬葵老人,和他并没有任何血缘关系。

年少时的严富荣,家境比较贫困,从读小学开始,李敬葵老人资助他上了5年学。每天上学的路上,严富荣路过李敬葵家门前,老人常给他开小灶,给他捎上一把烧土豆、炕红薯什么的。

长大后,严富荣看到李敬葵夫妇膝下无儿无女,先天残疾的李敬葵常年坐在轮椅上，孱弱无助，就经常帮他们家干点农活和家务。

关庙村村支书曹邦富介绍说，1979 年，58 岁的李敬葵年事渐高，又没有儿女，加上先天残疾，大部分时间只能坐在椅子里。为了老有所依，李敬葵夫妇先后多次收养子女，有的还签了协议，但一起生活了没多久又都离开了。“离开的原因一是嫌她家里太穷，二是受不了李敬葵的坏脾气。”

直到遇到严富荣后，李敬葵老人觉得他人品好、心善、脾气又好，就恳求和他一起过日子。十几岁的时候，严富荣就承诺过以后要给老人养老送终。

滴水之恩，当涌泉相报。21 岁那年，严富荣还没成家，上有父母，下有 4 个妹妹。他看到李敬葵夫妇两位老人实在可怜，就正式应承下来：“只要不嫌我穷，就一起过吧。”

1985 年，已结婚生子的严富荣，带着全家从襄阳老家迁到条件较好的荆门。因当年买下的三间土坯房又破又小，严富荣把尚能自理的父母暂时留在老家襄阳保康，带着妻子、女儿和李敬葵夫妇来到荆门漳河镇关庙村 3 组。

当时，很多人不理解他的行为。但他说：“做人要讲信用，既然养了又怎么能丢下他们不管呢？”他坚持把两位老人带到了荆门，从此开始了 30 多年义养孤寡老人的善举。

“我们同吃同穿同住，丝毫没有里外之别。”30 多年来，严富荣视两位老人为亲人，用默默的行动一直践行着当初的诺言。

1990 年，严富荣的父亲死后，他把母亲也接到了身边，加上养父母，他同时照顾三位老人。

村支书曹邦富说，关庙村目前有 200 多位 60 岁以上老人，老有所依、老有所养是他们最大的心愿。“严富荣三十年如一日把养父母当亲生父母来养，给村里带了个好头。”

春日里的阳光温暖，连着阴郁了几天，一见到太阳冒头，在家的严富荣赶紧把老人们都扶到门口，让他们晒晒太阳。

2004 年，因为水肿病，李敬葵老人的老伴在病床上躺了一年后，最终还是撇下她，离开了人世。

“我没有儿女，走不动，养不活自己，这辈子只有指望他。”李敬葵老人右脚从小落下病根，一口牙都掉光了，她乐呵呵地说，“现在有很多亲生的都不养，我吃得饱，穿得暖，很知足了！”

“他们带得好，我才能活得好，这辈子没什么遗憾。”在严富荣夫妇悉心照料下，今年 97 岁的李敬葵老人除了耳聋以外，思维敏捷，口齿清晰。

“我不尽死孝，只尽活孝”

父母在，不远行。在家种地，既能照料老人，又能兼顾农活。30多年来，严富荣为了照料家里的老人，从未离开过村庄。然而在农村种田，每年挣下的钱只能维持现状。

常言久病床前无孝子。李敬葵老人的老伴患病走得早，病重期间，严富荣忙前忙后，悉心照料，对他提的要求有求必应。“你想吃什么，我给你带。”“我想吃油条。”于是，严富荣骑着摩托车就去镇上买。街坊邻居都称，严富荣是个大孝子。

“这些年真的是很累，其他的都还好，最难受的是睡眠严重不足，一年下来瘦几斤。但是他们对我有恩，到了我该回报的时候了。”严富荣说，老人在世一天，他都会继续亲自照顾下去。

有一次，严富荣带李敬葵老人去体检。有人说：“八九十岁的人了，还检查什么？没必要再浪费钱了。”“90岁的人就不是命啊！”严富荣回驳说。

“我不尽死孝，只尽活孝。”在严富荣看来，老人活着，才能感受到孝心。

“我最大的心愿，就是给老人做百岁大寿。”严富荣说，老人百岁生日那天，他要请镇里最好的乐队，把场面搞得热热闹闹，让老人乐呵乐呵！

记者手记

新华网湖北频道作者　曾伟龙

善良的坚守感动乡村

2018年4月24日，我在漳河新区宣传部工作人员陪同下来到漳河镇关庙村采访，见到了皮肤黝黑、双手长满老茧的严富荣，他正忙着将种植的树苗装车卖给收购商。

“严富荣三十年如一日把养父母当亲生父母来养，给村里带了个好头，温暖大家的心。”关庙村副主任廖发庭说，关庙村目前有200多位60岁以上老人，老有所依、老有所养是他们最大的心愿。

去的时候，春日里的阳光温暖，连着阴郁了几天，一见到太阳冒头，严富荣赶紧进屋：“妈，今天天气好，晒太阳去。”严富荣很自然地把李敬葵从床上扶起，帮她穿上碎花布衣裳。老人右脚严重变形，帮她穿鞋时，严富荣小心翼翼，一双大手托住老人瘦小的身体，老人的头紧靠在严富荣的手臂上。

到了晌午，他生火添柴，案板上，小葱切得碎碎的。“干妈最喜欢吃蛋炒饭。”严富荣端着碗，用勺子慢慢一口口喂，李敬葵用没牙的嘴细细咀嚼，满脸洋溢着幸福。

“孩子怕我冷，半夜起来给我盖被子。担心我身上长疮，常抱我到外面晒太阳，给我修理指甲。”李敬葵老人含着泪说,他比亲儿子还亲。

严富荣告诉我,几天前他带李敬葵老人去体检,本来想到医院给老人做一下眼部手术,但由于年岁太大医生建议不做。

30多年来,严富荣为了照料家里的老人,在农村种田,每年挣下的钱只能维持现状。他家有6亩地,2017年卖稻谷赚了6000元,但给老人买药看病、妻子住院花了1.5万元,今年5200元的种子、化肥还是赊的,严富荣准备秋天收割稻谷卖掉抵账。

李敬葵老人右脚从小落下病根,现在一口的牙都掉光了,她乐呵呵地对我说:“现在有很多亲生的都不养,我吃得饱,穿得暖,很知足了!”足见她的生活过得虽然清贫,但内心却很富足。

“一诺千金,做人要信守承诺。”严富荣说,十几岁的时候他就答应过老人,以后要给他们养老送终。他现在最大的愿望就是希望老人健康长寿。

我们从小听着“百善孝为先”的故事长大,传统的孝道文化数千年来一直影响着整个华夏民族。可以说,“孝”是中华文化的根脉,由孝产生了仁,由仁构成了德,以仁德建立了孔孟之道。

一个农民,用自己的方式在继承和发扬中华传统文化:孝道。在他理解的世界里,孝老敬老是自己不能推脱的责任。他用自己的质朴,抒写了中华民族传承几千年的爱,那就是孝,这是最基本的,也是与生俱来的爱。

一个大字不识几个的汉子,让这个不幸的家充满温馨,充满感动,也让敬老爱亲像长明灯一样永远燃烧下去,他诠释了“孝”的真正含义。

严富容真情付出,不求回报,温暖的不仅仅是两位孤寡老人的心,更是人与人之间逐渐失去的信任。

微语录

“一诺千金,做人要信守承诺。”——“一个孝子两个妈”严富荣

微评论

网友“勇敢的心”说:严富荣作为一个农民汉子,为了“你老了,我养你”这句承诺,足足信守了30多年,一直以来悉心照料一个现年97岁、没有任何血缘关系的“妈”,用实际行动诠释了“乌鸦反哺、羔羊跪乳”的人间真情。

网友“东湖之恋”说:百善孝为先。孝敬父母、尊敬长辈是中华民族的优良传统,也是做人的道德底线。关心人、尊重人,理应先从关爱、尊重父母开始。严富荣的养父母与他没有血缘关系,都养了30多年,真心为他的行动感动。

"新农村少儿领舞者"金淑梅

金淑梅是甘肃省酒泉市一家舞蹈学校的校长，她的另一个身份是少数民族农村学子的"领舞者"。她和她的志愿者团队在酒泉市80所学校推行舞蹈教育，3万余名学生因此受益。舞蹈教育把农村学子带到舞台上、聚光灯下。孩子们不仅学会了舞蹈动作，更通过舞蹈唤醒了积极的心态，改变了对世界的看法。他们看到了远方的世界，开始期待与父辈不一样的人生。

"爱夸人"的金老师，为少数民族农村学生"领舞"

新华社"中国网事"记者　张玉洁

不同于农村孩子脸上常见的羞涩，在甘肃省酒泉市玉门市小金湾民族学校，东乡族孩子们的脸上满是自信和阳光。是什么让他们形成这样的精神面貌？

"跳舞很快乐，就像妈妈回来抱住我那样"

踮起脚尖，胖乎乎的身体轻盈前移，小手似鱼尾般摆动。马昌明带着他最喜欢的这个舞蹈动作，登上了上海、香港等地的舞台。

12岁的马昌明是小金湾民族学校五年级的学生。父母常年在广州打工，他和3个弟弟妹妹同爷爷奶奶生活在一起。小小年纪的他不仅要管自己的学习，还得操持家务。

小金湾东乡族乡是少数民族移民乡。1998年，原本生活在甘肃省临夏回族自治州的部分少数民族迁居至此，在戈壁扎下根来。由于孩子教育底子薄，起初学校辍学率高、升学率低，不守纪律的孩子不在少数。

马昌明也曾常常被老师批评，但一次意外收获的表扬让他信心大增。

他读三年级时，有一次跟着同学去学跳舞。"别人都学过，而我是第一次跳。金老师竟然夸我跳得标准，并让我给大家做示范。"马昌明说，"第一次被人夸的感觉真的很好，像吃了甜甜的蜜。"

这个爱夸人的金老师，是甘肃省酒泉市小白杨舞蹈学校校长金淑梅。2013 年，她成为中国舞蹈家协会发起的“新农村少儿舞蹈美育工程”志愿者。此后，她和她的志愿者团队在酒泉市 80 所学校推行舞蹈教育，3 万余名学生因此受益。

对马昌明来说，学舞蹈打开了他曾经紧闭的心扉，曾受冷遇的他有机会站在第一排为全班同学领舞。上海、香港……这些原先只在电视上看到过的城市，也留下了他的舞姿。

“跳舞的时候很快乐，就像妈妈抱住我一般。”马昌明说，“金老师是鼓励我最多的人。”

丰富的登台经历让内向、讷言的马昌明变得“明亮”起来，学习也不断进步。“上次数学考试我考了全班第二！我要好好学习，长大当个舞蹈家！”他说。

专挑“差学生”的舞蹈老师

“哪些学生让你印象深刻？”问起这个问题，金淑梅一口气能说上十几个名字。

这些孩子大多来自玉门市移民乡镇。而这里离金淑梅的家有 100 多公里。5 年多来，她每月都会来这里好几趟。

怎样给没有舞蹈基础的农村孩子教舞？一开始，金淑梅想了个“怪办法”：把全校最调皮的孩子召集起来，先从他们入手。

金淑梅说，这些孩子学习不好，生活习惯也不好，常常被人看不起。“他们大多家庭不幸，从小缺少管教。要把他们身上的闪光点放大，让他们觉得‘我是金老师心中的好孩子’。”

她对学生悉心教导，不遗余力地夸奖……有人说，金淑梅把赏识教育做到了极致。

为了让孩子领会舞蹈的快乐，年逾五十的金淑梅身体力行，不停地为孩子们做示范。有时，一个动作要重复几十遍。课上课下，她也会将儿时艰难的求学经历讲给孩子们听，希望以此激励他们进取。

一段时间过去，金淑梅的“甜言蜜语”融化了“淘气包”们的心。他们拿着家里的苹果、油饼往她手里塞。

与此同时，学校也把课间操换成了集体舞。在艺术教育普遍缺乏的农村，舞蹈成了每个孩子都能参与的“美的教育”。

如今，农村学校的舞蹈教育模式正在酒泉市推广开来。200 多名舞蹈零基础的文化课老师，在金淑梅的带领下成了舞蹈志愿者。

扶贫要“扶智”,也要“扶志”

如何让少数民族学生一个都不掉队？在民族学校推行艺术教育不失为一条新路。

金淑梅说,5 年多来，她经过多次走访农村孩子的家庭发现,“最大的问题不是贫困,而是观念落后。不少家长觉得读书没用,不如让孩子出去打工挣快钱。”

舞蹈教育把农村学子带到舞台上、聚光灯下。孩子们看到了远方的世界,开始期待与父辈不一样的人生。

小金湾民族学校校长魏旺正说,学校以“新农村少儿舞蹈美育工程”为契机,开办了兴趣组、少年宫,艺术教育与学校教育不断融合推进。学生规模从 2013 年的 800 人发展到现在的 1500 多人,辍学率从 15%下降到不足 1%。“艺术教育唤醒了学生积极的心态。学生快乐了,老师幸福了,家长满意了。”

中国舞蹈家协会主席冯双白说,金淑梅带领的志愿者团队给农村孩子带来了春风化雨式的教育,变化实实在在地发生在学生和家长身上。“这不仅是简单教会孩子舞蹈动作,更是改变他们的内心和观念,改变他们对世界的看法。”

对金淑梅来说,把优质的艺术教育资源带到农村仍是她的心愿。“我是一个舞蹈教育工作者,应当在基层找到自己的价值,为脱贫攻坚做贡献。”

记者手记

新华社记者　张玉洁

两年前,我来到甘肃省酒泉市玉门市小金湾民族学校,采访“新农村少儿舞蹈美育工程”。这里的孩子少有农村学生常见的羞怯内向,他们非常开朗地交谈,讲述着他们的故事。尤其是当说起舞蹈,他们的眼睛里亮着光。

这着实打动了我。对于贫困地区的学生来说,舞蹈让他们感知到美,并且去创造美,这实在难得。

今年重去小金湾,当年采访的孩子们已经上了初中,诉说青春的快乐与烦恼。又有新认识的小朋友笑嘻嘻地谈他的舞蹈故事,生机勃勃。

给这些孩子带去光亮的,是酒泉市小白杨舞蹈学校的金淑梅老师。2013 年以来,她持续向少数民族贫困地区送教,为少有艺术课程的孩子们送去舞蹈课程,并带着他们去大城市演出。

金淑梅是个带着争议的人。有人说她为了博出名,也有人觉得她在消费孩子的苦难。她明知事情艰难,却矢志不渝。令人敬佩的是,几年来她持之以恒地深扎基层,不遗余力地去赞扬每一个孩子,在贫困地区开垦出“艺术试验田”。这些变得阳光开朗的孩子,正是这场艺术实践结出的硕果。

扶贫要“扶智”,也要“扶志”。金淑梅所做的,正是脱贫攻坚过程中的最难的“精神扶贫”。她将自己儿时艰难的求学经历讲述给孩子们听,用情感去打动孩子们的心门。孩子们在她身上看到外面世界的美好,期待着学习本领闯出一片天地。因为她的努力,贫瘠的土地开出精神的花朵,孩子开始期待与父辈不一样的人生。

更令人欣喜的是,当年她教过的学生,又成为她的同行人。爱的种子不断萌芽,涓涓细流开始汇聚奔流。

微语录

“我是一个舞蹈教育工作者,应当在基层找到自己的价值,为脱贫攻坚做贡献。”

——“新农村少儿领舞者”金淑梅

微评论

网友“裸奔的青 and 蛙”说:我怎么没有遇到这样的好老师!

网友“柠檬不萌有点酸 yy0”说:助梦舞者,大爱永恒,我也想加入志愿者行列!

"守护羌绣的汶川地震幸存女孩"蒲虹学

汶川地震时,蒲虹学和同学们在废墟下被埋72小时,作为全班52人幸存7人中的一个,和死神擦肩而过,活了下来,她是"幸运"的。但由于伤口感染严重,她的左臂和右腿被截肢。

在截肢后,因为她当时正值骨骼快速成长时期,大概10天左右骨头又会长出来。医生要把整个截肢的切面打开,拿砂轮把长出的骨头磨掉,磨掉之后再缝合。承受了常人难以想象的痛苦,蒲虹学又一次战胜了生命无法承受的痛苦。

乐观的蒲虹学凭着毅力和对生活的美好向往,在身体康复之后,继续完成学业,并以优异的成绩考入西南科技大学。

毕业之后,为了回报那些当初帮助过她的人,蒲虹学义无反顾地回到了北川,帮助家乡的绣娘完成自己的梦想,将传统的羌绣技艺传承和发展下去,让更多的人知道。

蒲虹学:"她与羌绣的震后重生"

新华网记者 姜程 赵岚

清晨,一缕微光在震区坍塌的水泥缝隙间静静倾泻流淌,是天亮了。黑暗逼仄的空间使蒲虹学的感官被无限放大,昨夜的声音变得更加锐利清晰。困锁在断壁残垣坠成的囹圄之间,除了血液在体内流淌的声音,还有外面忽远忽近的哭喊声与救援的喧嚣声。

两天三夜,在这段暗无天日漫长的时间里,手脚被钢筋水泥禁锢得麻痹,额头疼痛欲裂,隐隐有血蜿蜒而下,有几次感觉闻到带着生命味道的青草气和花香。坚持还是放弃?无数次怀疑和否定最终臣服于求生的坚定,信念能撑起灵魂的"安全三角区",失去的只是肢体,重生的却是她对生命的热情。"从此之后,除了生死,我无所畏惧。"

野火烧不尽，春风吹又生

时间倒回 2008 年 5 月，西南中部的巴山楚水遭受了命运的重创。14 岁的蒲虹学如往常一样在教室里安坐，突如其来的强烈震荡震落了桌上的书本、墙上的时钟、头顶的电扇，还震碎了本属于她的安稳而平坦的人生之路。地震来得突然，就在零点几秒的时间里，来不及逃亡，蒲虹学就这样不幸地被掩埋在废墟之下。

“这是一段痛苦的回忆。”几乎每一位经历了汶川地震的人都如是说。可蒲虹学不这么认为，“我把它看成是一个生的起点。”

如何重生？需要多少代价？大多数人未曾想过，而蒲虹学却经历了。

“第一次手术之后，要把新骨头重新打磨，然后再缝合，全麻。”蒲虹学说。在截肢以后，14 岁的蒲虹学正处于骨骼快速生长的时期，平均 10 天就要把整个截肢的切面打开，把长出来的骨头拿砂轮磨掉，然后再次缝合伤口。14 岁的孩子难以忍受如此痛苦和煎熬，整个医院的楼道里都回荡着她撕心裂肺的哭号。

14岁的蒲虹学坚强得让人钦佩，既然能挨过漫长黑暗的 72 小时，又怎能放弃饱含众人期望的珍贵生命？蒲虹学坚持了下来，经历了 17 次手术后，蒲虹学没了左臂，“我不害怕。”她说。全班 52 人，7 人幸存，蒲虹学就是其中之一。漫漫人生，蒲虹学微笑着，珍惜着涅槃过后的生命。

世界是何等凶顽，世界又如此温存美好

回到家乡后，蒲虹学选择继续完成学业。一些原本得心应手的事在丢失了一只胳膊后，变得异常艰难，但她从始至终没有放弃。地震的经历让蒲虹学的生命更加坚韧而辽阔，2013 年，蒲虹学以优异的成绩考入西南科技大学。2017 年毕业后，开始了新生活的蒲虹学决定返乡，帮助家乡文化重建，帮助民族传统文化的重生。在 I Do 基金会的支持下，她发起了“爱惜行动”，从一个“受助者”变成了“施助者”，也成了 I Do 基金会保护传统文化项目里的一个坚定助力者。

所谓“爱惜行动”即引入设计师，以符合潮流的创新设计将传统手工艺融入生活用品。蒲虹学说：“当年在灾难中被埋了 72 个小时后，善良的人救我一命，还陪着我度过了截肢和康复的艰难时期。他们的爱让我一直走到现在，受到过这样的帮助，我深知这其中的力量。所以我希望能够通过行动，尽我所能，把手艺推广传承，为家乡做点什么。”

蒲虹学的家乡北川，有一群刺绣手艺人，汶川地震后失去了家园和赖以生存的土地。传统羌绣手艺属于非物质文化遗产，虽价值连城，却不能维持温饱。加上北川重建之后的发展需要时间的沉淀，家乡越来越多年轻人选择外出打工糊口，传统手工艺面

临失传的危机。

经过一段时期的调研，蒲虹学发现留守在家这些老人大多是羌绣高手。"年轻人都嫌这东西麻烦，赚不到钱养家，没人愿意学喽，都出去打工喽，留下我们和娃儿。"羌绣老人的话使蒲虹学心生恻然，她决心改善这些空巢老人和留守儿童的生活状态。"最初我们看到北川羌绣面临失传，之后我们了解到，羌绣手艺面临的困境并非个例。在我国，绝大多数手工艺失传都和羌绣有着类似的背景：由于商业化、产品化程度不高，产品难以被大众日常生活化，手工艺无法解决生计，从而导致越来越多的人放弃手艺外出打工。所以我们发起这个项目，以羌绣为切入点，之后延伸到更多传统文化领域。"蒲虹学说。

世界以痛吻我，教人报之以歌

和所有刚毕业的大学生创业者一样，蒲虹学开始了第一次创业的尝试。她开始研究怎样引进现代化的设计理念，又能融合传统的羌绣民族手工艺，开始开发新的手工艺产品，组织震后幸存的绣娘进行培训，让她们能通过自己的手艺获得一份有尊严的收入，让传统的手工技艺得到保护和传承。不久，蒲虹学的第一款产品问世，将代表羌族的羊犄角和羊角花用羌绣结合在笔记本上。

万事初始总是艰难，起初蒲虹学收到的订单只有几本，蒲虹学坚持不懈，经过一段时间的运营，她的订单逐渐多了起来，从 40 多本到 100 多本，再到 4000 多本，帮助的绣娘从 1 个到 10 个，再到现在的四五十个。数量仍然在持续增加中，汇聚的力量也越来越大。很多绣娘可以不外出打工，在兼顾照看孩子和老人的同时，通过自己的手艺获得有尊严的收入，渐渐地，一些年轻人愿意留下了。"爱惜行动"成了一个良性循环的圈子，蒲虹学用自己的行动诠释着"助人自助"的真谛。

截至今年 5 月 12 日，蒲虹学通过"爱惜行动"在公益平台上已动员了 1.46 万多人参与守护北川羌绣的文化保护事业中来，为北川的绣娘们筹集了近 5000 份的订单。蒲虹学的善举也赢得了诸多明星为她点赞，许多媒体也被她的精神打动，纷纷进行了报道。

蒲虹学坚信，通过自己的行动和现代化的技术，一定能帮助更多像北川羌绣这样的传统手工艺人和她们的家庭，从而让民族文化更加辉煌灿烂。

记者手记

新华网 姜程

时间倒回2008年5月，南方沿海的冰天雪地刚刚融化，西南中部的巴山楚水却又遭受了命运的重创。那年蒲虹学还是一个就读于北川中学的初二学生，当时他们班52个学生全被埋入了废墟。整整72个小时，他们靠喝墨水，啃课本，维持体力。

最终，只有7个孩子挺了过来，蒲虹学是“幸存者”之一，但不幸的是，长时间被压在废墟下，她的身体和心灵都遭受了巨大的创伤，不得不面对截肢的残酷现实，还要经历数次痛至骨髓的治疗。

14岁的蒲虹学坚强得让人钦佩，既然能挨过漫长黑暗的72个小时，又怎能放弃饱含众人期望的珍贵的生命？蒲虹学坚持了下来，经历了17次手术后，蒲虹学没了左臂，但她依然微笑着，珍惜着涅槃过后的生命。

在北京治疗了一段时间后，蒲虹学回到北川继续学业。高考那年她以优异的成绩考入西南科技大学。毕业后，找工作成为人生的分岔路口，就在这时，她做了一个让很多人吃惊的决定。蒲虹学却坚持自己的想法，因为她心里一直有一个愿望——把家乡的羌绣发扬壮大。在羌族，羌绣是一门世世代代传承的手艺。

为了完成她的梦想，I DO基金和她共同发起了“爱惜(I·X)行动”。I DO基金的帮虹学组织了第一期北川绣娘培训，将羌绣商品化。在这些努力下，不少妇女回到了村子里，一边揽活，一边在家里陪老人和孩子，而羌绣这门濒临失传的传统手艺，也渐渐焕发出新的生机。

“爱惜行动”成了一个良性循环的圈子，蒲虹学从一个“受助者”变成了一位“施助者”，她用自己的行动诠释着“助人自助”的真谛。

苦难从来不是什么正能量的东西，和它面面相对时，我们能做并且应该做的，只有坚强、坚定、拼搏、思考，然后感谢强大的自己，以及那些真心帮助过我们的人。

微语录

“我不害怕，我把5·12当作一个生的起点来看，过得好才对得起我这第二条命。”
——“守护羌绣的汶川地震幸存女孩”蒲虹学

微评论

新浪微博网友“花椒_花椒958”说：能守护传统手艺是一件很幸福的事情。

新浪微博网友“余音美美”说：这是一个坚强的女孩！我在2008年汶川地震认识她时，她由于地震失去了一侧手臂和腿。她在接受康复的日子里乐观向上、积极学习。她懂得爱，懂得感恩，每年过年都会给曾帮助她的人送去祝福！

新浪微博网友“爱上奇迹”说：蒲虹学，当年北川中学初二学生，5·12地震被困72小时后获救。我在绵阳520医院采访时遇到她，当时她全身肿得透亮，6天没有排过体液，生命垂危。我对着她泣不成声，无法完整地说完报道词。她却努力地用最大的音量告诉我：“阿姨别哭，我会坚强。”

“星星妈妈”嘎松曲珍

在嘎松曲珍看来，自闭症儿童都是遗落凡间的星星。嘎松曲珍2009年开始从事自闭症儿童康复工作，先后取得孤独症儿童康复教育专业岗位证书、心理咨询师证等，并专门学习干预自闭症的ABA(应用行为分析)专业课程。

从业9年来，曲珍辅导过的200多个孩子里，有60多个已经取得了很好的康复效果。她认为，康复机构不光要帮助孩子，还要引导家长正确面对，正视自闭症，尽早干预。“帮孩子融入社会”是曲珍现在追求的目标。

孩子，让我牵着你的手，慢慢走

新华社记者　刘美子

有人说，自闭症儿童是“星星的孩子”，因为他们像天上的星，形单影只，遥不可及。但在嘎松曲珍的眼里，他们都是一不小心被遗落在凡间的天使。

于是，这个风风火火的80后藏族姑娘，利用9年的时间，走进数百名“星星的孩子”的内心，陪他们走出孤单，感知爱和希望。

他们就像小蜗牛，只是走得慢一点

“我喜欢小孩子，当老师是我从小的梦想。”1985年出生的嘎松曲珍有着典型藏族女孩的长相，宽宽的脸盘，有些凹陷的眼睛，小麦色的皮肤。

曲珍从小受当老师的舅舅影响很深。12岁那年，她跟随母亲从家乡西藏昌都来到合肥生活。2009年，她进入一家自闭症儿童康复中心工作。但那时她并没有意识到自己面对的将是什么。

7岁的小雨是她接触的第一个孩子。曲珍清楚地记得，第一次见面时，她蹲下身子试图和孩子打招呼，孩子却抬手抓了她。

"每个自闭症儿童都是独一无二的,但普遍特征是社交障碍,兴趣爱好比较狭隘,缺乏对规则的理解,有异常行为等。"早几年,曲珍接触的都是大龄的孩子,异常行为严重。即便是表达喜欢,他们的方式也可能是拍、抓,甚至咬。

"哭过,也崩溃过,不知道怎么帮助他们,但轻言放弃不是我的性格。"曲珍笑称自己骨子里有着藏族人的坚强和倔强。

人总是先有理解,才有表达,而自闭症儿童却恰恰语言缺失、感知障碍。渐渐地,曲珍明白,光有爱心和耐心远远不够,要带他们走出封闭的世界,必须要有专业的知识。

后来,曲珍几乎成了"考证达人",先后取得了孤独症儿童康复教育专业岗位证书、心理咨询师证等,还专门到北京一家权威教育机构学习了目前国内先进的干预自闭症的 ABA(应用行为分析)专业课程。通过学习,曲珍找到了方法,也建立了自信。

"很多人可能无法想象,教这些孩子理解拿杯子这样的简单动作,都要进行成百上千次的操作和身体辅助、方位辅助。"曲珍说,从事自闭症儿童教育工作,枯燥是肯定的。有的孩子可能一两个星期就对老师的动作有回应,有些孩子可能要花上一个月甚至更长的时间。

每当孩子第一次愿意与人对视,发出第一声"a",听懂一个指令时,曲珍觉得一切都值了。看到家长因为孩子的一点点变化而兴奋和感动时,她知道,自己这辈子都离不开这个职业了。

"他们就像小蜗牛,走得慢一些。我要牵着他们的小手,带他们走出那个封闭的世界。"曲珍说。

尽早干预,是帮助孩子最好的方式

王琼把女儿小驰送到康复中心的时候,不知道孩子以后的人生会怎样。她和丈夫都是老师,平日忙于工作,却忽略了自己孩子的成长。小驰直到 2 岁半的时候仍然不会说话,情感冷漠,喜欢盯着数字看,常常原地转圈。拿到医院开出的疑似自闭症的诊断后,王琼才恍悟。

"我以为没有希望了。大概来了两个月,一次上课,小驰突然开口说'a',我一下子泪崩了。"王琼回忆说。从发出单个音节到第一次听孩子喊出"爸爸妈妈",从没有情感交流到听孩子说出"妈妈,我想你陪我",王琼不知道哭过多少次。

如今,4 岁半的小驰已经能很好地表达需求,认识几十个汉字,能从 1 数到 100,还爱上了轮滑。"最近小驰挥手总是手心朝着自己,手背朝着别人,曲珍老师说,那是因为她看见别人跟她挥手时,手心是朝着她的。"王琼觉得她自己最大的改变就是更平和、更耐心,也更能理解孩子。

扬扬刚来中心时已经快3岁了，当时他脾气暴躁，经常把口水、鼻涕弄得满脸都是。“我们家里没有人能制服他，即使生病都没办法喂下去药。”扬扬的妈妈高琳说。

曲珍告诉高琳，扬扬暴躁并不是简单的无理取闹。“他是因为没有语言表达能力、模仿能力，不知道如何表达自己的情绪，才会有异常的行为。”

起初，曲珍经常花一两个小时纠正扬扬的一个行为，后来改变越来越快，只用了8个月的时间，扬扬就可以上正常全日制幼儿园了，并且能融入集体，还交到3个好朋友，经常回来跟曲珍说幼儿园发生的事。

“目前国内很多人并不了解自闭症，很难及时发现，但更多的人不愿意承认自己的孩子出现问题，往往耽误了康复的最佳时期。”曲珍说，“绝大多数成功康复的孩子，都是因为尽早干预，只要3岁之前干预成功，基本都改为发育迟缓。”从业以来，曲珍辅导过的200多个孩子里，有60多个已经取得了很好的康复效果。

请不要对“星星的孩子”失去信心

在康复中心的走廊上，很多家长都会熟络地和曲珍打招呼。“曲珍性格开朗，对人热情，孩子和家长们都很喜欢她。”同事马俊这样评价。

“来到这里的家长，内心多数是沮丧、压抑甚至绝望的，我们阳光一些，他们才有希望。”这些年，曲珍见过一些家庭因为接受不了孩子自闭而解体的、不和外界来往的、家长得了抑郁症甚至自杀的。

曲珍认为，在孩子康复的路上，帮助父母树立信念很重要。康复机构不光要帮助孩子，还要引导家长正确面对。帮助一个孩子，就是帮助一个家庭。

“自闭症的孩子大多兴趣狭隘，我知道很多家长羡慕别的孩子能去各种兴趣班，我想就从我这开始吧。”一年前，曲珍在康复课程中加入了轮滑课，她自己先学，回来以后把动作分解，从戴护具开始，一点一点教给孩子。

经过一年的试验，居然有9名孩子能够放手独立轮滑，这让曲珍振奋极了，她的信心更强了。“事实证明我们的孩子可以。我还会继续去学，也许有一天我们的孩子能和同龄正常孩子同场竞技。”

“帮孩子融入社会”是曲珍现在追求的目标。但是她最觉得无力的是，社会对于自闭症儿童还缺乏足够的认识和包容。小驰的妈妈王琼吃了无数“闭门羹”，才找到一家私立幼儿园，接收小驰上半天的课。“只要你如实相告孩子的情况，即便是户口所在地，公立幼儿园也会以各种理由拒绝。”王琼说。

目前，合肥有3所公办特殊教育机构和18所民营的自闭症专业机构，仍满足不了需求。公办机构规模较大，场地师资更充足。绝大多数的民办机构软硬件都相对薄弱。

对于从事自闭症康复教育的老师，必须具备特教或康复专业的学习背景，但是目前这类人才紧缺。合肥市各社会机构在训自闭症儿童超过2000人，但在岗成熟教师只有不到300人。曲珍所在的康复中心一共接收了56名学生，老师14人，已经达到饱和状态。还有一些排队等待的孩子，都被劝另寻其他机构，毕竟孩子耽误不起。

4月2日是第十一个"世界孤独症日"，今年的宣传口号是"有你，我们不孤独"。"请不要对星星的孩子失去信心。"嘎松曲珍呼吁更多的人正视自闭症，多一些耐心和包容，帮助这些孩子更好地融入社会。

记者手记

新华社记者　刘美子

见到嘎松曲珍时，正值午休。她一边热情地招呼着记者，一边急匆匆地召集安排学生准备轮滑表演的事。

"下午3点，区里有个汇报表演，我们的孩子第一次学习轮滑，第一次上台表演，我比他们还忐忑，不过还是挺有信心的！"曲珍的脸上洋溢着灿烂的笑容，但略显紧张。

1985年出生的嘎松曲珍有着典型藏族女孩的长相，不知是不是职业习惯，一说话总会露出阳光般的笑。

"我们多一些阳光，这些家庭才多一些希望。"她说，来中心寻求帮助的孩子和家长都会有些压抑，对他们热情一些，会帮助他们树立康复的信心。

去参加表演的路上，记者跟小驰一家同行。小驰是个4岁的可爱女孩，记者问她爱唱什么歌，她哼唱起了"左手右手一个慢动作……"，记者问她最喜欢哪个老师，她说是曲珍老师。就在一年多前，她还是个对外界没有任何反应，沉浸在封闭世界里的孩子。

"我和她爸爸都是老师，平时工作忙，没有时间关注她。直到她2岁多不说话，总喜欢踮着脚转圈圈，跟我们大人甚至没有目光交流，才觉得不对。"小驰的妈妈停下了工作，带着小驰寻求康复机构的帮助，遇到了曲珍老师。

经过两个月康复治疗，一次上课，小驰突然开口说"a"。"我当时一下子就哭了，你不知道这一声'a'对我们意味着什么，真的就是希望！"小驰妈妈回忆。

渐渐地，小驰可以喊"爸爸妈妈"，可以说出"妈妈，我想你陪我"，可以认识几十个汉字，能从1数到100，还爱上了轮滑。

动感的音乐响起，嘎松曲珍和孩子们上台了。9个穿着轮滑服的小精灵在曲珍带领下有序地变化队形，表演舞蹈动作。偶尔一两个孩子掉队，也会迎来台下阵阵掌声，很多评委和观众都举起相机。而这些孩子家长，除了脸上的笑容，还有眼中的泪花。

“哎呀，太紧张了”“孩子们，你们真棒”“给我们拍照没”……下台后，曲珍高兴极了，给孩子们一人送了一份小礼物。

曲珍喜欢挑战，喜欢突破。一年前，她大胆地在康复课程中加入了轮滑课。“自闭症的孩子大多兴趣狭隘，我知道很多家长羡慕别的孩子能去各种兴趣班，我想就从我这开始吧。”

在嘎松曲珍看来，自闭症儿童都是遗落凡间的星星。从业 9 年来，她辅导过的 200 多个孩子里，有 60 多个已经取得了很好的康复效果。“绝大多数成功康复的孩子，都是因为尽早干预，只要 3 岁之前干预成功，基本都改为发育迟缓。”曲珍呼吁社会正视自闭儿童。

“我的骨子里有藏族人的倔强和坚强，我觉得既然是自己想做的，就要做下去。”嘎松曲珍最大的心愿就是，用专业的知识，带着越来越多的“星星”孩子走出孤单，感知爱和希望。

微语录

“他们就像小蜗牛，只是走得慢一点，请对‘星星的孩子’多一些耐心和包容。”——“星星妈妈”嘎松曲珍

微评论

微信网友“小凡”说：感动！让我们正确认识这个特殊群体，让这些孤独的孩子真切感受到来自社会的关爱和帮助。

微信网友“ani 玲杰”说：曲珍老师的坚持令人敬佩，你给“星星的孩子”和他们的家庭带来希望，希望更多人加入关爱自闭症儿童的队伍。

"勇擒劫匪的检察官"谢新星

谢新星是娄星区人民检察院的检察官。作为曾在鲜红党旗下宣誓的共产党员,谢新星没有忘记入党时的承诺;作为战斗在检察一线的基层检察官,他没有忘记手秉宪法时的誓言。立法为公,执法为民,谢新星做到了,他所在的集体——娄星区人民检察院每一位同志都做到了。他们是一支充满战斗力、凝聚力,团结奋进的先进集体。

用青春致敬法律监督

新华社记者　谢超君　谢樱

初识他,浓眉大眼外加一张圆脸,透着一股憨态,一时间你无法将他与最近各大媒体争相报道的勇擒持枪歹徒事件联系到一起。但毫无疑问,他就是该事件的主人公——湖南省娄底市娄星区人民检察院侦查监督科副科长谢新星。

1998年,进入检察机关的谢新星,刚刚从湖南省人民警察学校毕业,学的是公安管理专业。一个懵懂少年,不谙世事,不清楚检察机关的具体职责,也害怕适应不了检察工作,但组织信任,他就埋头苦干。如今20年过去了,他早已成长为检察业务的"行家里手",先后受到嘉奖7次,荣立二等功1次、三等功4次。

勇擒持枪劫匪的检察官

"抢劫啊,他有枪!"5月6日下午1时50分左右,外出回家的谢新星驾车经过大汉大道十字路口时,突然听到一名男子的呼喊声。只见前面奔跑的白衣男子左手提包,右手持一把手枪,后面的黑衣男子一边追逐一边大喊。谢新星见状,赶紧拨打了报警电话,同时驾车去追堵持枪男子。

持枪男子见有人开车追来,转身往一个巷子跑去。"检察官的职业敏感告诉我,如果持枪歹徒闯入居民家中，后果就不堪设想了。”谢新星说。由于车进不去，他只得弃车徒步追赶，其他几名群众也跟着一同围堵。

“谁再追，我就打死谁！”持枪男子见谢新星和群众已追到巷子口，转身拿枪左右晃动，做出瞄准射击的姿态，嘴里叫嚣着。谢新星此时“心都提到嗓子眼”，生怕歹徒开枪伤及群众，他一边紧跟在持枪男子后面，一边提醒大家注意安全。

突然，持枪男子跑到大汉大道边想拦车逃跑，见一辆三轮摩托车驶了过来，他拦截下来并爬了上去，但摩托车司机迅速拔掉车上的钥匙逃脱了。持枪男子只好继续寻找拦截目标，看到一名妇女驾了一辆电动车停在路边，便用枪顶着妇女的头，要她快开车帮助逃跑。

就在这时，谢新星一个箭步冲到持枪男子身后，用手锁住了他的脖子，把他手中的枪打掉。这时，奋勇追赶歹徒的几名群众也迅速围过来，大家一起当场制服持枪男子并将其交由公安机关处理。

经公安机关侦查，这名犯罪嫌疑人曾多次因盗窃被判刑。今年 4 月出狱后，再次萌生盗窃的念头，购买了一把仿真手枪、四发仿真子弹，5 月 6 日乘车来到娄底作案。

谢新星的义举受到现场群众的交口称赞，其勇擒歹徒的视频也迅速在网络上传播开来。记者了解到，其实这不是谢新星第一次见义勇为，10 年前在娄底步行街遇到一名偷手机的小偷，他也是第一个冲上去将小偷抓住。

第一个“吃螃蟹”的人

人往往都是具有惰性的，在办案中，特别是在工作多年后，人们更喜欢办理自己熟悉的案件，这样更得心应手，更省时省力。但跟谢新星交谈却发现，工作已经 20 年的他，仍旧对检察工作充满热情和好奇，且是一个不害怕新鲜事物的人。

2011 年 8 月，娄底市娄星区检察院批捕了 2 名涉嫌虚开增值税发票的犯罪嫌疑人陈某和尹某。该案是 2011 年 5 月娄星区检察院实施行政执法与刑事司法衔接工作以来，第一个由行政机关移送，公安机关立案侦查，向检察院提请批准逮捕的案件，而第一个“吃螃蟹”办理了这起案件的检察官正是谢新星。

“宁愿办 10 个普通案件，也不愿意办一个经济类案件。”这是检察官们碰到经济类案件时会忍不住感慨的一句话，因为经济类案件一般涉及人员和单位众多，且对经济类专业知识有较高的要求。而该案作为娄星区首例行政执法与刑事司法衔接案，又碰巧是一个经济案，加之只有短短的 7 天时间，谢新星其实心里压力很大。面对厚重的案卷材料，他必须细致审查，不错看漏看一处。

他回忆说：“7 天的时间，手上还有其他的案子，我光加班还不行，还得逼着自己不断提高效率。虽然这算得上是侦查监督部门的常态,但那段时间里,我的弦绷得比以往要更紧。可能也因为是首例,希望有一个开门红。”

每一次新的尝试都是一次探险,需要摸着石头过河。谢新星漂亮地完成了此案的办理,追捕了犯罪嫌疑人。而他事后对此项工作的总结,为之后此类案件的办理积累了经验,提供了参考,进一步规范了行政执法与刑事司法衔接工作。

“火眼金睛”洞察一切

2016年5月,在一起覆盖面广、隐蔽性强的“互联网+快递”的新型假烟销售案中,谢新星严查细审,从曾某华的案件中发现多人存在犯罪事实,监督公安机关立案6人,后谢新星对曾某华等6人以生产销售伪劣产品罪批准逮捕。2017年4月20日,该6人被检察机关提起公诉,获有期徒刑8个月至6年不等,并处罚金。

2017年11月,谢新星在审查朱某照涉嫌组织、利用会道门、邪教组织,利用迷信破坏法律实施案时,敏锐地意识到案件中涉及的邓某珍也涉嫌犯罪,遂监督公安机关立案。后检察机关以邓某珍涉嫌利用邪教组织破坏法律实施罪批准逮捕并提起公诉。

侦查监督科的分管副检察长颜炜这么说:“新星作为一名检察官,在案件中发现这些细微问题的能力,我们称之为敏锐性、直觉或者灵光一现。说起来简单、轻松,但这些都不是凭空而来的,都是10来年在无数案卷中摸爬滚打才能积累出的工作经验,是要历经成百上千的案件才能练就的‘火眼金睛’。”

“没有一种喜悦,是你不努力就能得来的。”谢新星办理的案件先后3次被评为全省检察机关优秀案件,他的努力和付出,大家都看得见。用他自己的话来说:“也许是源于最初对检察工作一无所知,于是暗自默默努力,最终顺利通过司法考试。这个过程我收获很大,让我坚定了‘只要功夫深,铁杵磨成针’的信念。”

守护群众舌尖上的安全

“民以食为天,舌尖上的安全来不得半点马虎。”谢新星在办理了一起注水牛肉案后,一脸严肃地说道。

和他一起参与了注水牛肉案的侦查监督科科长曾妍告诉记者:“有什么苦活累活,我们习惯性地第一时间想到新星,而他也习惯性地冲在前头,这个案子也不例外。”

2017年3月,娄星区人民检察院了解到娄底城区多个市场存在不法商贩销售注水牛肉的情况。该院认为注水牛肉极可能来源于城区附近的某屠宰点,遂立即启动“两法衔接”机制,与公安机关及食药监管部门进行衔接沟通,监督食药监管部门尽快将案件移送公安机关侦查,并安排谢新星提前介入、引导侦查。通过明察暗访找到加工注水牛肉的屠宰点后，谢新星与公安民警、食药监干部多次商量，决定通过连续蹲守和跟踪调查，进一步固定证据。经过一个多月的蹲守和调查取证，收网时机成熟，检察、公安、食药监管三部门决定在凌晨开展联合行动，一举捣毁窝点。当时，谢新星与几名民警一起冲在最前面，面对手拿屠刀准备抗拒执法的屠夫毫无惧色，大声呵斥："放下刀，不许动……"一时间，25 名涉案人员惊慌失措，纷纷束手就擒。

此案过后，谢新星陪老婆去市场买菜，发现牛肉价格有所上涨，但在跟卖肉的老板交谈中得知，市民们还是很高兴，纷纷表示"只要牛肉不注水，价格涨几块钱完全可以接受"。

心中有尺度，不纵不枉

和谢新星的同事闲聊之际，对这样一段话印象深刻。"法律要求我们坚持无罪推定原则，任何人在未经证实和判决有罪之前，应视其无罪，当初在学校是这么教的也是这么学的。但是当你面对一本本案卷，审阅这一件件'恶行'，当你想到检察官这个身份是正义的化身，当你一心想着要惩恶扬善时，你会发现，自己很容易先入为主，不自觉地就认可了材料所描述的，认为犯罪嫌疑人是有罪的。这种心态是非常需要克服的，你必须在心中有一把尺，度量好罪与非罪、此罪与彼罪、罪轻与罪重的界限，因为差错分毫案件的结果有时候会相去甚远。"

听完这段话后，想起和谢新星交谈时提及的一个案件。交通肇事后司机逃逸，朋友得知后因担心保险公司会拒绝理赔，为了骗取保金，替司机顶包，主动投案。第二天得知事故造成了两人死亡，深感事态严重，朋友又主动向办案民警交代顶包事实，后被公安局以涉嫌窝藏罪立案，并报检察机关批准逮捕。

这其实不是一个大要案或者难案，但谢新星仍旧抱着一贯的怀疑、谨慎的态度对待，在细致审阅案卷的同时，认真讯问了犯罪嫌疑人，对有关证据一一核实。最终认为周某顶包后主动及时向交警交代事实真相，其行为不构成窝藏罪，属于诈骗预备中的中止，认为其行为显著轻微，不构成犯罪，监督公安机关撤案。

"判定对一个人捕或不捕、诉或不诉，这是我们的日常工作。对我们来说简单的一纸文书，有时候却关系到一个人未来的道路，所以，适用法律必须慎之又慎。"谢新星如是说。

到 2018 年，谢新星从检整整 20 年，作为一个"与时间赛跑"的侦监人，年华在一个个 7 天又 7 天间悄然溜走，而日子却在岁月的年轮中逐渐厚重。时间带走了青春，却沉淀出了一份浓郁的检察情怀，锻造出了一名优秀的侦监人。

记者手记

记者　卢粤湘　刘雪芬

5月8日，记者在娄星区人民检察院见到了正在忙碌的谢新星。浓眉大眼，神采奕奕，脸上带着憨憨的微笑，便是谢新星给人的第一印象。与他交谈，记者总能从他爽朗的笑声中感受到他的洒脱，然而当他一头扎进卷宗堆里，或是提审犯罪嫌疑人时，你又会被他的严肃和锐利震撼。

“当时犯罪嫌疑人手里拿着枪，就那么去救人，不怕吗？”记者再次问及他勇擒歹徒一事。

“那会儿只想到要救人，其他的什么都没想，来不及考虑自身的安全问题。”谢新星朴实地说，随后又补充道，“现在想来还是有点后怕，但是当时一心只想群众生命财产受到威胁，必须挺身而出，快点抓住歹徒，才能避免他伤害群众。”

今年39岁的谢新星先后在娄星区检察院监所检察科、公诉科、侦查监督科等部门工作过，现任该院侦查监督科副科长。2004年，是谢新星刚到侦查监督科的第一年，他深深体会到了“与时间赛跑”是每个侦监人必备的素质，于是他勤奋学习、钻研业务，利用一切时间，让自己从一名侦监新兵历练为科室挑梁人。这么多年过去了，他坚持初心不动摇，无论是在案件面前，还是在危险面前，他都是最血性的硬汉，刚强正直，热情勇敢。但再刚强的硬汉也有柔情的一面，特别是面对自己家人的时候。与记者说起20年的从检经历，谢新星不禁感慨，身为一名检察官，由于工作的特殊性，当面对“自古忠孝两难全”的艰难选择时，必须要做出取舍。

前不久，谢新星前往株洲指导公安侦办易某非法经营案，当行车至高速公路入口时，姐姐的一通电话让他五雷轰顶，平日里身体硬朗的父亲被初步诊断为肺癌，需要紧急住院抢救。他面对两难抉择：一边是躺在病床上的父亲，一边是急需完成的工作任务。同事们都劝他赶紧调头前往医院，他在沉思片刻后，最终还是选择先去株洲办案。当圆满完成办案任务，同事们陪他火速赶到医院，这位铁骨铮铮的汉子双膝跪倒在父亲的床前，泪流满面。

作为曾在鲜红党旗下宣誓的共产党员，谢新星没有忘记入党时的承诺；作为战斗在检察一线的基层检察官，他没有忘记手秉宪法的誓言。立法为公、执法为民，谢新星做到了，他所在的集体——娄星区人民检察院每一位同志都做到了。他们是一支充满战斗力、凝聚力，团结奋进的先进集体。像谢新星同志这样的恪尽职守的好同志不是特例，而是全部……他们用实际行动在守护公平正义、践行法治中国的道路上诠释着铮铮誓言！

微语录

“我是一名党员，又是一名检察官，在人民群众生命财产受到威胁时，我当然要挺身而出。”——“勇擒劫匪的检察官”谢新星

微评论

新浪微博“网友妞妞”说：检察官徒手勇擒持枪歹徒的事迹可歌可泣，榜样的力量神速无限蔓延在祖国大地。

新浪微博“网友鹏飞”说：弘扬正气！面对危险，临危不惧，迎险而上，品质高尚，确实可贵！应号召青少年向谢检察官学习！

微信网友“你是我的月”说：当今社会难得有在业余时间冒着生命危险为正义而挺身的人民检察官，我为你点赞，你也是我们娄底人民的光荣！

"助学格桑花"洪波

洪波是安徽医科大学第一附属医院审计科的一名高级工程师，但她更广为人知的身份，是40万藏族孩子的"妈妈"、格桑花西部助学组织的创始人。

14年前，因为一次美丽的邂逅，她在心里种下了一颗格桑花种——要帮1000个西部孩子上学！愿望很快就实现了。此后，洪波再也没停下脚步，5000、1万、5万……

14年来，洪波领着格桑花志愿者一道秉持初心，艰难前行，帮助无数西部孩子圆了高原之上的读书梦。

格桑花开：一个汉族妈妈和40万个藏族孩子

新华社安徽分社记者　陈先发　杨丁淼　刘美子

格桑花，寓意"爱与吉祥"，是藏区的吉庆之花，有着顽强的生命力。

14年前，在一个汉族女人的倾心浇灌下，一朵开在安徽的"格桑花"成为西部藏区许多贫困学生内心温暖的依靠，助力他们构筑未来，实现梦想。

她是40万藏族孩子的"妈妈"：格桑花西部助学组织的创始人——洪波。

助学：从100个到40万个

1996年，洪波27岁。那一年她第一次踏上青藏高原，那里的神圣与美好令她着迷。但她没想到，8年后的一次偶遇，改变了她的人生轨迹。

"阿姨，你要买虫草吗？"2004年，在甘肃甘南藏族自治州的曲麻莱县，两个七八岁的小姑娘手心里攥着一根虫草要卖给洪波。

两个小女孩卖一根虫草？原来姐妹俩家里穷，靠卖虫草攒点学费。即便运气好，能卖掉，也只能供一个人上学。

“每年行走在青藏大地，看到的都是美丽的风景，结交着善良淳朴的朋友，但从未想过还有上不起学的孩子。”洪波说。

14年前，一个藏区孩子一年的学费是200元，洪波毫不犹豫地承担了姐妹俩的学费。她还许了一个愿：帮助100个孩子上学读书。她也深知一个人力量毕竟有限，想发动更多的人，一对一地长期助学。

“人活一辈子总是要为别人做些事情，有些人只是缺乏机缘，那就由我们创造这个机缘。”洪波说。这就是她创立“格桑花西部助学”的初心。

如何找到最困难的孩子？怎么把钱发到孩子手里？这是“格桑花”起步时最大的难题。在做好医院本职工作外，洪波攒下所有假期实地走访核实，几乎走遍了青海的每一座“村小”。

在青海山区，常常遇到洪水、塌方、泥石流。遇上洪水，她跟着向导跳到水里，找到结实的河床，让车开过去；遇上塌方，便徒手搬碎石，让车从缝里钻过去。

帮100个孩子上学的愿望很快就实现了。5000、1万、5万……数字增长的背后，洪波领着格桑花志愿者一道秉持初心，艰难前行。

2008年，洪波借去西藏传递奥运火炬的机会顺道去考察，不巧碰上塌方，在邦达到昌都的途中失联了，她一个人拖着行李箱在高原上艰难徒步2个多小时。

为了不愧对每个助学者，洪波对工作程序非常严苛。刚开始，给孩子发钱要填表格、按手印，受助者不理解为什么钱捐了还要一一反馈。但在洪波看来，没有精准的反馈，就没法向捐助人交代。有时为了查清几百元的学费发放情况，她会在荒凉的高原上跑一整天……

有朋友劝洪波放弃，但她笑称自己是“被坚持”。这一坚持，就是13年。

2009年，“格桑花教育救助协会”在青海省民政部门的指导下正式注册成立。截至2017年底，格桑花捐助人达30万，募集并投放的捐助金1.5亿元，为6万名藏族学生提供了一对一捐资助学，各类教育项目共覆盖了40万名藏族孩子。

善的接力：每一个故事都需要一个“后来”

吾金仁增是“格桑花”一个特殊的“幸运儿”。

2007年的一天，玉树称多县清水河小学的学生吾金仁增在建筑垃圾里捡到一个雷管，误以为是炮仗，拿在手里点着了。巨响后，右手血肉模糊。这一年，他只有12岁。

当时的清水河没有卫生所，吾金仁增家也没有钱。一场跨越千里的网络公益施救行动随后展开。

炸掉几个指节？骨头还能找到吗？“格桑花”的志愿者一边请专家拟定救治方案，联系可以做指骨移植的医院,一边在网上发起专项筹款。

当吾金仁增和妈妈捧着断指赶到医院见到医生时,他第一句话就问:"我的作业还没做完,我的手以后还能不能写作业?"幸运的是,经过手术,他的手部功能基本保了下来。

后来,吾金仁增考上了内地一所大学,爱弹吉他,喜欢笑。

"格桑花"志愿者园子说,格桑花每一个孩子的背后都有故事,每一个故事的后面都有一个"后来"。

阿拉是"格桑花"捐助的第一对"虫草"小姐妹拉毛草和卓玛草的母亲。

"刚认识洪波时,我还不会说汉语,只会流泪。"阿拉的丈夫早年病故,全凭她独自抚养女儿们,生活的苦难压得这个藏族女人直不起腰。阿拉说,是"格桑花"的帮助,放大了她的勇气和善良。

阿拉不介意吃苦,在窘迫的生活中,她教育女儿分清"什么是欲望,什么是需求"。一次,女儿卓玛草提出想要一辆自行车,"格桑花"的捐助人已经答应,却被阿拉拒绝了,她说:"自行车不是必需品,好心人资助你,是为了让你好好读书!"最终,她用这笔钱给女儿买了一台复读机。

因为"格桑花",阿拉开始去帮助更多的人。她常说:"我们没有钱,但我们要有精神。"

现在,女儿拉毛草正在大学学习藏医,卓玛草考取了当地的公务员,而阿拉则专心经营着一家小客栈。

阿拉说,她的一生有三个家,第一个是她出生的地方,第二个是她嫁的地方,第三个就是"格桑花"。

如果没有遇见格桑花,芦玉云就辍学在家务农了。

芦玉云的家在湟中县共和镇王家山村。2012 年,他以优异成绩考入多巴中学宏志班,却因家境不好难以维系学业,是"格桑花"向他伸出了援手。3 年后,芦玉云被中国民航飞行学院录取,刚上大一,他就申请加入格桑花,从受助人成为一名志愿者。

格桑盛开。越来越多孩子的命运发生改变后,他们也选择了回馈社会。当年的受助者,源源不断地转身成为捐助人,像一场无尽的接力。目前"格桑花"179 名在册志愿者中,有 1/10 是曾经的受助学生。1 年来,先后有数百名受助者投身"格桑花"志愿服务。

爱在延伸:书包之外再加一张车票

"江芳,6 元,不定向捐助;李胜军,0.01 元,西部助学……"在格桑花西部助学网站的财务公开栏里,每一笔钱由谁汇入,如何支出,都有着清晰的记录,哪怕只有一分钱。

这就是格桑花的“一分钱原则”。

目前，“格桑花”平均每年募集善款约1500万元，其中80%来自捐助人的小额捐款。2014年，“格桑花”收到了成立以来最大的一笔捐款——100万元，来自深圳的捐助人卢光进把捐款用于“护花行动”项目的启动资金。

“‘对捐助人公开，接受社会监督’是‘格桑花’不变的信条，我们必须善待每一份信任。”洪波说。青海格桑花教育救助会被评为2015年度中国民间公益组织透明度第一名。

这些年，洪波渐渐觉得，“西部助学”已不仅仅是帮助孩子上学这么简单。这种变化，源于国家对教育投入力度不断增加。2008年，随着“两免一补”的全覆盖，孩子们上学难的问题解决了。

“我们单方面的施与，就是孩子们需要的吗？”洪波看见，在一些学校仓库，捐赠的书包、文具堆积如山，学生根本用不完。而在一些偏远牧区，孩子们上厕所竟然用土块、石头擦屁股；有的女孩儿青春期来了例假，惊慌失措，不敢上学，甚至担心自己会死。这让她始料未及。

3年前，格桑花迈出了助学转型的第一步——“护花行动”，不仅仅给孩子送去卫生用品和内衣裤，更注重推动西部地区健康教育和女童保护观念。

类似的活动逐年展开。“在观影中成长”，要让西部的孩子足不出户就能看到大千世界；“图书角悦读”，要为低年级藏族孩子找到真正合适的绘本。

书本上的长城、苏州园林长什么样？有人行道的马路是什么样？一张火车票自然会给孩子们答案。在北京长城、上海科技馆、杭州西湖等地，“行走的格桑花”项目通过拓展训练、城市探索等课程，带领2000多名孩子走出高原、开阔眼界。

无论再难，只要能推动改变，就值得坚持。“这就是理想主义者的特质。”洪波说。2018年春节后，洪波一直在为4月中旬在合肥市肥西县举办的“官亭林海公益徒步活动”奔波。

洪波说，教育工作没法立竿见影，只要坚持做，总有令人欣喜的改变。

洪波还侍弄着几百盆花草，她享受培育的过程，一如她现在的心态：静待花开……

记者手记

新华社安徽分社记者　陈先发　杨丁淼　刘美子　汤阳

11月中旬，“格桑花”新一期探索营开营，洪波在朋友圈里晒着和孩子们共处互动的快乐时光。还是那件磨得已经有些发亮的玫红色羽绒服，还是那种标志性的笑容，还是那个洪波，一年过去了，几乎没有任何变化，这种“神相似”也迅速把记者的记忆拉回到第一次与洪波相见的场景。

一间公寓,几台电脑,一间不大的会议室的墙上贴满了藏族孩子的笑脸……朴素的办公条件与记者心中大名鼎鼎的格桑花公益助学还是有些预期上的落差。

"我们一对一助学方面投入的精力正在逐步减少甚至退出,公益助学的理念也需要转型升级。"洪波的开门见山立刻打破了我们的预设,也吊起了我们的兴趣,一直从午后3点聊到了晚上7点。"谈到助学我就有些话痨。"采访结束时,洪波连连致歉。等记者回到家中,打开手机,手机被洪波的10多条信息刷屏了:"不好意思,还有好多捐助人和志愿者的感人故事没来得及说……"

事实上,洪波在平日的生活里话并不多,甚至极为安静,这也是记者第二次去洪波的家中采访时才发现的"真相"。她在家中的天台上养了几百盆花草,除了格桑花,闲时弄花是她最大的爱好,她享受培育的过程,一如她对待公益助学的心态:静待花开……

之所以对待助学会有如此强烈的表达欲,也是因为她长期奔波于一线掌握真实情况后心里的"焦急"。

2005年,在青海省玉树藏族自治州一个村小门口,洪波看到大多数学生的书包要么破着洞,要么拉链坏了书全露在外面;多年以后,当她来到同一地区,发现有的孩子背着一个新书包,还拿着一个新书包,拦下一问,这已经是他的第七个书包了。

这几年,洪波看到太多的爱心人士、企业、慈善组织到藏区,依然在送文具、送书包、送物资,尤其是玉树地区地震之后受到社会各界的极大关注。但是在参观学校的时候,她发现学校仓库里堆积如山的书包、文具,学生根本用不完。

"我们单方面的施与,就是孩子们需要的吗?如果献爱心只是给钱给物,那我们是在培养人才还是乞丐?"早在多年以前,洪波就这样反问自己。当其他人还在捐书包的时候,"格桑花"已经在给西部的学校买牛建牧场。

这听上去有些天方夜谭,却是实地调查的结果——在青藏高原,冬天十分漫长,夏天只有两个月,剩下10个月都需要烤火,牛粪就是最常见的燃料。但是每家每户收集的牛粪只够自己过冬,没有多余的可供应学校。学校没有暖气,学生的手都拿不出来写字,只能早早放假。学校有了牧场,不仅解决了燃料问题,还能改善孩子们的伙食。

如今,国家通过燃料补助把这一问题也解决了,"格桑花"还能做些什么?

洪波和志愿者在走访中发现,在一些偏远牧区,学校都是旱厕,厕所里竟然找不到一张用过的厕纸。"你们上完厕所怎么擦屁屁?"孩子们笑了,有的拿出土块,有的拿出石头,这让洪波始料未及。

还有的女孩儿,青春期来了例假惊慌失措,有的不敢上学,不敢告诉老师、家长,甚至担心自己会死。没有人告诉她们怎么做,只能自己胡乱处理,用作业本和旧衣服,甚至很脏的毛巾。

3年前,“格桑花”启动了“护花行动”,不仅仅是送卫生用品和内衣裤,更重要的是让孩子们知道如何保护好自己——“护花行动”的另一项重要工作就是女童保护防性侵。

“护花行动”是“格桑花”在助学转型后迈出的第一步,尽管起步艰难,却很有价值。洪波说,艰难是因为过去没有人做这件事,而今天,在开展活动的地方,当地人已经逐渐认识到健康和卫生习惯的重要。

类似的活动逐年展开,“在观影中成长”,要让西部的孩子足不出户就能看到大千世界;“图书角悦读”,要为低年级藏族孩子找到真正合适的绘本,而不是阅览室里根本不适合他们阅读的图书。

如今,格桑盛开。

截至2017年底,“格桑花”组织捐助人达30万,募集并投放的捐助金1.5亿元,不仅为6万名藏族学生提供了一对一捐资助学,各类教育项目更是覆盖了40万藏族孩子。“对捐助人公开,接受社会监督”是“格桑花”不变的信条,也让青海格桑花教育救助会被评为2015年度中国民间公益组织透明度第一名。

微语录

“好的老师,谈到孩子,眼里一定要有光。教育工作没法立竿见影,只要坚持做,总有令人欣喜的改变,这也是理想主义者的特质。”——“助学格桑花”洪波

微评论

新浪微博网友“尼汤亚曲达楚班”说:您付出的所有努力,将转化成我们追随“格桑花”爱的力量。保重,尊敬的洪波女士!

新浪微博网友“Alientale”说:洪波老师的“格桑花”一直干净透明,希望有能力的人愿意贡献自己的力量。

新浪微博网友“雨束”说:多年前就知道她,敬佩她多年如一日坚持做公益。星星之火,可以燎原,她的坚守让更多孩子的人生有了更宽广的道路。平凡人的大爱!

新浪微博网友“北萨北萨北萨”说:在你我之间,有一朵美丽的小花,坚强绽放!

新浪微博网友“木子向心”说:“格桑花”又叫幸福花,承载着越来越多的幸福!

"一米老大"黄如方

黄如方，浙江省台州市人，假性软骨发育不全症患者，自信是人们对他最深的印象。虽然与普通人身材有别，但黄如方身上的那份坦然和自信却是很多人都缺少的，同事们也都爱称呼他"一米老大"。

2008年，黄如方联合创立公益组织"瓷娃娃罕见病关爱中心"。2013年，为关爱更多病种的罕见病患者，黄如方成立了"罕见病发展中心"(CORD)。

CORD通过培养、孵化、能力建设、小额资助等方式推动罕见病患者服务组织的发展。作为国内罕见病领域的开拓者之一，黄如方还一直致力于推动罕见病的公众传播倡导，争取国家政策的支持，呼吁孤儿药(罕见病药物)的研发和推广，开展与国际罕见病机构的合作等。

2018年2月，消除罕见病患儿诊断壁垒全球委员会成立，黄如方成为委员之一。2018年5月21日，国家卫生健康委员会等五部门联合制定了《第一批罕见病目录》，首次以官方名义公布了121种罕见性疾病，这给罕见病患者家庭及罕见病与孤儿药行业带来希望。

罕见病领域的开拓者黄如方

壹基金通讯员　王会贤

黄如方，浙江省台州市人，假性软骨发育不全症患者。2008年，黄如方和同事一起创立公益组织瓷娃娃罕见病关爱中心，倡导全社会加强对成骨不全症患者的关爱和救助。经过数年发展，瓷娃娃罕见病关爱中心发展为全国最有美誉度的公益组织之一。2013年，为关爱更多罕见病患者，黄如方创立了罕见病发展中心(CORD)。在黄如方和同事们的多年倡导和推动下，全社会对罕见病及其患者的关注度越来越高。

自信是人们对这位假性软骨发育不全症患者最深的印象。虽然与普通人身材有别，但黄如方身上的那份坦然和自信却是很多人都缺少的。

在罕见病发展中心工作人员看来，自信的黄如方从来不把自己当弱者看待，同事们也都爱称呼他“一米老大”。

从一家机构到一个网络

人类已知罕见病超过7000种，我国有超过1000万罕见病患者，但仅有不足40%的患者得到确诊，且确诊平均需要5年。黄如方介绍，目前仅有5%的罕见病有治疗方法，“还有大量患者处于对疾病未知的恐惧和无法治疗的绝望中。”在这5%当中，只有30%的药已在中国上市，且大多昂贵，多数患者难以承受。

2008年，黄如方和同事一起创立了瓷娃娃罕见病关爱中心，倡导全社会加强对病友的关爱和救助。该中心成立10年来，开展了“钢铁侠计划”“就业支持计划”“自立生活”“ICAN协力营”等多个项目，为来自全国的瓷娃娃及其家庭提供帮助。

黄如方和他的同事把一个最初没有办公室、没有工作经费、没有收入的“三无”组织做成了全国最有美誉度的公益组织之一，并推动中国社会福利教育基金会设立了中国第一个专门服务于罕见病群体的专项基金。

随着瓷娃娃被更多人了解，越来越多的罕见病患者找到黄如方寻求帮助。黄如方清楚地知道，罕见病病种繁多，情况复杂，很多病种甚至都没有有效的治疗方案。其救助问题也是一个世界性难题，他和同事们无力帮助所有病患群体。

思考再三，他决定致力于协调培育更多罕见病公益组织，推动全社会的参与。2013年，黄如方成立了罕见病发展中心(CORD)，并在上海市黄浦区民政局以“上海四叶草罕见病家庭关爱中心”为名注册。CORD的LOGO是一个方方正正的“罕”字变形体，黄如方认为，方方正正的字体代表着思考和理性。“我们希望少打一些同情牌，而是寻找现实的、理性的解决方案，慢慢推动问题的改善和解决。”

成立以来，CORD通过培养、孵化、能力建设、小额资助等方式推动罕见病患者服务组织的发展，确保每一个组织都可以为自己的疾病群体提供切实可行的病友服务和积极有效的政策倡导。单个机构的人力和资源是有限的，黄如方表示，只有不断地催生更多的病友组织，才能为更多的患者家庭提供专业服务。

与全社会一起努力

罕见病是一个世界性难题。黄如方认为，解决罕见病问题需要全社会的共同努力，缺少任何一方都会变得艰难。多年来，黄如方和他的同事们不停奔走于政府、企业和病人群体之间，努力的成效逐渐显露出来。

CORD与罕见病领域医生、专家合作，为疑难病例患者提供咨询、转介，还经常组织医患交流会，通过沟通，很多医生逐渐开始理解罕见病患者，参会态度也越发积极。

但仅仅依靠罕见病发展中心等公益机构的咨询、转介服务，能够帮助的患者是非常有限的。另一方面，从商业逻辑上来讲，罕见病本身市场很小，短期内难以盈利，国内做基因检测和罕见病药物研发的机构寥寥无几。

随着社会对于罕见病的关注越来越多，不断有企业以各种方式参与到对病患的救助当中。更让黄如方感到欣喜的是，近年来国家相关部门频繁出台政策，推动罕见病患者用药困难等问题的解决。

2018年 5 月 21 日，国家卫生健康委员会等五部门联合制定了《第一批罕见病目录》，首次以官方名义公布了 121 种罕见性疾病。2016 年 9 月，罕见病发展中心曾发布《中国罕见病参考名录》共计 147 种疾病，其中有 88 种疾病与官方罕见病名录重叠。此次国家版名录的发布是整个行业多方努力的结果，给罕见病患者家庭及罕见病与孤儿药行业带来希望。

今年 2 月，消除罕见病患儿诊断壁垒全球委员会成立，黄如方成为 12 名委员之一，他表示：“很荣幸能成为全球委员会的专家成员，可以有机会参与国际事务，不仅代表中国的罕见病患者组织，为国际事务贡献我们的经验和智慧，也通过这个项目加强学习，提升自身能力。我们期待，在不久的将来，全球委员会能够为全球包括中国的罕见病儿童的诊断事业做出贡献，我深感责任重大。”

记者手记

壹基金通讯员　王会贤

7 月 27 日，罕见病发展中心创始人黄如方先生来到深圳壹基金公益基金会北京办公室，为基金会员工分享他所经历和了解到的罕见病患者“求医问药”的故事，以及目前国内罕见病领域现状和发展情况。他说从事了十几年罕见病行业，确实感觉有点累，但还没到可以退的时候，罕见病行业的推动还任重道远。

黄如方对于公益的接触，首先是大学的时候了解了艾滋病。2002 年前后，社会上有一个词儿叫作“谈艾色变”。但是经过了解，黄如方知道艾滋病并没有那么恐怖，只是当时公众对于艾滋病没有一个正确的认知。作为一名比较“爱折腾“的大学生，2003 年，他把艾滋病的感染者请到学校里做报告。2004 年，他又带着一帮人去河南艾滋病患者较集中的村子进行实地探访。2005 年，他把村里的孩子们接到学校里参加夏令营。

这样，黄如方也开始不自觉地和公益组织发生微妙的化学反应，尤其是艾滋病领域的公益机构。“还没毕业呢，就有一个公益机构让我去上班。所以我就走进了这个行业，而且慢慢地我也喜欢上了这个行业。在那家艾滋病公益机构中，我学到了受益至今的公益理念、机构的运作方式，也看到了一些不利于机构发展的问题。”

从事公益事业10多年，黄如方逐渐找到了自己践行公益的方式。2015年起，罕见病发展中心先后花费60多万元资助了60多名罕见病患者家庭外出旅行。有人提出疑问，为什么不把这笔钱用于看病？黄如方回答说，关爱的方式有很多种，很多病患一辈子都没出去旅行过，我们把钱用在赞助他们临终前旅行上，也是对他们生命一种关爱。

黄如方坦言，公众对公益机构的认识还过于道德化，认为从事公益工作的人一定只能讲求奉献，最直接的结果就是导致公益行业人才匮乏。

黄如方所做的很多事情跟他自己的经历是有关系的，社会上的一些歧视对他来说既是不幸的，也是幸运的。也因为他总是愿意去感知来自周围的善意和温暖，恰如总有一缕阳光能照到最暗的角落，所谓歧视，从未抵达他的内心。

微语录

“罕见病患者离大家并不遥远，他们用羸弱的身躯承受了人类进化的代价，所以每位罕见病患者都是天使。推动罕见病公益是一条不容易走的路，但是至今我们对整个领域的推动成就有目共睹。许多罕见病已从10年前的鲜为人知到如今几乎家喻户晓，这里凝聚着我们团队小小的努力。希望在推进罕见病发展中心的过程中，我们团队能够实现自我价值，得到社会认同，更能推动整个罕见病治疗领域朝良性方向发展。”
——“一米老大”黄如方

微评论

网友“贺永强”说：“罕见病是有一定比例的，我们之所以是健康的，正是因为他们替我们做了分子。”黄如方兄曾这样跟我说我们每个人和罕见病人的关系，我为之震撼。我愿意以微薄之力，不懈支持罕见病公益事业，呼吁国家立法，支持他们探索提出解决方案！

网友“智立方的杨石头”说：TED演讲同台Speaker，黄如方，假性软骨发育不全症患者，罕见病公益组织创始人，听着他条理清晰的思考，感知他情商十足的人格力量，心生敬意，不由得赞赏。

"坚守大山22年的代课老师"吴浪

上归里，贵州省一个深居大山的贫困侗寨。吴浪，上归里一名代课教师，坚守大山22年培养学生200多名，其中30多人考上大学，让更多孩子读书的初心他从未更改。

山村教师坚守大山22年，贫困侗寨"飞出"30多个大学生

新华社"中国网事"记者　罗羽

上归里，一个诗意的名字，是一个深居大山的贫困侗寨。

吴浪，上归里一名普普通通的代课教师。他坚守大山22年，为山村培养学生200多名，其中30多人考上大学。

"我想让更多的山里娃飞出大山，去接受更好的教育。"吴浪说，他会跟妻子一起坚守，直到最后一名学生毕业。

带着初心踏征程

上归里坐落在贵州省黔东南苗族侗族自治州榕江县大山深处，是一个以吴姓为主的侗族村寨，共有161户713人，其中贫困户58户273人。经年的贫穷曾让村里陷入这样一个怪圈：越穷越不重视教育，越不重视教育就越穷。

"这里自然条件差，人均只有几分地，还缺水；距乡镇、县城又远，交通不便，过去出一次山进一次城，要走好几个小时。"村民组长吴芝坤表示，村民普遍不重视教育是贫穷恶性循环的根源。

吴浪就是上归里人，其父亲过去也是一位教师，在上归里小学任教。在吴浪看来，作为教师的父亲，在教育方面也存在"狭隘"思想。

"父亲不让我姐读书，他觉得女孩子读书没有用。村里的很多女孩也因为受这种思

想影响，从小就失去读书机会，最多也就能读到二三年级。”

吴浪决心改变现状。1993 年初中毕业时，父亲是上归里小学校长，学校当时缺老师，他就主动帮助父亲教学。

“上了一段时间课，因为我有激情，教学有些技巧，学校为了补充师资力量，从 1996 年开始，连续两年通过‘自请’的方式让我教书。”吴浪说，渐渐地他爱上教师这份职业，并于 1998 年向教育部门申请，正式加入代课教师的队伍。

他说，让更多的孩子读书，尤其是让女孩子读书，从而飞出大山、改变命运，就是他从事教育的初心。

坚守大山志不移

吴浪正式成为代课老师时，上归里小学还是一所完小，从一年级到六年级共有 97 名学生、5 位老师，他和父亲组成了“父子档”。

“父亲身体一直不好，1998 年就申请病休，但因为人手紧张，他就一直顶着，直到 2004 年才正式退休。”吴浪说，当时学校条件艰苦，外来老师居无定所，洗衣服的水要走半个小时山路去挑，因此没人愿意过来。

但吴浪不管这些。他边教书边挨家挨户给村民做思想工作，一遍又一遍地宣传教育的重要性，力求让更多的孩子上学。而那时的吴浪，每月领着几十块钱的工资，拮据度日。

“2005 年以后，村里有人出去打工，妻子也劝我一起出去，但我拒绝了。”吴浪说，“不能向钱看，而是要向前看。”

吴浪坚持留在村里教书，妻子只能一人外出务工补贴家用。

他更加用力用心教书，还兼做村里扫盲夜校的老师，用侗语和普通话“双语”教授妇女、老人读书识字。

2012 年实施“撤点并校”政策后，上归里小学虽得以保留，但师生大量流失。学校从一所完小逐步变成了只有幼儿园和一、二两个年级三个班共 39 名学生的教学点，其他几位老师都申请调走，学校成了他“一个人的学校”。

即使一个人也要把学校办下去！

下定决心的吴浪把在外打工的妻子叫回村里，他负责教学，妻子则负责给学生做饭。

“开始我不想回来，他说我们过去没有好好读书，不能让现在的孩子也像我们小时候一样吃没文化的亏。于是，我就回来了。”妻子杨胜云说。

回到村里，杨胜云义务为学生做了三年午餐。直到 2015 年，才正式拿到每月 1200

元的工资。

上归里小学,变成了一所"夫妻学校"。

不忘初心再出发

上归里小学尽管只有一位老师,但教学质量从未受影响。最近几年,在全乡8所小学二年级的教学质量统考中,上归里小学均稳居前三。

"夫妻齐心,其利断金。"吴浪说,为了教好学生,他每天周密备课,加班加点工作。由于学生基本都是村里人,他还利用课余时间给学生辅导。

按照"分工",杨胜云每天做完午餐后,还要帮助照看和辅导幼儿园的学生。

吴浪的教学经验是:上课时是严师,下课后是慈父。

吴浪的家就在学校背后的山坡上,走路只需10分钟,他的小女儿也在学校读二年级。课余时间,很多学生来到家里,跟小女儿一起温习功课、接受辅导,杨胜云则悉心照料。

他还经常走访留守儿童家庭,接济照料孩子们的爷爷奶奶。57岁的石梅香是村里的贫困户,她和老伴带的两个外孙都在学校念书。石梅香身体不好,经常吃药,吴浪常去看望,还帮忙买药。

"吴老师对我们一家人很关心!"石梅香说。

2016年,中华全国妇女联合会授予吴浪家庭第十届"全国五好文明家庭标兵户"称号。

虽然吴浪至今还依然只是一位代课老师,每月领着约2000元的工资,但让他欣慰的是,近年来,国家扶贫政策改变了上归里的交通、居住条件,不少人家还将通过易地扶贫搬迁过上好日子。

"越来越多的孩子将走出大山,去接受更好的教育。村民们的思想观念也在逐步改变,越来越重视教育。"吴浪说。

去年,学校调来一位新老师,吴浪的教学负担有所减轻。展望未来,他说:"也许学校的学生还会减少,但我们会一如既往地坚守下去,直到送出最后一名学生。"

记者手记

新华社记者　罗羽

世界上最美好的青春年华,也许就是将其奉献给自己毕生最爱的事业。

吴浪,贵州省黔东南苗族侗族自治州榕江县上归里村的一位侗族之子,将自己最璀璨的青春年华献给了他最爱的事业——乡村教育。

在过去的20多年,他扎根在上归里小学,陪伴着一群又一群乡村少年儿童——这些大山里的“种子”、山里人的希望。他看着他们来了走,走了来,最终一个个飞出大山,开创新生活,而他,成为不愿也不能迈出脚的那一位。

吴浪说,扎根在大山里,在上归里小学,让更多的孩子能够上得了学、读得起书,是他的初心。他也这么一直坚守着,教了200多位学生,其中30多位考上了大学。

20多年的青春年华,就是对初心最长情的告白。而他的坚守,还在继续。

在我5年多的记者生涯中,我采访过很多很多的人,而像吴浪这样年轻、有知识,却一生甘愿与大山相伴的并不多见。

农村人、山里人,过去也包括现在所接受的世俗观念,读书,在很大程度上就是为了走出大山,去外面的世界闯荡。走出去,追求新的生活。

但吴浪没有这样的观念。

他曾有过很多机会,包括现在,他才42岁,如果愿意走出去,他一样有这个能力。但他都放弃了,他要坚守自己的初心、自己的梦想,坚守他最爱的教育事业,坚守那些忽闪着大眼睛的纯真可爱的山里娃,为他们的未来浇灌自己仅有的汗水。

采访了吴浪以后,我才发现,做一个纯粹的人是多么可贵,一个愿意用自己最美好的青春年华,用心去做一件自己最爱的事的人,不在乎名誉,不执着于物质,不害怕孤寂,不畏惧人生之困苦。

领低薪,居陋屋,吃粗茶淡饭……这么多年,他依然还是一位代课老师,妻子也无怨无悔地陪伴着他,一起笑看数十年如一日般日升月落的光华,这是他的造化。

我敬畏他,用平淡的文字去记录他,记录有真爱的人生,让更多的人看到这样的一种生活态度、人生哲学。

行笔至此,我突然想换掉“坚守”这个词,“坚守”二字包含了从主观上认为必须去努力克服的艰难困苦,但对吴浪来说,这可能是俗人的一种见解。应该用“厮守”或者类似的词,毕竟真爱这份事业、这份初心、这些山里娃的人,与大山的感情当是长相厮守的,哪怕面对艰难困苦,也是甘之如饴,至死方休。

有此真心,就有大希望。

微语录

“我想让更多的山里娃飞出大山,去接受更好的教育。”——“坚守大山22年的代课老师”吴浪

微评论

网友“小米粒”说：必须转发，正能量，受益匪浅。

微信网友“果果”说：感人感动！与大山的感情是长相厮守的，温暖人心！

“闲事科科长”许晓荣

许晓荣，今年77岁，家住都江堰市奎光塔街道亲情小区。许大爷因为在街面上捡拾路人丢弃的烟头，被网友们誉为“白手套大爷”。许大爷还一直热心公益志愿服务。5·12地震后，他带头义务守护人去楼空的家属小院；没有维修资金的小区下水道坏了，他就扛着铲子自己去掏；作为网吧义务监督员，他每天还要到辖区网吧监督是否有违规让未成年人上网的情况。做好事不难，难的是一直做；做一件好事不难，难的是做很多好事。热心肠的许大爷就是这么默默无闻地管着不起眼的“闲事”，帮助着、温暖着、影响着身边的人。

致敬！戴白手套的“闲事科科长”

新华社记者　李力可

四川成都都江堰市奎光塔社区的人行道上，人们或是买菜归来，或是出门办事。人群中，一位满头银发的老大爷格外引人注目，他不时弯下腰捡起路上的烟头、纸屑，再扔到垃圾桶中，不时有经过的行人向他竖起大拇指——“大爷好样的！”

“这个习惯从我年轻在新疆工作的时候就有了。我一个白发苍苍的老头都在捡垃圾，过路的年轻人看到了也会不好意思在我面前乱扔了吧。”熟练地捡起一根烟头放进垃圾箱，许晓荣脱下已经被染黑的白手套，“今天要回去迟了，老婆子又该说我不专心买菜了。”

青年通讯员的“热心肠”

尽管已经77岁高龄，但许晓荣依然步履矫健，他拿出一张珍藏在包裹中的黑白照片——年轻的许晓荣穿着军装，骑着一匹骏马。“现在的好习惯都是那个时候培养起来的。"许晓荣说。

1960年，许晓荣从四川绵阳老家抽调到新疆工作，给当时的自治区领导当通讯员。"那个时候我19岁，精力很旺盛，什么事都抢着做，领导们也很爱护我这个年轻人。"许晓荣说。

老领导的工作和生活态度，让当时高小毕业的许晓荣快速成长起来。"他们的工作精神和对人民的感情，真的是战争年代用生命换来的。"他回忆道，"我作为通讯员，自然每天都要给首长做好卫生，慢慢地就养成了这么个爱捡垃圾的习惯。"

"后来，我到了阿克陶县，当时县里有个组装的解放牌汽车，因为我学过开拖拉机，开车的工作就交给了我，一直开到1980年。从阿克陶县到乌鲁木齐来回超过2000公里，很多老乡都爱搭我的车，在阿克陶我的少数民族朋友比汉族朋友都多。"

1980年，许晓荣加入了中国共产党。"入党后，我很珍惜党员的身份，不把自己的事情做好，对不起党。"许晓荣说。

退休司机守护"亲情小区"

1980年，刚刚入党的许晓荣回到了四川，在都江堰市客运公司当司机。因为一身好技艺，许晓荣成了公司里的"明星"。"当时从成都到灌县(现都江堰市)，路况很差，我会开车也会修车，所以车子极少出毛病，跑得多挣得也多。"许晓荣说。

"司机在当时是一个吃香的工作，退休后我也有个10来万的积蓄，本想做汽配生意发挥余热，但是却赔了本。"退休后，经商失败的许晓荣闲在了家中。

2008年5月12日，突如其来的大地震改变了许晓荣一家的生活。都江堰市是5·12汶川特大地震的重灾区之一，许晓荣当时还在读小学的外孙女在地震中遇难。不过，失去亲人的悲痛没有击垮他，反而让他更希望保护别人。

在地震中，许晓荣所居住的客运公司家属院数栋家属楼成了危楼，而家属院的院墙更是完全倒塌。"几乎所有人都投亲靠友走了，有人就来小区里偷东西，发不义之财。"当时已经67岁的许晓荣固执地留在小区里，开始为邻居们看家护院。"别人走了，我不能走。"

许晓荣找到了同住一个家属院的修理厂工人吴天寿和一名从部队转业回来的军人王仲才，三人一起在小区值守。"后来连续下暴雨，我们三个人在院子里只有一把破伞撑着，点一堆柴火取暖，实在冷得不行就到楼梯间里躲一躲。"许晓荣告诉记者，因为有人把守，整个小区的财物再没有任何损失。

2012年，政府对老旧家属院进行改造。改造好之后，工作人员问居民取个什么名字，邻居们认同了许大爷的想法：亲情小区。"我们这个小区基本都是老年人带着孙子孙女住，大家很重亲情，互相照顾。理解了亲情，也就理解了我们小区名字的来由。”

古稀老人上岗“闲事科科长”

2010年，小区成立了业主委员会，在地震中为大家守护财物的许晓荣被选举为业委会主任，而老伴米思华口中的“闲事科科长”不久后也走马上任。

小区的下水道坏了，没有维修资金，许晓荣就扛着铲子自己去掏下水道；看到老年人过马路，即便自己已年逾七旬，还是要上去搀扶……“久而久之，哪家有事都来找他，我就给他封了个爱管闲事的‘闲事科科长’。”米思华说。

许晓荣家门背后，挂着几个硕大的购物袋，每个袋子里都装满了网吧巡查记录，米女士告诉记者，这是许晓荣接下的又一桩“闲事”。“7年前，我们奎光塔社区的副书记来找到我说：‘许大爷，我给你报个志愿者去不去？义务巡视网吧有没有未成年人上网。’”许晓荣说，当时整个奎光塔社区有5家网吧，由于是义务巡查，没有人愿意揽下这个得罪人的活。

“我儿子当时劝我别去，说这个事情得罪人又不讨好。但我告诉他，我有我的方法。”后来，许晓荣把自己的老伴、大姐和大姐夫都发展成了巡视网吧的志愿者。几年下来，巡视记录装满了好几个袋子。“你看早些年的记录，经常有未成年人去上网，现在基本查不到了。”翻开厚厚的记录，许晓荣说。

如今，许晓荣每天的退休生活变成了“菜市场、家、网吧”三点一线。“为了路上多捡点杂物，我现在都选离得远的菜市场，一路慢慢捡过去，既保护了环境，又锻炼了身体。”许晓荣打趣道，因为专心于捡杂物，他经常不能按时回家做饭。

而为了方便捡这些杂物，许晓荣每次出门都会戴上白手套，每天回家白手套也总是变成黑手套。“别人看到我捡，他就不好意思再到处扔了。有一次一个年轻人抽烟后扔到了路边花坛里，我就跟他说应该扔到垃圾桶里，他听了脸都红了，马上就去捡起来扔进垃圾桶里了，还笑着给我竖了个‘OK’的手势。”

许晓荣说，环卫工人是城市的美容师，要对他们报以尊重。他们收入不高，还要从早上扫到天黑，将心比心，人人都该体谅他们的劳动，爱惜我们自己的家园。

记者手记

新华社记者　**李力可**

第一次见到许晓荣时，记者被眼前这个白发苍苍的老人所震惊。这位已经年满77岁、是记者爷爷一辈的老人守在小区门口，见到记者到来，像是年轻人般跑了两步，一双有力的手紧紧握住我的手:"你们那么远跑过来,辛苦喽!"

许晓荣的家住在一个老旧的小区,但家中收拾得很整洁,老伴米阿姨告诉记者,这是许大爷接近60年的习惯。19岁时,许晓荣从四川绵阳老家被抽调到新疆工作,给当时的自治区领导当通讯员,因为需要为领导安排工作和生活,许晓荣在当时便养成了注重细节的习惯,而这个习惯也被他保持了一辈子。

后来,许晓荣从军队转业回到四川都江堰,成了一名司机,也在司机的岗位上退休。都江堰因世界文化遗产都江堰而得名,是一座闻名世界的旅游城市。但在都江堰人的记忆中,除了美丽的山水和都江堰,还有2008年5·12大地震带来的创伤。

而说起10年前的地震,非常乐观的许晓荣言谈间变得有些哽咽。在地震中,许晓荣的外孙女不幸遇难,给许晓荣一家人带来了无法忘却的伤痛。但正是在这样巨大的悲痛中,许晓荣却主动担负起了为小区的邻居们守卫家园的责任。

许大爷告诉记者,因为地震的巨大破坏力,当时都江堰许多楼房或是倒塌,或是成了危楼,几乎已经没有了居住的条件。为了自己和家人的安全,许多市民纷纷去了外地,但家里的财物大部分都不能带走。

"别人走了,我不能走。"许晓荣找到了同住一个家属院的修理厂工人吴天寿和部队转业军人王仲才,三人一起在小区值守。由于楼房已经成了危楼,三个老人只能在小区院子里睡觉,下雨也只有一把破伞躲雨。靠着这样的"倔脾气",整个小区的邻居们回来时,家中没有丢掉一件东西。

记者看到,至今,许晓荣所居住的小区仍然有一栋危楼,而每天巡视一遍危楼,也成了许晓荣的日常工作之一。

早上,我们跟着许晓荣一同出门才发现,许晓荣一天的工作非常繁重,不仅要捡路上的垃圾,还要巡视网吧、组织小区业委会开会,往往连午饭都要耽搁。而走在路上,许多路人也会不时称赞许晓荣捡垃圾的行为,有的人还会主动跟着捡捡路上的烟头。

记者问许晓荣,他坚持多年的原因是什么?他告诉记者,其实原因非常简单,很多次看着环卫工人在一边打扫,旁边都有人在乱扔垃圾,他过去主动捡起来扔到垃圾桶里,乱扔垃圾的人看到一个老人都比自己讲文明,肯定会有所触动,以后说不定就不再乱扔了,这样城市的环境卫生就能一点点好起来。

和许多伟大的人物相比,许晓荣只是一个普通的退休职工、一位普通的市民,但正是因为我们的生活中有这么多普通人愿意做这些看起来不起眼的小事,甚至别人不屑的小事,我们的社会才会一点点进步。

采访结束后,许大爷不时便会给记者来电话,告诉记者自己的近况。希望许大爷能够身体健康地继续做这些不起眼的小事,也希望更多人能够帮助许大爷一起,关爱自己的城市、自己的家园。

微语录

“环卫工工作很辛苦，我们应该尊重他们的劳动成果。我捡捡烟头没什么，如果大家都行动起来，少一些不文明行为，我们的家园就会多一分美好。”——“闲事科科长”许晓荣

微评论

新浪微博网友“小赵看到的美丽人生”说：大多数人都在忙着为自己、为自己的家庭生活付出，只有极少数人是在为这个国家、这个世界而付出。有些人可以改变自己，但有些人可以改变这个世界。小小一件事，却在默默改变着身边的一切。

新浪微博“为了爱199007”说：不过一个普普通通的人，却做了一件最高尚的事，值得赞扬。

新浪微博网友“陈浩文律师”说：向老人致敬！说起容易做起难，老人的行为可谓社会心灵的净化剂，能够涤荡尘世喧嚣和追逐利益者的心灵。说白了，看到这位老人的所作所为，你还忍心乱扔杂物？还忍心随地吐痰？

"甘做世代护林郎"六老汉和六兄弟

让沙漠变花海，听着像天方夜谭，但就有人这样干了，还一干就是37年。1981年，甘肃省古浪县郭朝明、贺发林、石满、罗元奎、程海、张润元等6位年过半百的农民，在承包合同书上摁下红指印，以联户的形式组建了八步沙集体林场治沙。30多年后，郭朝明的儿子郭万刚带领其他几位老人的儿子或女婿，接过治沙接力棒，"六兄弟"成了第二代治沙人。2017年，郭万刚的侄子郭玺加入林场，成为第三代治沙人。几十年来，三代人接力，封沙育林35万亩，植树3000万株。当地政府为他们勒石记功，子承父志，治沙立成了誓约。

近30年来，新华社先后十余次报道八步沙六老汉和六兄弟的治沙事迹，引发强烈反响。近日，习近平等党和国家领导人在参观庆祝改革开放40周年大型展览时，在生态展区展出的反映八步沙六老汉治沙事迹的《古有愚公移大山，今后老汉治沙滩》驻足并交流。

三代人与一片沙

新华社记者　任卫东　谭飞　姜伟超

让沙漠变花海，听起来像天方夜谭，但有一群人就这样干了，还一干就是37年。

6位普通的西北老汉和儿孙们三代接力，把大漠变林场，把林场变公司，封沙育林35万亩，植树3000万株，如今连大学毕业生也到公司来应聘。

是怎样的一种力量，不但封住了风沙口，实现了"人沙和谐"的生态梦，还让"沙土"变"沙金"？

不甘服输，六老汉用白发换绿色

“一夜北风沙骑墙，早上起来驴上房”。

腾格里沙漠南缘的甘肃省古浪县，是全国荒漠化重点监测县之一，境内沙漠化土地面积239.8万亩，风沙线长132公里。

八步沙，古浪县最大的风沙口。20世纪七八十年代，这里“秋风吹秕田，春风吹死牛”，大风挟着沙子吹过，往往连地带庄稼都不见踪影。

风沙再狂，总有人不甘服输。

1981年，古浪县决定改用承包的办法治沙。郭朝明、贺发林、石满、罗元奎、程海、张润元等6位年过半百的老汉，在承包合同书上摁下红指印，以联户的形式组建了八步沙集体林场。

第一年，他们造林1万亩。转过年一开春，风吹、沙打、羊啃，苗子十存一二。林场场长石满和老哥几个闷头走进林场巡看，到处风起沙驰，枝干斜插。难道真的干不成？

不经意转过一个弯，在一座沙岭背后，一小片林子却长得格外茂盛，还开出了花朵。柠条树和梭梭开的是小黄花，红柳的花是紫色的，被誉为“大漠美人”的花棒开的花，红的白的都有，一朵挨一朵。

六老汉怔住了，互相用眼神询问：“这不是梦吧？”

花朵就是希望。他们定了心：“能干成！”

六老汉卷起被褥住进沙窝。沙地上挖个坑，上面用木棍支起来，再盖点草，就是“治沙指挥部”。白天他们在沙漠里劳作，夜里蜷在地窝子里。

张润元回忆，大风常把被窝吹跑，他们就在冰冷的地窝子偎到天亮。后来他们又挖了个窑洞，在窑洞里坚持住了一年多。1983年，在县林业局的支持下，六老汉才有了3间草房。

在沙漠中造林，栽上、吹跑，再栽、再吹跑，继续栽……成活一棵树往往意味着栽种五六次。六老汉观察发现，在树窝周围埋上麦草就能把沙子固定住，树苗就能保住。由此，当地流传起一句顺口溜：“一棵树，一把草，压住沙子防风掏。”

种树容易护林难，好不容易种下的草和树，几天就会被羊啃光。六老汉就既当愚公，又当“包公”。每天日头一落他们就进林地“值班”，夜里12点再爬进沙窝休息，还没少跟放羊的乡亲“黑”脸。

春季植树任务重，秋季压沙任务重，夏季和冬季护林任务重，6家人40多口齐上阵，年纪最小的只有10多岁。“一年下来，眼看撑不住了，转过年看到树绿花开，树活了，人也‘活’过来了。”张润元说。

就为这一眼红和绿，10年，六老汉用汗水浇“活”了4.2万亩沙漠。一个乔木、灌木、沙草结合的绿洲在八步沙延伸，以前单调的沙丘一逢春仿佛变成了花海，多姿的沙生植物有的像盛装起舞的飞天，有的亭亭玉立于沙地之上，有的盘腿坐在绿草之中……

为此，6位老人熬白了头，甚至有人过早走完了人生路。1991、1992年，贺发林、石满相继离世。

治沙的人，就是在拿自己的生命换绿色。贺发林是昏倒在树坑旁的，被送到医院时已经是肝硬化晚期。在这之前，老汉忍着疼种了人生中最后几棵花棒。住院后他对儿子贺中强说："娃，这一片林，你去种吧。"

石满生前荣获全国治沙劳动模范荣誉称号。当地人说，他是累死的。石老汉没有被埋进祖坟，而是被埋在了八步沙。他去世前交代："我要看着八步沙的林子。"

子承父志，"六兄弟"甘做世代"护林郎"

为了大漠花开，他们再也没有回头。在后来的几年里，郭朝明、罗元奎也相继离世。当初向沙漠挺进的六老汉中，4个走了，2个老得干不动了。老人们放不下那些柠条、花棒、红柳，走的时候约定，6家人每家必须有一个继承人，把八步沙管下去。

于是，郭老汉的儿子郭万刚、贺老汉的儿子贺中强、石老汉的儿子石银山、罗老汉的儿子罗兴全、程老汉的儿子程生学、张老汉的女婿王志鹏，接过了治沙接力棒，"六兄弟"成了八步沙第二代治沙人。

父死子继，花开花谢，誓约不悔。

今年66岁的郭万刚，在1983年就被父亲叫来林场种树，当时郭万刚在供销社端上"铁饭碗"。石满老汉去世后，郭万刚继任八步沙林场的场长。但郭万刚一开始并不甘心当"护林郎"，一度盼着林场散伙，好去做生意。他曾怼父亲："治沙，沙漠看都看不到头，你以为自己是神仙啊！"

1993年，一场黑风暴，彻底改变了郭万刚。

那一年5月5日，正是春意融融、开花结籽的季节，17时左右，刚刚还晴朗的天，突然平地起了一阵风，带着土腥气。转瞬间，天就变成了一种令人压抑的昏黄，随即又黑得伸手不见五指，风大得邪乎。正在巡视林场的郭万刚和罗老汉被吹成了滚地葫芦，狂风掀起的沙子将两人盖住，两人就趴在原地四肢不停地刨沙自救。十几分钟后，一丝光亮从天上透下来，却又下起鹅毛大雪。两人顶风冒雪踉跄走了半个小时，迷了路，身上结了一层沙壳。好不容易碰见一个骑着骡子出来找牲口的村民，上前刚要打听路，骡子被两人的样子吓惊了，把背上的人掀了下来。第二天早晨，死里逃生的郭万刚听到一个消息：黑风暴"刮死"了23个人。

之后，郭万刚就把被窝搬进了八步沙。

当时22岁的石银山常年带着3个人坚守在深入林场25公里远的护林站上，春节也不能回家。别人全家团圆，他在黄沙中眺望着远处村庄的焰火。2005年秋天，石银山双腿患上了严重的湿疹，疼得走不成路，但他只回家休息了3天，又拄起拐杖进了沙漠。

树绿了又黄，花谢了再开。如今48岁的石银山已经鬓角泛白。六兄弟也变成了六个“尕老汉”。

大漠的绿色，是用人的时光和容颜一点一点换来的。

在八步沙林场，当年六老汉栽下的柠条、花棒已过了风华正茂的年纪，现在开花的都是“六兄弟”种下的。郭万刚指着一处正开花的点地梅说：“新树接老树，也是传承不断。”

2017年春天，郭万刚的侄子郭玺加入林场，他开着车穿梭在沙漠，成为八步沙第三代治沙人。

三代接力，创业圆梦新时代

再美的愿景，实现的过程也难免波折。20多年前，林场就差点散伙。

1993年以前，林场靠当地造林补助生存，每人每月45元。1993到1996年，由于国家生态政策的调整，八步沙林场没有了造林补助。

1995年春，林场发不出工资，面临倒闭。

贺中强回忆：“当时很茫然，这么干下去，什么时候是个头？”

困难面前，郭万刚力排众议，决定在林场附近购置300亩荒地，再打一眼机井，种些小麦、玉米等粮食和西瓜、西红柿等经济作物，探索多种经营。

花谢总会再开，坚韧方能成事。1997年，靠着筹措来的30多万元，林场买了地，打了井，当年就收入20万元。林场起死回生，集体有了收益。从此，治沙人变成创业者，创业者变成六股东。

治完八步沙，六兄弟2003年又锁定距八步沙25公里远的黑岗沙、双槽、漠迷三大风沙口。当年，他们便在黑岗沙栽了7000亩沙生植物。又是10年过去，三大风沙口已是林草丰茂。

2009年，六兄弟在林场的基础上成立八步沙绿化责任有限公司，在治好的沙地里发展沙产业，兼承接环境治理工程。2010年，公司收益开始反哺林场。

2015年，六兄弟又在甘肃和内蒙古交界的麻黄塘承包沙漠15.7万亩，目前已经治理3万多亩。2016年，公司人马进一步壮大，两名大学生应聘加入公司，工程招标、治沙科技有了专业人才。2017年，公司营业收入2000多万元，实力不断壮大。

“治沙经”念成了“发财经”。

今年，武威市和古浪县鼓励六兄弟在当地黄花滩移民区流转了1.25万亩土地，带领搬迁移民一起种植肉苁蓉、枸杞和红枣。春种时，光给贫困户发放劳务费就超过300万元。

郭万刚曾作诗：“沙枣花棒苗健壮，破土已闻漠花香。”耐得住的人，最终会得到回报与奖赏。

虽然与记者相处好几天，六兄弟却一直没有太多话，黑黑的脸上总挂着爽朗的笑。“除了治沙种树，郭大哥难道就没有爱好吗？”记者问。

郭万刚张了几次嘴，最后有点羞赧地说：“就是喜欢花。”

他说：“你知道吗？沙漠里每一种花都有香味。柠条花闻起来像卫生香的味道；沙棘花香味很甜腻；花棒的花味道像玫瑰；红柳花乍闻起来有点苦，但后味却越来越香。”

贺中强说：“每到四五月份，这里全是花，让你把受的苦全忘咧。”

八步沙、六老汉、六兄弟，三代人用37年向大自然行了一个庄重的揖拜礼。

记者手记

新华社记者　范培珅

八步沙传奇与新华社报道

新华社关于甘肃古浪八步沙六老汉的报道，最早要追溯到27年以前。1991年3月，时任新华社甘肃分社记者李生才以《神州大地添绿彩》为题，报道“甘肃省古浪县石满、贺发林等6位花甲老人，不享儿女绕膝之福，卷起铺盖在地处腾格里沙漠前缘的八步沙安营扎寨，治沙造林数十年如一日，使4000亩沙丘披上绿装，受到群众称赞”的故事，并以图片通稿的形式对八步沙六老汉治沙故事进行了报道。

在随后的20多年间，时任新华社甘肃分社记者马维坤、谭飞、朱国亮、韩传号等先后以《六老汉18年大漠植树900万株》《“八步沙”精神感召沙区人》《八步沙的两代治沙人》《六老汉苦斗沙魔二十载》《坚守八步沙》等为题，多年来持续关注报道古浪八步沙六老汉的治沙故事。

党的十八大以来，“绿水青山就是金山银山”的理念深入人心。新华社甘肃分社近几年把生态文明建设作为采访调研的重要选题，多次派记者前往古浪县，持续挖掘古浪六老汉的事迹，先后播发了《(地球绿飘带·走近造林人) 古浪六老汉治沙三十载》《(图片故事)从“义务治沙”到“专业治沙”——数十年坚守的八步沙治沙人》《(走基层 听民声)甘肃古浪：三代人共谱治沙壮歌》等多种形式的生态报道。

2018年，在第24个“世界防治荒漠化和干旱日”来临之际，按照总社相关报道精神，新华社甘肃分社社长任卫东策划组织记者前往古浪县，再次对八步沙六老汉治沙故事进行全媒体采访挖掘，最终形成文字、图片、视频融合的新华全媒头条《三代人与一片沙》。

《三代人与一片沙》全媒体稿件，文字、图片、视频各有优点，相互印证，全景展现。文字报道中，记者将生态、命运、传承的内在逻辑贯穿始终，以细节刻画三代人“父死子继、传承不息”的感人故事，将不同时代背景下治沙人的艰苦历程勾勒出一幅中国人民敬畏生态、了解生态，再到与生态和谐相处的宏美蓝图。语言精练，表达精准，构思精心。图片报道最大的亮点就是采用大量历史资料进行对比展示，为整体稿件的真实性提供强有力的佐证，实属难得。同时采取细节刻画和无人机航拍的形式，从微观和宏观两个方面讲故事，立体构筑了视觉感受。视频报道打破以往平铺直叙的表现方式，在短短3分20秒的时间里，设计了片头、主体、结尾三部分，形成严密的逻辑关系，展现防沙与脱贫的主题。画面精美震撼，情节真实感人，编辑大胆创新，整体效果振奋人心。

最终，这篇由新华社总编辑何平同志点题、新华社副社长张宿堂同志批示，新华社甘肃分社社长任卫东直接策划组织的新华全媒头条《三代人与一片沙》的报道在第24个“世界防治荒漠化和干旱日”当日推出，报道刊发后，传播广泛，反响强烈。

稿件在新华社客户端浏览量超过256万次，文字报道共有125家媒体采用，图片报道共有336家媒体采用，视频在新浪、腾讯、网易等主流门户网站相继推出。《三代人与一片沙》报道充分体现了中国防治荒漠化过程艰辛不易的同时，紧扣今年中国“防治土地荒漠化、助力扶贫攻坚战”的宣传主题，用事实印证了“绿水青山就是金山银山”的伟大科学论断。

微语录

“沙枣花棒苗健壮，破土已闻漠花香。”——郭万刚

微评论

网友“杭州玉林”说：记住他们，更要记住那些逝去的老人。

网友“牵手玫瑰2”说：现代愚公，子子孙孙无穷匮也，赞！

"拾荒爷爷"刘图耻

刘图耻是一名87岁的老人,是原四川遂宁市卫生局的一名退休老干部。从2005年起,他拾荒13年,四处收集、捡拾废旧书报和塑料瓶,用变卖废品得来的钱助学济困,建成11座村小读书室和5座乡村阅览室,资助40多名留守儿童和贫困学生。刘图耻戏称自己是越老越甜的"老南瓜","人活一天,就要做点事"。

人见人爱"老南瓜"拾荒13年回馈乡村

新华社记者　袁秋岳

"刘爷爷,来了啊!"在四川遂宁市卫计委办公楼里,来了一位已经退休20多年的老干部,他背着一个边缘发毛的蓝色布书包,穿着一身捡来的中学生校服。这位87岁老人是原遂宁市卫生局离退休党支部书记刘图耻。每隔一段时间,他就会到单位来,收走大家为他留下的旧书报和废塑料瓶。

13年来,刘大爷四处收集、捡拾废旧书报和塑料瓶,用变卖废品得来的钱助学济困,建成了11座乡村小学读书室和5座乡村爱心阅览室。他说,自己回馈乡村是为了报恩,戏称自己是一颗"老南瓜","越老越甜"。

爱心一发不可收

2005年,刘图耻回老家遂宁市西眉镇骑龙村探亲时,偶然发现骑龙村小学书本紧缺,桌椅破损,学校连个像样的操场也没有,孩子们"晴天一身尘,雨天一身泥"。

他回家就拿出自己和老伴的5000元积蓄,又四处筹集了8000余元,为骑龙村小学修缮了校舍,新置了桌椅、教具,还"化缘"来1700多册课外读物,给骑龙村小学的每个班都建起了"读书角"。

看着孩子们的笑脸，刘大爷此后便“一发不可收”，四处搜罗、购买图书，一捆一捆亲自往乡下背。他先后在安居区玉丰镇潮水村、田家堰村等5个村子建立了阅览室，和更多的乡村小学读书室。

他和老伴微薄的退休金远不足以支持他建立更多阅览室的愿望，家里囤积的废旧报纸使他产生了捡废品、卖废品攒钱的念头，一捡就是13年。

用刘图耻自己的话说，他是“高级捡破烂的”。因为他的善举，周围人都给予了他极大的支持。他曾经任职的遂宁市卫计委以及当地红十字会、医院、血站等，都帮他收集废报纸、纸壳和饮料瓶，身边的熟人、邻居也会把废纸、废瓶子送到他这里来。

为了鼓励孩子们读书，他甚至自掏腰包设立奖学金，评选“优秀读书学生”。这些年，刘大爷还资助了40多名孤残留守儿童和贫困学生。

安居区玉丰镇的郑春容想起她的刘爷爷十分感激。如今长大成人的她拿到了医师证，和爱人在浙江宁波开了小药店。几年前，母亲患精神疾病，家庭贫困的她在刘图耻的资助下考上了攀枝花卫校，毕业后，还曾寄住在刘大爷家。“不是刘爷爷就没有自己的今天。”她说。

一切为了报恩

“我来自农村，不能忘了农民的根基。”刘图耻坦言自己所做的一切都是为了报恩，“小时候家庭困难，只读过两年书，我所得到的一切都来自于党的培养。这是我对党和国家的报答，也是我对农村的回馈。”

这两年，“扶贫攻坚”成为刘图耻老人心中挂念的另一件事。他开始将攒下的钱捐赠到乡村公路、厕所的修建中。

他自筹资金，连续两年在重阳节为西眉镇骑龙村、蓬溪县金桥乡瓦房沟村、三家镇长安村的留守老人组织“坝坝宴”，还极力促成市中心医院派出专家、心理医生，为村里的老人们做免费体检。

去年三八妇女节，他花了500元钱，买了肉馅和饺子皮，带去骑龙村组织大家包饺子，给留守的妇女们过节。这在过去是从来没有的事，村里很多女性连妇女节都没有听说过，感觉十分新奇，也觉得自己受到了尊重。

这几年，但凡听说有扶贫捐款活动，刘大爷就一定会“多少表示一点”。

2016年，刘大爷已超额完成自己最初定下的“五个一万”目标，并制定了新的目标：“行1.5万里路，捐1.5万册书，捡2.5万个废弃瓶子，收3.5万斤旧书报，攒6万元钱”。而如今，刘图耻捐出的书刊、捡拾的废品和用于资助的金额早就超过目标，自己也说不清到底有多少了。

家人是最温暖有力的支持

多年来,刘图恥的老伴唐桂英和一儿一女都给予了他极大的支持。

为了感谢老伴,刘大爷在84岁高龄的时候还为她写了一本未出版的小传,名为《我心中的唐大海》,书中质朴地写道:“唐幺妹和刘老四是天生一对,成功夫妻。”

刘图恥的女儿刘纳新说起父亲十分骄傲:“我父亲是这样善良的人,他也一向以这样的标准来教育我们,我们都很支持他。”

刘纳新曾陪着父亲一起去乡下捐书,从事编辑出版工作的她帮着父亲联系捐赠书刊,还给予专业支持,为不同年级的孩子们做绘本筛选和读物分级。

作为儿女,刘纳新也很担心年迈父亲的身体。父亲一有钱就投入慈善,家里买的电器也舍不得用,冬天冷得跳脚直说“出去走走就不冷了”。“我爸日子过得特别苦,但是在精神上是个贵族!”

刘大爷却说:“人活一天,就要做点事。”只要还走得动,他就会将善事一直做下去。

记者手记

新华社记者　袁秋岳

时隔多日回想起第一次见到刘图恥老人的场景,总能想起在遂宁市卫计委的大楼里,刘爷爷背着包走在前面带路,步履带风,一边上楼梯一边同往来的人热情打招呼的模样,很难想到这是一位年近90的老人。

在这位老人“拾荒”的故事里,没有丝毫苦情的剧情,而是充满了温暖,甚至还有一些浪漫色彩。在采访刘爷爷时,总让我不断想起自己的外公,热忱、执着而保有初心,令人感到亲切又敬佩。

距离刘爷爷第一次动起拾荒的念头为村小的孩子们修缮校舍、捐赠书物,已经13年了。让一位年近90的老人去回忆这13年间的故事,着实令人为难,好在刘爷爷用文字记录了许多这13年来的感受,也尽力而耐心地回忆着。

为了给读者更直观的感受,在采访时,编辑老师和我都希望刘爷爷给我们一个比较具体的数字,算算这13年他究竟拾捡了多少废品,行了多少善举,然而这是一个难以完成的统计。

刘爷爷言谈间并没有觉得自己在做一件多么了不起的事,相反,他在不断地反思自己,审视自己行善的意义与实际效果。

在大家都在关注刘爷爷的捐书善举,并因此获得许多荣誉时,刘爷爷却在自己坚持不懈地下乡走访间，遗憾地发现捐书存在的问题："现在留在乡下的人越来越少了。半大的孩子都是年迈的老人拉扯着，根本没有读书的习惯。"

刘爷爷的行善之路并没有就此打住，而是寻得了一个新的方向。从前年开始，他将慈善的关注点放在了乡村建设，以及留守村落的妇女儿童和老人身上。这位87岁的老人依旧过着收集废品的日子，亲自一趟一趟地下乡，要把帮助他人进行到底。

在克己的清苦日子中，刘爷爷却是个非常浪漫的人，一生与人为善的他，对待家人也付出了无限的温柔。这也是在采访中让我心中最暖的地方。

他为老伴写书，为女儿摘花，与家人的和善幸福溢于言表。在与刘爷爷的女儿刘纳新老师的接触中，不难发现，这也是一位善良、热情、充满浪漫情怀的女性。可见家风之重要。

在接下来的日子里，刘爷爷告诉记者，他还想继续发挥余热，致力于保护地方文化。这些年刘爷爷积攒了大量的书籍期刊、画册，其中仅是手工年画就有1000多册。这些书他不打算背回乡下，而是自己整理分类，建立一个"新·旧书画库存"，打算若干年后一起捐给国家。

愿这位可爱的"南瓜"老爷爷长寿康健，一直这么甜下去。

微语录

"人活一天，就要做点事。"——"拾荒爷爷"刘图耻

微评论

新浪微博网友"笙苒a"说：善举不易，人心实善，好人一生平安。

新浪微博网友"心惑未"说：有这样的老干部，是遂宁娃娃的幸福，希望这样的干部越来越多。

微信网友"绿野的守望"说：唯有书可守护岁月。

"视障律师"金希

金希是温州人，今年29岁，当他还是孩童的时候，就不幸被查出患有先天性视力障碍，他眼中的世界永远是模糊不清的灰色。他说："我是一个被上帝咬过一口的苹果，但依然芬芳。我要像我的名字一样，把金色的希望传递给更多的人。"

金希除了当律师外，还是"小艾帮帮"公益平台发起人、残障平等意识培训(DET)引导师等。金希一直关注残障人士的维权问题，也愿意为残障人士提供服务。金希为残障人士提供法律服务不收一分钱。在短短的几年时间里，接受过金希法律服务的残障人士有600余名。

看不见，也要活得精彩

——视障律师金希的助残公益之路

新华社"中国网事"记者　张璇　朱涵

他依靠耳朵，艰苦学习，成为国内首位视障法学硕士；他回报社会，乐观向上，无偿为残障人士提供法律服务，至今已帮助600余人；他推己及人，致力推动残障社群的社会融合，呼唤社会的平等理解……

他叫金希，今年29岁，除了当律师外，还是"小艾帮帮"公益平台发起人、残障平等意识培训(DET)引导师等。金希的生活，没有像他的眼睛一样暗淡。他说："我是一个被上帝咬过一口的苹果，但依然芬芳。我要像我的名字一样，把金色的希望传递给更多的人。"

用耳读书，苦学法律

金希是温州人，当他还是孩童的时候，就不幸被查出患有先天性视力障碍，他眼中的世界永远是模糊不清的灰色。随着年龄的增长，金希的视力持续下降，他只能借助电脑的语音软件和同学们的帮助来学习。由于看不清黑板的板书,他只能依靠双耳聆听老师的教导。

“我只有更加努力、付出更多才不会被落下。”功夫不负有心人,金希的成绩在中学时期一直名列前茅。2007年,金希申请以专人念题的方式参与高考,获得教育主管部门批准。最终他考入宁波大学法学院,并被保送研究生。

他一边努力学习,一边做义工。2010年,金希参加了司法考试,并以441分的成绩顺利通过。在校期间,他还先后获得国家励志奖学金、校优秀学生一等奖学金等,每次他都将大部分奖学金捐给青年志愿者协会和学校的爱心基金。

如今,他从事了自己心仪的律师工作。“我需要一个舞台,哪怕是很小的舞台,我只想用自己的专业特长,为他人、为社会做一点贡献。”金希说。中国有8500万名残障人士,其中就有为数不少的视障人士。他想让更多的人知道,视障人士一样可以活得很精彩。

帮助他人回报社会

在朋友眼中,金希是一个闲不住的人。他除了做自己本职的律师工作以外,还发起“小艾帮帮”公益平台、担任残障平等意识(DET)引导师等。

金希一直关注残障人士的维权问题,也愿意为残障人士提供服务。2015年底,因被国内一家航空公司以“无成人陪伴,无自理能力”为理由拒载,两名残障旅客将航空公司告上了法庭。当时金希还在杭州一家律师事务所担任律师助理,他作为代理人参与了这起案件。金希回忆,整个过程可以说非常曲折,结果是航空公司赔礼道歉,给予经济补偿,并承诺改进服务。

在短短的几年时间里,从法律咨询到文书代写,从普法宣讲到案件代理,接受过金希法律服务的残障人士有600余名,所涉及的法律问题涵盖婚姻、继承、入学、就业、出行等方方面面。

金希为残障人士提供法律服务不收一分钱。若遇到当事人经济困难,他还会自掏腰包支付办案的交通、食宿等费用。他说,如果自己的这些努力能够让残障当事人获得满意的结果,促进整个残障群体社会处境的改善,所有付出便都是值得的。

推己及人,呼唤理解

作为视障多元就业的实践者和倡导者,金希参与了盲人多元就业系列纪录片《眼底星辰》的拍摄,这部纯公益的纪录片让公众对视障群体有所了解。除了法律咨询和案件代理外,金希还多次开展针对残障社群与残障公益组织的法律知识与平等意识培训,力图帮助更多的人了解自身权利,积极融入社会。

金希坦言，近年来残障人士的生活水平有了很大提高，但由于自身受教育机会的局限和社会的不理解，很多残障人士依然在教育、就业、家庭生活、无障碍出行等领域面临这样或那样的权利侵损，而多数法律工作者由于缺少残障的生命体验，很难真正了解残障人士的实际需求。

事实上，金希在生活中也时常遇到对他的质疑和不理解，需要不断去向外界解释“他也可以”。

“破除环境障碍是一方面，制度、态度的平等对待才是最重要的。”金希说。2018年，他致力推动“小艾帮帮”公益助盲平台，这个平台由志愿者通过视频连线的方式为视障人士提供远程协助，使得更多视障人士能独立、自主、有尊严地融入社会生活。

“我希望社会增加对残障人士的理解和接纳，也帮助他们走出家门，走进社会之门。”金希说，一路走来，自己都是提灯倚杖前行，法律就是他手里的拐杖，心中的善念就是那盏明灯。

记者手记

新华社“中国网事”记者　张璇

这位几乎靠“听”完成学业的温州青年，虽然才29岁，但他身上有着超越年龄的沉稳和敏锐。初次见到金希，我们很好奇他为何会选择律师这个职业。他说，选择做律师，一方面是专业使然，另一方面就是想为残障人士提供帮助，为公平和正义鼓与呼。

金希一出生就失去了明亮的双眸，先天性严重视障宣告他的世界永远是模糊不清的灰色。但他用自己的努力，让我们看到他的世界并不是“灰色”的。

在上学期间，他是别人眼中的“学霸”，获得了优异的成绩，也积极参加学校辩论赛、演讲，是个多面手；进入工作，他则成了一个“斜杠青年”，除了当律师外，还是“小艾帮帮”公益平台发起人、残障平等意识培训(DET)引导师等。

在交流中，我们看到了他所取得的优异成绩。然而，一张张奖状、证书的背后，其实是比常人多几倍甚至几十倍的付出。

因为看不见，他读书都需要别人读给他听，或者借助电脑辅助工具才能阅读；因为看不见，他往往需要更早起床出行才能准时参与庭审；因为看不见，他的日常活动有时需要花更多的时间去解释……

“可能在某个时间点，我们每一个人都是‘盲人’，就像关上会场的灯。我们看到的是同一个世界，所以我想盲与不盲，只不过是人的一种状态而已，并不是一种永恒的障碍。”金希说。

他的乐观感染的不仅仅是我们。

在金希看来，一路走来，没有老师和同学的帮助，就没有他的今天。所以我们看到他在生活中是一个常怀感恩、热心公益的人。“我需要一个舞台，哪怕是很小的舞台，我只想用自己的专业特长，为他人、为社会做一点贡献。”

长期以来，金希一直坚持在大学法律诊所为当事人提供公益性的法律咨询和法律援助，他曾说：“有许多当事人向我咨询法律方面的问题，在为他们耐心解答的同时我也深深感受到一名法科学生的责任和使命，这是我最为快乐与满足的时光。因为我一直得到许多人的关心与帮助，他人所给予我的爱和希望我也渴望能传递给更多的人，更坚定了我运用自身所学为公平与正义不懈奋斗的决心。”

此外，在大学期间的奖学金，他总是会分别捐献给班级、青年志愿者协会和学校的爱心基金。

如今，他的工作方式也融入了“互联网+”。2018 年，他致力推动“小艾帮帮”公益助盲平台，这个平台由志愿者通过视频连线的方式为视障人士提供远程协助，使得更多视障人士能独立、自主、有尊严地融入社会生活。“破除环境障碍是一方面，制度、态度的平等对待才是最重要的。”金希说。

我们相信，金希做的事情，就是让更多人看到视障人的能力。

虽然采访只有短短的几个小时，但是金希的言谈和他的生活状态，让我们感受到他正用眼底的星辰，创造属于他的光彩。

微语录

“可能在某个时间点，我们每一个人都是‘盲人’，就像关上会场的灯。我们看到的是同一个世界，所以我想盲与不盲，只不过是人的一种状态而已，并不是一种永恒的障碍。”——“视障律师”金希

微评论

网友“旎旎霓”说：上帝为你关上一扇窗的同时，也为你打开了一扇门。对于视障人士来说，融入社会很重要。明眼人能做到的很多事情，视障人士一样可以做到。

网友“小小迪耳”说：我也是一个视障人，得知金希的故事深受感动，让我有了更多的信心去过好自己的生活。

网友“可乐渴了”说：“破除环境障碍是一方面，制度、态度的平等对待才是最重要的。”我希望不久后，越来越多的视障人能自如地走出家门，接触社会。金希做的事，满满的正能量。

孩子们的"雄熊叔叔"林敏明

林敏明是福建省司法警察训练总队学员队队长，也是福建省教育援助协会（又名"红苹果公益"）的创始人。4年多来，林敏明带领红苹果公益为服刑人员未成年子女提供经济、心理和法律方面的援助，解决服刑人员子女的"黑户"和经济困难问题，组织开展"亲情拓展营"等帮扶工作，恢复服刑人员及其其家庭成员对人性和社会的信心。他和红苹果公益为服刑人员子女带来新的希望，被孩子们亲切地称为"我们的雄熊叔叔"。

警察和小熊

《中国青年报》"中青在线"记者　张渺

他是福建省司法警察训练总队的一名教官，从警近20年。福建各个监狱的民警如果到总队培训，可能会成为他的学员。林敏明对参训学员要求严格，学员们都叫他林老师、林队。

他也是福建省教育援助协会的发起人之一。协会还有个名字叫红苹果公益，协会统一制作的衣服上印着一只带着笑脸的红苹果，"就像孩子红扑扑的小脸"。他们专门给服刑人员等特殊家庭的未成年子女提供教育、心理、法律等层面的援助。

有的孩子小时候见过警察把手铐铐在亲人手腕上，长大后一见到制服、警徽、警车就浑身发抖。林敏明把一只蓝灰色的小熊玩偶挂在协会工作服上。他问孩子："雄熊叔叔也是警察，你会怕吗？"

他听他们讲学校的事，跟他们聊动画片，也会给他们带去印着卡通图案的书包和玩具。那些孩子都喜欢林敏明，他们叫他雄熊叔叔。

2014年6月，红苹果公益正式注册成立。迄今已经建立了12个监狱教育援助中心，登记的志愿者800多名，其中将近70%的志愿者是警察。

这些监狱民警审核过家属和服刑人员的通信。一位曾经遭受丈夫家庭暴力，并最终杀死了丈夫的女犯人，收到了儿子的来信。被亲戚抚养的儿子在信里告诉母亲，自己考上了大学，法律专业，“这所学校您可能不知道”。那是一所北京的211重点大学，就连审核信件的民警林苏都感慨：“太难考了。”林苏猜测，这个男孩选择学法律“也许是因为父母的事情”。

一位女犯平时表现很好，改造积极，很少流泪。她哭的那几次都是因为收到了孩子的信。那是一个父母双服刑的家庭，她和丈夫坐牢之后，两个儿子陆续也进了监狱，一个因为抢劫，另一个因为参与了群体打架斗殴。

司法部曾在2005年开展“监狱服刑人员未成年子女基本问题”调研工作。统计数据显示，全国服刑人员未成年子女总数超过60万，许多孩子失去了生活保障，九成以上没有得到过任何形式的社会救助。在全国未成年人罪犯的总数里，服刑人员子女占了一半。

2017年7月，红苹果公益也对福建省18所监狱中，有未成年子女的在押服刑人员进行了摸底调查。这些人平均家中有一到两个孩子，共计17922个孩子。这些孩子的辍学率达26.9%，三成有心理问题，超过1/5存在触犯法律的行为。

红苹果公益成立前，不止一位监狱民警向林敏明提起过服刑人员子女的境遇。2012年的一个夜晚，一群正在警察训练总队培训的监狱民警把林敏明围在中间，你一言我一语，讨论着服刑人员子女帮扶的可行性。那时，林敏明已经参与公益活动3年多，累计参加志愿服务的时间上千小时。

“我被大家‘架’起来了。”林敏明回忆，“但回去以后，大家由于工作任务繁重，渐渐把这件事淡忘了，我就牵头把事情做了。”

一年时间里，林敏明利用周末跋涉了2万公里，拜访了100多户人家，入户探访时忙到没时间吃饭。他和志愿者与服刑人员家属沟通，与孩子谈心。

很多孩子都会被家人重点保护起来。柳茵夫妇因为经济案件入狱时，女儿才6岁。小女孩进进出出永远有亲戚陪着，很少见陌生人，家里人怕她“听到闲话”。她变得比同龄人成熟和沉默，很少大哭大笑。

柳茵前年出狱了，但丈夫判的是无期徒刑，一家人的团聚遥遥无期。女儿问她：“你们不知道父亲做的事是错的吗？当初为什么没人拉住他！”柳茵无言以对。

“如果当时有人告诉我欠钱不还是要坐牢的，我一定不会这样做。”她16岁出来打拼，自幼居住的小山村没有几户人家，没人会告诉她，除了杀人放火，还有哪些事也是犯罪。

林敏明打开红苹果公益数据库收集的信息，许多服刑人员提交的愿望里，写的是希望给孩子提供普法和心理援助。

“给这些孩子提供心理辅导和法律援助，不但能促进孩子身心健康，也能促进社会治理与建设。”林敏明说。红苹果公益成立了一个专家指导委员会，细分为心理帮扶组、社会工作组和法律援助组。林敏明聘来10多名心理咨询师志愿者，以及儿童心理学、认知心理学等专业的导师，给志愿者进行培训。

据林敏明描述，许多服刑人员家庭生活在贫困线以下。但是村、县往往“戴着有色眼镜”，不愿意把这样的家庭列在困难名单里。“农村根深蒂固的思想，认为龙生龙，凤生凤，老鼠的儿子会打洞。”

林敏明记得有一个家庭，妻子因产后抑郁自焚，烧毁了屋子，自己也被深度烧伤，成了残疾人。丈夫开黑车谋生，因抢客源与人斗殴入狱。这个家庭因医药费背着十几万元的外债，失去了经济来源，却养着3个孩子，最大的在上高中，最小的还在幼儿园，还有一位患有脑瘤和腿疾的老母亲，丈夫入狱，妻子苦苦支撑。有时儿子在学校表现不好被通知家长，妻子忍不住会把压力发泄到孩子身上。她时刻担心自己的身体撑不下去，到那时，孩子又该怎么办？

为这些家庭争取经济补助，也成了林敏明的工作之一。

“我们在狱中开展‘穿墙引线’亲情拓展营等活动，联系司法部门帮服刑人员孩子解决各种问题，协调民政帮这些家庭申请低保救助，请教育部门陪伴教育孩子，联络共青团‘入户探访’……”林敏明一个一个地数着。

这些事情，他用警察的身份没有办法做到。他开始“撕掉标签”，“不用名字”，警察林敏明变成了雄熊叔叔。

雄熊叔叔和红苹果公益为这些孩子筹集善款，结对捐助，在福建省的10多所监狱举办了亲情拓展营活动。与每月一次、隔着玻璃的常规亲属会见不同，在红苹果的亲情拓展营里，服刑人员可以抱起自己的孩子，亲亲他们的小脸。

用福清监狱监狱长林明飞的话说，对服刑者日常管理，“约谈100次的效果，都不如让他参加一次红苹果的亲情拓展营”。

刚过去的这个假期，由漳州监狱教育援助中心和共青团漳州市委共同举办的父亲节、端午节活动中，一位父亲在入狱将近3年后，第一次见到女儿。他被捕时，女儿刚学会走路，小小的人儿总爱跟着爸爸。如今，小女孩看着眼前陌生的脸，把头埋进妈妈怀里，谁来哄都不理。父亲坐在旁边，眼泪一颗一颗地落。

截至2017年12月，红苹果公益共援助3360余人次，服刑人员未成年子女帮扶覆盖全国322个县市，挽救了辍学儿童35人。到目前为止，在册帮扶的1473个未成年人当中，没有发生辍学和犯罪的现象，帮扶后出狱的140多个服刑人员没有一个再犯罪。

由于事实婚姻和超生等问题，许多孩子没能上户口，没有户口就没有学上。一个接受帮扶的孩子户口迟迟办不下来,志愿者足足跑了12次,才把户口问题解决了。

“还有200多个没解决。”林敏明把这件事搁在心上,他打定主意,今年要把这些孩子的户口都“落了”。

逢年过节,都会有小礼物送到孩子手中。许多孩子回信说,这是他们第一次收到礼物。有的孩子倾诉被同学欺负的经历,他哭着回家想要找爸爸,反而被妈妈训斥。有的孩子担忧外公外婆的身体,想快快长大,帮忙分担家庭的重担。有的孩子喜欢唱歌,在来信中倾诉想成为歌唱家的愿望,但“家里没钱,我的梦想可能没有了”。

“我要是能帮助他们更多一点就好了。”林敏明感慨。

他曾前往哈佛大学和麻省理工学院参加高级公益慈善领导人培训课程,见到了很多国外的公益人士。他问他们国外有没有类似红苹果这样的机构,对方说不了解。

林敏明自己在网上查,查到美国有一些小公益机构,帮扶面较小,大多只是提供心理辅导之类的援助。他猜是由于国情不同,需求不同。在服刑人员未成年子女帮扶的事情上,他找不到太多可参考的例子了。有时候他会觉得,自己像是“摸着石头过河”,每一步踏出去,都不知前路如何。

红苹果公益的资金仍然捉襟见肘,需要帮扶的孩子有2000多个,每人每年补贴1000到3000元,但这笔资金对这些家庭来说杯水车薪。

但林敏明对未来很有信心,这个群体被越来越多的人看到了。他希望“红苹果模式”能推广到全国,让更多的孩子受益。

(文中柳茵为化名。本文在本书发布时略有删节)

记者手记

《中国青年报》“中青在线”记者　张渺

第一次看到“红苹果”这个名字,是在朋友圈的一篇文章里。

文中有一个警察,一群孩子。警察是狱警,孩子是服刑人员子女。在我的固有印象之中,这似乎是很难产生交集的两种身份。

但细细想来,无论是红苹果公益的存在,还是雄熊叔叔与林敏明警官两种身份的交融,又是完全合乎情理的,更是令人动容的。

踏上南下的采访之路时,对于即将见到的场面、听到的故事,我已有了许多的预设和想象。但实际上的所见所闻,仍然超乎了我的想象。

或者说,即使我有足够的想象力,能够提前将一个好人乃至许多好人为孩子们所做的事情都勾勒出来,当真实最终呈现在我面前之时,每一处细节、每一份情感的波动，依然可以让已经做好一切心理准备的我，猝不及防地被深深感动，甚至流泪。

在福建的一个星期，我看到的故事，远远比我最终写在文章中的多得多。可惜的是篇幅有限，我无法描述每一位父母亲或孩子，在参加红苹果公益的一次活动时，怎样一起包粽子，一起欢笑，一起流泪。也无法描述每一封孩子们写给父母的信，信里有他们的遭际，也有他们的感恩。

笔端没能写下的画面，至今却似乎仍然在我眼前。

当我看到服刑人员在狱中小心翼翼望向自己许久未见的小女儿时。

当我听到一位刑满释放人员回忆当初的境遇时。

当我一封一封看着那些信，指尖从那些稚嫩的笔迹上划过，仿佛看到了一张张小脸，怎样将对亲人的想念融在笔端，将对生活的疲乏落在纸上时。

幸好，他们遇到了红苹果公益。当生活不能给他们以温柔时，红苹果公益可以，雄熊叔叔可以。

做了很多年的记者，我采访过很多公益组织，接触过很多弱势群体，这些群体有各自的无奈和苦难。在这之中，服刑人员的孩子们，或许是最不容易得到关注的一群人。

这背后有一个庞大的数字，有很多触目惊心的调研数据。那些数据冰冷冷地挂在墙上，数据背后，却是许多孩子实实在在的人生。

那些孩子，许多都是留守儿童，有父母，却又在生活中父母缺位。比起其他留守儿童，甚至要额外面对更多不相干的污名与不该有的歧视。而红苹果公益和林敏明，正是把目光投向了这个群体。

我想，他们的目光应当引领更多人的目光，让这个群体被更多人看到，让更多人知道这些孩子的存在，知道孩子们的生活是怎样的。

被看到，才能谈及后来。

“红苹果模式”也值得被推广、被学习。我希望这样的模式在某一天，能够从一座城走到一个省，甚至整个国家。

其中的意义，不言而喻。

微语录

“法律并没有剥夺他们做父亲的权利，爱和亲情就像一盏明灯，将引导着高墙内的父亲，走上回家的路。”——孩子们的“雄熊叔叔”林敏明

微评论

微信网友“程新”说：关注、帮助犯罪人员家庭，特别是未成年人的成长，也是一项

民心工程！

微信网友“Catherine”说：我们国家的法制正在一步步完善，未来依然道阻且长。帮扶入狱人员子女困难之大可想而知，但这又是改造犯罪人员以及预防少年犯罪中关键的一步。定罪易而教化难！致敬这些愿意为孩子们奔波付出的警察！

新浪网友“Fang-hmf”说：用爱来保护孩子们内心的成长之路，为孩子们与父母搭建亲情交流的平台，让孩子们更好地感受到亲情的温暖，感谢雄熊叔叔。

带领村民致富的 "中年白头翁"陈大兴

贵州安顺大坝村支书陈大兴，为了带领全村村民脱贫致富，种过烤烟、竹荪、苗木等，"折腾"了22年，人到中年就熬白了头发。直到碰到金刺梨这棵"金果果"，才让村民们在家门口上起了班，住上了别墅，走上了致富路。

爱"折腾"的村支书带领全村种出"金果果"

新华社记者　黄勇贤　罗羽　张伊伊

贵州安顺大坝村支书陈大兴，为了带领全村村民脱贫致富，"折腾"了22年，熬白了头发，直到碰到金刺梨这棵"金果果"，才实现了自己的梦想。

从勤奋青年到"折腾"村支书

1996年，28岁的陈大兴提早步入了一个新阶段：从一位勤奋的青年变为"折腾"的村支书。

陈大兴所在的大坝村现有村民300多户1500多人。过去这是一个仅有7个民族30多户100多人的"移民村"。这里土质差，几乎全是灰沙土，村民广种薄收，很多人家种出来的粮食不够吃。陈大兴还记得，村民王正华窘迫到把豆角煮熟了，就着辣椒蘸水当午饭。村子太穷，一首顺口溜这样唱："大坝大坝，烂塘烂坝，小伙难娶，姑娘远嫁。"

陈大兴一家十几口人，只有十亩土地，为了养家糊口，他不得不一心扑在田地上。他还在附近的一家林场当护林员，赚取微薄收入，从未踏足过外面世界半步。那一年，当村支书的伯父陈万德病重，他特别劝说憨厚正直的陈大兴接替他。

陈大兴担任村支书以后，一心想着怎么才能让全村人脱离贫困，过上好日子。

"1997年，我们开始种植烤烟，一两年后有了点收入，却又马上遇到价格下跌，最后作罢。"陈大兴说，看到朋友种竹荪赚钱，他自己试种了一些，挣了10万元后，他将赚来的钱全部用于扩大规模,带领群众一起种,结果又遭遇市场动荡,血本无归。

陈大兴心有不甘,他到银行贷款,带领村民承包荒山种植中药材,此后又种植苗木、养殖肉牛,同样因为市场和价格问题,均未取得成功。

村民都“折腾”怕了,但他还“屡败不改”,为了带领大家脱贫,他无时无刻不在琢磨着新的产业和出路。村民李大伦说,陈支书是牛脾气,特别执着,认定了就一定要干,哪怕“折腾”得头破血流也在所不惜。

“就是干。”陈大兴说,只有不停地干才能找到一条帮助村民脱贫致富的路子。

从山沟金刺梨到新品“救命果”

从1996到2006年,整整10年间,陈大兴“折腾”不息。真正的转机出现在2007年,还生长在“试验田”里的金刺梨碰到了前来采摘的陈大兴,成了他的“救命果”。

这种由西秀区林业局培植的、当时还乏人问津的新品水果,味道甜酸适宜,富含10多种氨基酸和维生素C。陈大兴觉得其中有商机,决定引进种植。

但村民不同意。

“大家失败怕了。”村民许忠义说,还有老百姓认为这金刺梨就是平时生长在山沟田埂边的野刺梨,根本不可能种来卖钱。

大家不愿意配合,陈大兴几乎是一夜之间白了头。他像往常一样自己先试种,他想,只要他成功了,大家自然愿意跟着一起种。

陈大兴承包了一些土地,在第二年种了30亩。4年后,全部投产,亩产金刺梨果1000多公斤。不少商贩前来收购,每公斤可以卖40元。

为了扩大金刺梨的知名度,政府部门还前来帮助举办品鉴会,邀请市区两级领导、商家、市民等前来品鉴,金刺梨也逐步成为产业推广种植。陈大兴随即贷款20多万元,育起了果苗。2012年,光是果苗销售,他个人的账面收入就已高达500万元。

这一下,乡亲们都来了。但还是走过去单家独户各自经营的老路吗?刚好那一年陈大兴等一批村干部到华西村考察学习,华西村的老书记吴仁宝给他们上了一堂课:现在的农村要发展,必须把土地和人组织起来,集中经营,抱团取暖……

“那是一次思想的震动。”陈大兴说,看到华西村的发展变化,他心里想:“他们能做,我们也能做。”他要将大坝村打造成为大山深处的华西村。

合作社应运而生,全村村民、约5000亩土地逐步组织集中了起来,种上金刺梨。金刺梨花漫山遍野开了起来,大家在股份分红的基础上,还通过在合作社的种植基地务工取得工资收入。

自掏腰包带贫困村走上致富路

陈大兴个人拿出果苗款作为启动资金,还去银行担保贷款数百万元。

全市种植金刺梨的面积也在猛增,到2017年底就已高达25万亩,带动6万余人就业。但量增价跌,金刺梨果的价格从最初的40元1公斤降至3至5元1公斤。为了消化大量金刺梨果,陈大兴带领村民发展深度加工,大坝村在2016年成立了果酒公司,修建了果酒加工厂,年产金刺梨酒5000余吨。

“我们制定了最低3元一斤的收购价,保障老百姓收益。”陈大兴说,目前果酒加工厂开发有白酒、果酒、啤酒等三大类共七八种产品,每年可实现销售5000万元。

把产业做大做强,陈大兴信心十足。“一旦果酒公司进入正常运营,我们三五年就能把贷款全部还完。”陈大兴说,果酒公司组建的销售团队先后在上海、重庆、广州、青岛等地做了产品推广,汲受市场欢迎。

如今,大坝村旧貌换新颜,一条条道路干净整洁,道路旁的成排的住房崭新如洗;村后的土坡上、田地间,金刺梨泛出绿意,育苗和养殖蚂蚱的大棚点缀其间。6年来,全村村民的人均可支配收入从1900元增加到1.2万元。

“日子变了。”53岁的许忠义感慨地说,作为曾经的贫困户,他在流转自家10亩土地给合作社后,还在合作社的种植基地务工,一年可以拿到四五万元。如今,他住在一栋新房里,脱了贫,过上了安稳日子。

记者手记

新华社记者　罗羽

1000多年前,大诗人刘禹锡写下“沉舟侧畔千帆过,病树前头万木春”的诗句,勉励自己在困境面前保持乐观。

1000多年后的今天,满头白发的陈大兴如果懂得这句诗,我想他一定会深情吟咏,毕竟,千帆过尽,万木春来。

在贵州省安顺市西秀区大坝村做村支书的陈大兴,过去的22年,为了带领全村村民脱贫致富,一路走来,历经重重困难和波折,以致才跨中年,就已满头白发。但是,凭借乐观的精神和满怀的斗志,他不停地干,终于慢慢达成了当初的愿望。

担当,让陈大兴走上了一条在外人看来充满荆棘的道路。从担任村支书开始,陈大兴就立下了带领全村村民脱贫致富的宏愿,他无法忍受村民们地无富产、食难果腹、破屋陋巷的窘境。尽管跟村民们条件差不多,但他从未为了一己之私,而是出于公心,出于对人的悲悯和同情。这种由公心而生发出的担当,在其22年的村支书生涯中,未曾有过动摇。

陈大兴在带领村民脱贫致富的过程中，认定了产业是唯一的出路，并在遭遇重重挫折时，仍然乐观向上。即便在村民们一次次的失望、叹息声中，他也从不灰心丧气，打退堂鼓。他是一个沉着冷静的人，记者在多次接触和采访他的过程中，发现他遇事从来不慌不忙，心态乐观，从容不迫。

陈大兴不光有担当和乐观的精神，他还是一位实干家，他的口头禅是“认准了就是干”。在带领村民掀起脱贫攻坚战后，他先后遭遇多个种养殖产业的失败，但他还是接着干，因为他相信，只要干，就会有出路，不干，则一点希望都没有。

正因为如此，有时候，采访陈大兴是一件挺难的事，他总是很忙，要么电话不停，要么两脚不停。他不善言谈，最喜欢的事就是工作，歇不下来。

不过，最让我感动的，还是陈大兴的无私。他在做金刺梨产业有起色后，把原本属于自己个人的数百万元拿出来发展集体经济，即使此前因不被村民理解而几乎一夜间愁白了头发，他仍然不忘带领村民脱贫致富，让大伙过上吃好饭、住新房的好日子。

如今，大坝村已经完全改头换面，但陈大兴并未将成功完全归于自己，他没有忘记国家的扶贫政策，没有忘记政府和社会的参与扶持。国家的为民政策和个人的远大抱负结合在一起，才造就了大坝村今天的一切。

但功成困苦，皆成过往。过去的已经过去，唯有初心，从未更改。有人说，陈大兴是共产党员的一面旗帜，飘扬在大山深处，并且还将继续飘扬下去。

是啊，白头浑不怕，但能笑春风。

微语录

“我当时不想接这个担子。家里穷得分家时只分得两袋谷子、一口铝锅和5斤菜油。但看到老支书期待的眼神，我硬着头皮答应了老人临终的心愿。”——带领村民致富的“中年白头翁”陈大兴

微评论

网友“花花说”说：转起来，满满正能量，值得我们学习！

微信网友“爱在北方”说：感人至深啊！为了带领全村村民脱贫致富，“折腾”了22年，真的是实干兴邦啊！

"雄安乡土文化守望者"刘卫宁

刘卫宁，雄安新区安新县农民，生于1971年，保定市作家协会会员，中国寓言文学研究会闪小说专委会会员。有小说、散文发表于《小小说选刊》《椰城》《浙江小小说》《荷花淀》《吴地文化·闪小说》《黄海文学》《河北科技报》《燕赵都市报》《梅州日报》《保定晚报》《水淀风来》《雄安文学》等报刊，有作品入选各类文集。

自从2017年4月1日国家宣布建立雄安新区后，刘卫宁自发创办了微信公众号"大王记忆"，专门收集整理并发布安新县大王镇历史文化资料。为了给当地父老乡亲留住一份乡恋乡愁，他放下手头的文学创作，全身心投入这项工作，取得了喜人的成果。目前他收集到很多未载入书籍的本地文史资料，挖掘整理了大量带有地方特色的乡村文化符号。

刘卫宁：文学已成为我的"血脉"

新华网河北频道记者　魏会博　韩洋

"我叫刘卫宁，来自雄安新区，生于1971年，是个只有初中文化的农民作者。"这是刘卫宁在个人创作小传中的自我介绍，语言朴实，毫无修饰，体现了一个人最值得赞扬的品格——谦逊。

设立雄安新区，是以习近平同志为核心的党中央做出的一项重大的历史性战略选择，是"千年大计，国家大事"。正是这个好时机让刘卫宁萌发了想存留家乡记忆的想法，也是这个契机，让他坚定了传播雄安乡土文化的信念。

不负时光，以文为爱

20世纪80年代，刘卫宁在安新中学读书时，就曾获得保定地区作文竞赛二等奖，"因为受到我当时班主任老师的影响，她鼓励我加入学校的丑小鸭文学社，文学社当时有自办刊物《丑小鸭》,从此以后我便爱上了文学,并开始尝试写作。"一个人对文学的热爱,绝对不是源于一时,而是一个长期的积累,此后,文学写作的种子便在刘卫宁的心里开始生根发芽。

由于家庭状况不佳,初中毕业的刘卫宁只能选择放弃学业。"那时候毕竟年纪小,虽说在家经常干农活,但是平日里还得上学,活干得也没有那么好,没有时间让你慢慢学,只能硬着头皮往前冲。"初中毕业后的刘卫宁赶过驴车拉砖,在家种过田,学过理发,做过小生意,都没有赚钱。"我在白沟卖服装,干了10年,被伙伴坑了一回,欠了一堆债。但是再难,我手里的书也没有放下,因为爱它,所以也放不下。"

从初中开始,刘卫宁就特别喜欢文学,尤其是小说。"已经记不清是哪一年,我在收音机里收听小说《人生》,路遥的名字深深地印在我心里。"对于生在农村的刘卫宁来说,《平凡的世界》是对他影响最大的作品,这部现实题材的小说,让他感受到农村的魅力,小说里的人物仿佛就是他的亲人。也就是从那时起,刘卫宁开始以自己周边生活为题材,进行文学创作,表达自己心中所想,记录生活。路遥、莫言、王蒙以及白洋淀派作家孙犁先生的散文、小说都是刘卫宁喜爱的作品。

不忘初心,继续前行

"那时候年轻,把文学作为第一梦想苦苦追求过,但受阅历和思想认知所限,没写出多少有深度的作品,也没什么成绩。"那时的刘卫宁每月坚持给一些刊物和报纸投稿,编辑们被他的虔诚感动,就算是退稿也要给他回信。

20世纪90年代初,刘卫宁收到了一封信,邀请他参加一个小说培训班,学习地址是北京的鲁迅文学院,为期一周,学费280元。"当时我几个月才能攒这点钱,舍不得,后来我才听说'鲁院高研班'这个词,现在想想,真后悔!如果我当时参加了,起码比现在状况要好一些吧。"1995年后,从20世纪80年代末兴起的文学繁荣期彻底过去,文学趋于沉默,刘卫宁也因家庭经济原因外出经商,工作忙碌,日渐沉默。

经商失利后,刘卫宁回到于庄村,买了辆农用车,开始做收粮小贩,以此养家糊口。2008年,刘卫宁终于拥有了一部可以上网的手机,自此开始学习上网,用手机编辑文章,在论坛中发布作品,渐渐地重新燃烧起了文学的梦想。很偶然的机会,一个网站发布了文学比赛的消息,以此成就了刘卫宁搁笔十几年后的第一部小说——《你就是我的枪》。当时的刘卫宁家中并无电脑,他用纸、笔代替键盘和显示器,手写了2万多字,并借用他大哥家的电脑,让侄子帮忙打字传到网站上。"当时传到网站上,并没有取得名次,也就这样过去了。"直至2010年,电脑已经普及,刘卫宁狠了狠心,买了一台电脑,真正地重新开始了他的文学创作之路。

有情有爱，有文有梦

刘卫宁的家庭并不富裕，家中有年迈的二老，一双儿女之前都在上学，一个大学，一个中专，光学费一年就好几万。"这些年总是借债、还债，手里从来没有过富余钱。"刘卫宁静静地说着，"去年冬天还在收玉米、打零工。"但是他并没有因为经济的压力再放弃过对文学的追求。

起初妻子对刘卫宁的爱好虽谈不上支持，但只要不耽误挣钱，也不会反对。"毕竟写作这件事，比出去打麻将、斗地主要好。"有时刘卫宁的妻子也会因刘卫宁参加写作活动耽误了挣钱，发发小脾气，但是只要哄哄就没事了。"现在她很支持，毕竟我能用自己的特长挣一份临时工资了。我的父母、儿女和兄弟姐妹都支持我，现在都因我而自豪呢！"

2013 年，刘卫宁加入安新县作家协会，他用《你就是我的枪》这篇小说参加了"纪念孙犁诞辰 100 周年"荷花淀杯征文比赛，并获得一等奖，在安新县作家协会李卫东和阿民两位主席的悉心引导下，在安新县文广新局王迦梁局长的大力支持和鼓励下，刘卫宁的文学创作之路进入了正轨，并取得了一些成绩。2014 年底，刘卫宁加入了保定市作家协会。

刘卫宁有着多重身份——农民、小商贩、工地小工等，但不管多苦多累，他都没有忘记自己还有另一个身份，那就是"文学作者"。就算在工地加班到很晚，身体上再累，他到家也不会马上休息，而是打开电脑，敲打一些文字，因为他心中的这份对文学的追求与热爱，让他的文字更加有温度。"因为他心中还有一片属于自己的文学净土，需要他日日耕耘。因为忙碌，他写的作品并不是很多；也是因为忙碌，他的作品中的每一句话、每一个字都是有温度，也是有深度的。"这是河北省作家协会主席关仁山在刘卫宁的《2017，家在雄安》一书序言中所写，给予了刘卫宁最朴实无华的赞扬。是的，刘卫宁的小说多次获奖，正是他文学作品有温度、有深度的一个佐证，如保定市文联第四届"荷花淀文学奖"小说类三等奖，2016 年《小小说选刊》举办的"嵩山饭店杯"微小说大赛月赛银奖、总决赛铜奖等多个奖项。

以文为武，牢记使命

2015 年 8 月最先发表于网络的《于庄村的八路坟》是刘卫宁最自豪的作品，这篇散文在网上引起巨大反响，先后被多家媒体报道。9 月初，安新县文广新局王迦梁局长和安新县作家协会李卫东主席，带领作协会员在八路坟举办主题纪念活动；安新县民政局于 2015 年秋在八路坟原址修建了烈士陵园……正是这篇散文让日渐荒芜的先烈坟莹变成了庄严肃穆的烈士陵园，让刘卫宁真切感受到文学的力量，深刻理解了文学应有的使命，更加坚定了对文学不断追求的信念，“从此文学不再只是我的兴趣爱好，而是使命！”

正是这份使命，让刘卫宁在雄安新区设立后，决定用文字留住家乡的记忆，于是创办了微信公众号“大王记忆”。“大王记忆”发布大王镇内的社会文化、革命历史、风土民情、杰出人物、逸闻趣事等方面的文章，让更多人了解雄安历史文化。

做“大王记忆”初期，需要走村串乡收集素材，拍摄照片，查阅各方面的资料，然后整理成文。这一路上刘卫宁收获的不仅仅是大王镇的记忆，更多的是志同道合的朋友。“好在大王镇领导很支持我，提供各种便利，大王镇各村的村干部和我认识的一些朋友也很热情地帮助我，还有的朋友主动写稿投给我。”

迄今为止，“大王记忆”已发表文章 200 多篇 20 多万字、图片 1000 多张，80%都是原创。刘卫宁通过“大王记忆”聚集了一批喜欢写此类题材文章的作者，不管文章水平如何，刘卫宁总会精心修改并及时发布。“都是我一个人在做，一般都是晚上才有时间，所以零点前我都没有睡过觉。”“大王记忆”内容多为原创，能照搬的东西极少，费时、费心、费力，虽然不像其他公众号那样动辄几万粉丝，但是所发布的文章中，阅读量几千、过万的已有几十篇。刘卫宁还积极参加了陈刚书记布置的“记得住乡愁”专项行动，为大王镇文史资料留存尽自己一份微薄之力，“这不仅仅是要留住家乡的记忆，更是使命。”

用心书写，未来可期

“计划今年年底把欠银行的 1.8 万元的助学贷款凑钱还上，我也过一过不欠债的日子。”2018 年 5 月，安新县文广新局、安新县作家协会成立了《雄安文学》编辑部，邀请刘卫宁去主持编辑工作，“说实话，那点工资真不够花，但这是我喜欢的工作。”一方面是因为对文学的热爱，一方面是儿子毕业，开始上班挣钱，减轻了他肩上的担子，所以他选择到编辑部上班。

“我的家乡即将经历翻天覆地的变化。我想，不是每个人一辈子里都能赶上这种大事的发生。”刘卫宁是幸运的，能够用自己最热爱的文学来记录家乡的巨变。

安新县文广新局积极扶植本县文学发展，在王迦梁局长的鼓励下，刘卫宁决心出书。

2018 年 11 月，《2017，家在雄安》文集印刷成册。“我的这本文集，就是一碗普普通通的杂烩。它既能下酒，又能下饭，很经济，很实惠。我还不是什么好厨子，做不出人人称道的美味，但我用心在学，我想我以后一定能做出一碗正宗的白洋淀杂烩来招待客人的。"这是刘卫宁在书中的一段话,话语间充满着对未来的信心。

文学早已融入刘卫宁的血脉里,就算遇到挫折,他也未曾放弃。"我有一个梦想,写一部长篇小说,就叫《家在雄安》,记录家乡的变化,以最饱满的热情和对家乡美好未来的期待,用心书写属于自己的那浓墨重彩的一笔!"

记者手记

新华网河北频道记者　魏会博　韩洋

记者拨通了刘卫宁的电话,这是与他的初次交流。与刘卫宁说明事由,他便热情了起来:"我现在就有时间,您要问什么?咱们可以聊聊!"就这句话,让记者感受到这位农民作者一股由骨子里散发出的气质——质朴与热情。

大概是长期在外干活,整天风吹日晒,刘卫宁的皮肤显得有些黑,甚至有些粗糙,但是丝毫挡不住他身上的那股文学气息。刘卫宁平时不爱言语,随着交谈慢慢深入,打开了话匣子,那风趣、幽默的话语随口而出,与大伙打成一片。

刘卫宁的家庭条件有限,初中辍学后,就回老家务农。自此以后他种地、打工、恋爱、结婚、生子、抚养一双儿女与赡养双亲,生活的担子日渐沉重。1995 年后,文学趋于沉默,刘卫宁因为家庭的重担,不得不外出经商,一方面是日渐忙碌的工作,一方面是文学沉默的大势,他也将自己对文学的喜爱深深地埋在了心里。

"2008 年,我拥有了一部可以上网的手机——诺基亚 6020,我开始学习上网,在手机论坛上'打油'。"也就是这样,刘卫宁心中对文学的那份执着慢慢被唤醒,也正是这份偶然,让刘卫宁的小说《你就是我的枪》问世,虽然没有在比赛中获得奖项,但是文学在刘卫宁心中已经苏醒。

农村给予刘卫宁更多的是来自底层的历练和一种特殊的情怀,因为农村,让他笔下的人物更加真实、更加鲜活,就如同路遥、莫言、孙犁一般,将农村一笔一画地用文字刻画,表达着自己心中对文学的热爱之情。

2010 年后,刘卫宁家中购买了电脑,真正重新开始了他的文学之路。2013 年,刘卫宁加入安新县作家协会,用《你就是我的枪》这篇小说参加了"纪念孙犁诞辰 100 周年"荷花淀杯征文比赛,并获得一等奖,文学创作之路进入了正轨。在这期间,刘卫宁投稿无数,获得多个奖项,这不仅仅是对刘卫宁文学作品的肯定,更给了他前行的动力。

"我一般早上五六点起床,夜里 12 点睡觉,白天出去当小贩或是民工,晚上回家有几个小时可以坐在电脑前敲打一些文字。这些文字怎么闻都有杂烩味儿。"刘卫宁心中有一片文学的净土,需要他日日耕耘,终有一天会开花结果。

2018年5月，安新县文广新局、安新县作家协会成立了《雄安文学》编辑部，刘卫宁受邀到编辑部上班。现在的刘卫宁是农民，是小商贩，是工地小工，还是一位文学编辑。

“我有一个梦想，就是创作一部长篇小说。我要好好记录家乡的变化，感受身边的美好，以本地人的视角写一本书，就叫《家在雄安》。”刘卫宁生长在家乡巨变之时，是幸运的；他在见证家乡巨变的同时，用文字留住的不仅仅是家乡的记忆，更是一份乡愁。

微语录

“我有一个梦想，就是创作一部长篇小说。我要好好记录家乡的变化，感受身边的美好，以本地人的视角写一本书，就叫《家在雄安》。”——“雄安乡土文化守望者”刘卫宁

微评论

匿名网友说：无文化传承，无雄安未来。刘卫宁用切实的行动诠释了一位雄安人对传统文化的热爱和尊重。

匿名网友说：刘卫宁老师或许文化程度算不上高，但那份发自内心的、对家乡文化的热忱却让人为之动容。

"人民调解员"李中秋

小学退休校长李中秋是河北省任县大屯乡的一名人民调解员，通过说服、疏导等方法调解民间纠纷。65岁的他，为调解民间纠纷、守卫乡里和平终日奔波，愣是把这份发挥余热的工作干出了一番"事事有着落，件件有回音"的事业。2014年上任以来，他调解各种矛盾纠纷200多件，成功率达98%，当事人履行率更是达到100%。他被司法部授予"全国模范人民调解员"荣誉称号。

"全国模范人民调解员"李中秋：事事有着落　件件有回音

新华社记者　涂步云　许苏培　杨知润

"出嫁20多年的姑娘突然回村跟哥哥要地，这在村里人看来不合情理的事情，在法理上其实没啥问题……"一旦打开话匣子说起自己调解的纠纷，李中秋就很难被打断。

工作4年多来，河北省任县大屯乡的人民调解员李中秋调解各种矛盾纠纷200多件，成功率达98%，当事人履行率更是达到100%。近日，65岁的李中秋被司法部授予"全国模范人民调解员"荣誉称号。

"公道守护人"：少挣点钱，多干点事

2014年，大屯乡人民调解委员会成立时，乡政府从各行各业聘请了18名退休干部职工发挥余热，曾经是学校校长的李中秋就是其中一个。民调员这份工作钱不多事多，一年不到，18个人就走得只剩下3人。

"一开始接手时，就是想着帮帮忙，没承想事情一件接一件来了，歇两天都不行，别人会找到家里来。"李中秋感慨道。

如今，3个老哥们平均年龄已经超过70岁，时常病痛发作不能正常工作，身体相对

健朗些的李中秋有时只能一个人在外面跑。

“忙起来不分白天黑夜，有时一天好几个纠纷同时在调解，回家后累得连饭都不想吃，干这行真的需要有热情，不然干不下去。”李中秋说，有一年直到腊月二十九，他还在外地赶不回来，家里老伴没少担心，时常埋怨他多管闲事。

一说起家人，李中秋就面露愧色。去年国庆节，大儿子突发脑梗被送进医院，情况危急。儿子还在急救室的时候，他接到乡里的电话，一个村民发生意外事故，家属情绪激动。

李中秋犹豫再三，咬咬牙还是离开了医院。等他处理完事情赶回来时，儿子已经脱离危险，但左侧胳膊留下了后遗症，不能动弹，为此他一直觉得有所亏欠。

“排雷专业户”：有忧必扫，有难必除

“发现问题不能拖，有些矛盾就像感冒，一直不管就会拖成重病。”矛盾不拖延，调解不留根，是李中秋调解矛盾纠纷的不二法则。哪个村一旦有风吹草动，他都能第一时间获悉，赶往现场，迅速处理。

任县马坊村张家兄弟二人常年跑运输，运输途中与陈某起了争执，张家大哥受了伤，后经抢救无效身亡。面对复杂的跨市纠纷，李中秋一行三人迅速赶到事发地，与当地有关部门交涉，前前后后往返 16 次，才使张大哥的家属最终得到了应有的赔偿。

“遇上通情达理的人，有时还会邀请我留下来吃顿饭，但有些人会甩脸子，说难听话，都太正常了。”李中秋回忆说，曾经有一起宅基地纠纷事件，其中的一方觉得李中秋不向着他们，叫了一屋子亲戚朋友围住他就要打。

“虽然做民调员已经 4 年多了，但说实话，有时候还是会遇到很多棘手的问题。”为此，李中秋不仅积极参加县里举办的各类培训，还经常自费买一些专业书籍，在工作之余给自己“充电”。

“在工作上，他处理不好决不罢休，连邻乡的人都慕名而来请他帮忙。他到当事人家里去做工作，白天做不好就晚上再去。”李中秋的老搭档董文生说。

怀着让邻里更和谐、家庭更和睦的初心，李中秋硬是把退休后的“闲职”做成了远近村民交口称赞的事业，被大家誉为“排雷专业户”。

“终身奋斗者”：一颗公心，一干到底

“现在农村调委会的工作步入正轨，我们更能给乡亲们帮上忙了。”李中秋说，他们确实挽救了很多家庭。

村里以前有户人家，大儿子是抱养的，后来自己生了孩子，一心想着只把家产留给

亲生儿子,决定和老大断绝关系。亲戚、朋友、干部……村里好几拨人来管这事,但管了两年也没管下来。李中秋了解这件事后,花了一个多月时间,做工作、讲道理,最后终于讲通了。

一不做,二不休。李中秋还一口气帮这户人家把地和房产都分清楚了。"和好宴"上,曾经差点断绝关系的父子两人哭成一团。

"民事调解不是说'张三输了,李四赢了',难的是双方认可。"说起李中秋,董文生赞不绝口,"老李这个人,有素质,有能力,脑瓜灵活,问题看得清,能抓住问题的关键。"

"李老师不仅积极热心,而且公平,一把尺子量到底。"大屯乡村民刘华坤介绍说,儿子在邢台市上班时意外被砸身亡,李中秋不但把双方责任讲清楚,帮助他们获赔工伤保险,还努力为儿子一周岁多的小孩争取了抚养费。

本该享天伦之乐的年纪,李中秋跑遍了大屯乡的所有村子,几乎每家每户都认识他。大到意外身亡事故,小到邻里之间斗嘴,他用一颗公心、一份耐心、一片热心,让许多本可能给群众带来更大损失的问题得到了及时解决。

"矛盾纠纷就像生锈的锁,老李就好比一把万能钥匙,用他的热心做'润滑油',慢慢解开双方当事人的心结,真正做到矛盾纠纷不出村就能化解。"任县司法局局长刘建军说。

记者手记

新华社记者　徐步云　许苏培　杨知润

采访李中秋那天,他和老伙计董文生两人郑重地穿着白色的红军长征纪念短袖T恤,神色拘谨。

尽管曾为乡里小学的校长,但李中秋并不是一个上来就很能聊天的人。他总是会将问题的回答滑向自己调解过的案例。大到意外身亡事故,小到邻里之间斗嘴,他如数家珍。李中秋既能理解人们的难处,也会将自己这4年一边工作一边学习吸收的法律知识运用其中。

采访过程中,他一直强调一句话:"有些矛盾就像感冒,一直不管它就拖成重病了。"他一直认为,发现问题要及时解决。在化解矛盾中,他逐步总结摸索出了一套自己的方法:苗头预测、部门联动、分离调解、聆听疏导、堵疏结合、案例展示……

"他在工作上有一套,认真负责,处理不好决不罢休。白天做不好晚上还去,到当事人家里做工作。白天回来告诉我矛盾解决了,'可以画个句号了'。"李中秋的老搭档董文生说。

陪在一旁接受采访的董文生,总想着向记者多说点李中秋的故事。当记者要求看一看李中秋全国优秀人民调解员的奖章时,董文生立即从里屋里取出来递给记者,一脸欢喜,差点让人以为得奖的是他。

2014年,大屯乡人民调解委员会成立时,乡政府从各行各业聘请了18名退休干部职工发挥余热,曾经是学校校长的李中秋就是其中一个。民调员这份工作钱不多事多,一年不到,18个人就走得只剩下李中秋、董文生和王剑波3人。

春去秋来,一晃4年过去,3个平均年龄已经超过70岁的老哥们,时有病痛,常出现不能正常工作的现象。李中秋回忆说,2015年的时候董文生病了,几乎只有自己一个人在外面跑,那段时间忙起来不管白天黑夜,有时好几个纠纷在同时调解。

"一开始接手这个工作的时候也没想那么多,就是去帮帮忙。没承想事情一件接一件来了,歇两天都不行,别人会找到家里来。"李中秋感慨地说。调解工作做得太好,连邻乡的人都慕名来请李中秋帮忙,都被心疼他的乡里书记"打"回去了。

其实这只是普通的乡镇人民调解员的故事,可从他的身上,我看到了很多久违的纯真和善良。拿着不多的补贴,在本该享天伦之乐的年纪永远奔波在路上,对自己调解过的纠纷如数家珍。他干的不是什么轰轰烈烈的大事,却凭自己点点滴滴的付出,给乡民带来切切实实的幸福。

大时代里有很多波澜壮阔的大故事,也有很多温情脉脉的小故事,有很多像李中秋一样默默给人们带来幸福的人。

微语录

"你要问我人民调解员这份工作干到几时?那我想说,小车不倒只管推!"——"人民调解员"李中秋

微评论

网友"寂静等待201712"说:一颗公心、一份耐心、一片热心,人民调解员,为你打call。

网友"清晨绽放的芽"说:感谢调解员的一颗耐心,让村民们都有了更加和谐的生活。

网友"布丁小雪糕"说:所有的矛盾都需要第三方去帮助了解,分析传达,让当事人们能和平解决,这是一份辛苦的事,感谢人民调解员。

网友"呆小逗逗逗呀"说:感谢调解员的公心、耐心和热心,让村民们生活在更加安定温暖的环境中,将所有问题及时解决,人民的好公仆,为你点赞!

"温箱边的守望者"危重新生儿医疗转运团队

"温箱边的守望者"武汉儿童医院危重新生儿医疗转运团队由业务精良、富有爱心的8名医生和42名技术护士组成。平日里,他们是温箱旁的"守护天使",精心救治,只为让那些微弱的生命火苗熊熊燃起;一旦收到求救信号,他们立即化身"转运先锋",以一身救命"绝技"争取生命机会;为了造福基层患儿,他们扛起"播种医生"的重责,培养基层新生儿骨干医护。团队组建两年来,已成功转运救治400多名武汉地区外危重患儿,最轻的宝宝只有550克。

武汉儿童医院:上演不间歇的"生命接力"挽回新生儿生命

新华社记者 廖君

在武汉儿童医院新生儿科重症监护病房,近日,刚刚历经一场"生命接力"的黄冈宝宝面色由青紫转为红润,这个才几天大的小家伙安静地躺在温箱,进入甜蜜的梦乡。而前一天连夜把他接来这里救治的新生儿内科医护人员们,再次踏上了转运救援的新路程。

"我们的工作,就是为了抢回宝宝的生命,与死神进行生死时速的赛跑。"武汉儿童医院新生儿内科主任医师曾凌空说,由于湖北部分县市医院没有建立专门的新生儿内科,对危重新生儿缺乏相应的急救条件,患重病的新生儿、早产儿,一旦无法安全及时地送至大医院,不少宝宝会因此失去治疗机会。

2016年,武汉儿童医院组建转运团队,精选8名医生、42名护士,经过各种应急培训,摸索出不少"救命绝活"和独到经验。为了给小宝宝们生的希望,医护人员们克服重重困难,上演着一场场"生命接力"。

练就一套套“救命绝活”,时刻准备与死神赛跑

惊心动魄的“生命接力”是武汉儿童医院新生儿转运团队的“日常”。新生儿转运风险极高,能携带的设备十分有限,颠簸途中随时可能发生意外,必须业务精良。为此,队员均为高年资医护人员,经过各种应急培训,千锤百炼,他们练就了一套套“救命绝活”。

7月20日,一名在黄冈出生的早产宝宝,出生3天无法进食,出现呕血、呼吸困难等危急症状,当地医院紧急求救。转运团队骨干、武汉儿童医院新生儿内科主任医师曾凌空和护士梅琼前往接患儿。深夜抵达,为保证宝宝呼吸畅通,曾凌空用他精湛的“盲插”技术争取抢救时间。“乖乖,坚持一下,我们马上就好。”他一边安抚小宝宝,一边迅速摸准气道位置,精准插管,小宝宝不哭不闹,安安静静。4日凌晨,这名危重宝宝被转运回了武汉儿童医院,孩子转危为安。

7月28日,小宝在广水市一家医院出生,出生时重度窒息,羊水污染,浑身发紫、抽搐,当地医院发起求救。曾凌空带着护士赶到后,诊断孩子至少患有新生儿持续肺动脉高压、呼吸衰竭、先天性心脏病等10种疾病,在颠簸的转运途中,凶险可想而知。转运路上,他们的视线不敢离开,呼吸机一度用到极致,孩子依然烦躁不安,全身青紫。情急之下,有近10年工作经验的护士刘源霖把双手伸进温箱,轻捧着宝宝的身体,让宝宝保持蜷缩状态,和在妈妈子宫里的体位一致,这让他有了安全感,渐渐平静下来。两个多小时的路程,她一直保持这个姿势,把宝宝捧回了武汉,最后两只胳膊僵硬得动弹不得。

在不停晃动的车厢内,几乎一半的医护人员都晕过车,有的甚至连黄疸都吐出来了。为了转运,医护们出车前不敢吃东西,常常一饿就是大半天,晕车让他们冷汗直流,但他们一路保持操作或抚慰的姿势,完全顾不上自己。

患儿的病情就是命令,节假日往往与他们“无缘”。今年元宵节晚6时,下着暴雨,曾凌空刚刚安置好转运回的患儿,准备回家过节,转运救援电话再次响起,一名孝感的新生儿病情危急。当把患儿安全接到武汉,已是晚上9时。“无论是放假还是过节,别人都是下班匆匆回家,我们却常常是往反方向跑。”曾凌空笑着说。

武汉儿童医院从2016年开始启动危重新生儿转运,影响已辐射至河南、湖南、江西等周边省份。截至6月,已成功转运救治了近400名外地危重患儿,最轻的宝宝只有550克。

24小时守护患儿,当好孩子们的“临时爸妈”

新生儿重症监护室是危重新生儿的第一个“家”,全隔离的病房里照顾和陪伴要特

别有爱心,"临时爸爸妈妈"们不是父母却胜似父母。新生儿内科是"哑科"中的"哑科",宝宝们不仅不会说话,有的甚至没有力气哭。而这里的医生护士,却都是"婴语"高手,宝宝微弱的气息变化、异常的手脚动作,他们都能迅速"读懂";宝宝的哭声是在"说"饿了、痛了,还是感觉孤独了,他们了然于心,及时回应。

曾有一名胎龄仅32周、体重1.8公斤的宝宝,呼吸不好,有严重的先天性心脏病,需要尽快手术。但棘手的是,孩子体重很轻,肺功能不成熟,难以承受手术。权衡再三,刘汉楚主任决定先保守治疗。

一天晚上,宝宝温箱旁的机器突然报警,刘汉楚一看血氧饱和度降到只有50%(正常应在90%以上),孩子的小脸乌紫,听诊器发现肺部有湿啰音,他迅速判断是肺出血,立即组织抢救,守着宝宝监控生命体征,直到4小时后生命体征渐渐稳定。刘主任陪着宝宝一天天闯关,直到一个月后,肺功能好转,体重长到2.5公斤,他才亲自将孩子送到心外科手术。

如今,监护室有60多名高危宝宝,护士一天分3班,24小时守在温箱旁,像对待自己孩子一样细心呵护。尤其晚上是宝宝高危情况多发时段,护士们每个温箱前轮流转,厕所都不敢轻易去,每天巡回平均步数都在1万步以上。

每年有6000名新生儿经过团队精心呵护后出院。如今,病区里有一面"爱心墙",几十张照片展示着孩子们由脆弱变为健康,这面墙让家长们流连忘返,让参观者见之动容。

"护士老师"教新爸妈,专业赢得家长信赖

新生儿内科医护人员不仅当"临时爸妈",还要当"护理老师"。为了帮助家长树立信心,科室开展"开放日"服务,危重新生儿恢复状况良好时,将父母请进病房。看着娇嫩脆弱的宝宝,很多新爸妈不知所措,"护士老师"一遍遍教袋鼠抱、喂奶,安抚、鼓励他们,帮助家长建立照顾宝宝的信心,坚定治疗的决心,渐渐地新爸妈越来越熟练。为了让家长多学习喂养知识,2015年起,王巧玲与护士袁露、张蓉建了一个qq群和三个微信群,每天下班不论多累,都会坚持为患儿家长答疑解惑,经常忙到凌晨。

袁露说,她和同事们每天和高危宝宝打交道,每一位出院的孩子,都是一份难舍的回忆。这些小息儿和护士们待久了,会记得她们的声音、气息,抚摸时候的熟悉感是他们之间的情感纽带。有的宝宝出院后在家哭闹不止,可一接到护士手上轻拍几下,宝宝立马不哭了。看着宝宝健康成长,他们觉得再辛苦也值得。

孩子们出院后,王巧玲护士长带领护士们一起开展"早产儿回家"活动,邀请出院的宝宝家庭回医院,进行宝宝健康评估、养育交流、分享治疗心得,这份细心把家长们

暖哭。“我们的孩子很特殊，成长需要家长付出加倍努力。当我们感到迷茫无助时，只要回到医院，和医务人员聊一聊，就又充满信心。”经常参加活动的一位宝妈说。

“火种医生”不忘从医初心，坚守儿科培养基层骨干

都说儿科“苦累穷”，新生儿内科诊疗更为不易，但看着孩子转危为安，从巴掌宝宝变得白白胖胖，甚至长成一个大小伙子站在自己面前，这种成就感无可取代。所以，转运的危重患儿哪怕只有一丝生命火苗，大家都会全力以赴。

科室里，70 多岁的蔡宝珍主任每周坚持上门诊；当工作量猛增，二线医生告急，70 多岁的吴春英主任毫不犹豫重回病房顶班；刘汉楚主任年近花甲，只要有抢救都会赶到病房指导年轻医生，当“转运先锋”外出病房人手不足，无论是深夜还是假期，他都会赶回医院守护在住院患儿的温箱旁。曾凌空从医 26 年，王巧玲、黄砚屏护士长一干就是 30 年，他们把青春奉献给了孩子们。

有了榜样的力量，吃苦耐劳、不计回报的精神在新生儿内科传承，尊重生命、不敢懈怠成为每一个年轻医生的行为标准。“虽然同时兼着繁重的病房和转运两项工作，又苦又累，前辈们的坚守时刻激励着我。”80 后转运队员王石医生说。

一花独放不是春，百花齐放春满园。湖北儿科医疗资源分布不均，尤其是新生儿医疗资源紧缺，基层接诊危重新生儿时常常束手无策。武汉儿童医院积极推进分级诊疗，一方面帮助建设基层新生儿内科，“输血”培训基层新生儿内科医生，一方面推进双向转诊，实现医疗资源的最优共享。

自 2009 年起，历时 9 年，他们派出 12 批共计 50 多位医护专家“常驻”通城县人民医院，帮助他们筹建新生儿科。该科 2014 年获评湖北省儿科临床重点专科，成为咸宁市唯一的儿科省级临床重点专科。如今，通城县人民医院承担着全县及周边县市新生儿的急救工作，通城全县新生儿死亡率由 2008 年 9.2‰下降至 2017 年的 2.5‰。通城模式不断在荆州、黄冈等地区复制。

此外，开展“百名高级医师培训班”毫无保留培养基层儿科骨干。如今三批基层骨干结束了学习，他们不仅能独立开展工作，还能带教基层其他医生，让常见病、多发病在家门口就能解决，造福基层儿童，实现真正的分级诊疗。

记者手记

新华社记者 *廖君*

8 月 31 日，《武汉儿童医院：上演不间歇地“生命接力”挽回新生儿生命》刊发，报道

的是武汉市儿童医院新生儿内科医护人员用细心、耐心、爱心、责任心,为新生患儿构筑起呵护脆弱生命的"温箱",生动诠释新时代"医者仁心"的内涵,是弘扬主旋律的报道。

贴身采访,增强报道可信度

为了做好这个报道,自8月中旬起,记者就在武汉儿童医院新生儿内科进行了资料收集和深入采访,以集体座谈、专访等方式,对医护人员和患儿家属进行了贴身采访。从采访中了解危重新生儿转运团队的故事。

在接到黄冈市有危重新生儿转运救援的信息后,医护人员立即登上了转运救护车,当晚8点出发,次日子夜零点35分才返回武汉。医院相关人员用视频记录了转运救援的全过程:医生现场将患儿病情传给后方专家团队;医生利用气管插管"盲插"绝活帮患儿吸出痰液;转运途中,医生把手伸进温箱内轻拍宝宝安抚;护士半蹲着监测仪器,后背被汗水浸湿。孩子经过一段时间治疗,终于康复出院。深度采访真实还原了新闻事件,增强了报道的可信度。

讲好故事,细节之中显真情

报道讲述了救治高危患儿的鲜活故事。透过许多暖心的细节,生动再现了武汉儿童医院新生儿内科医护人员的职业技能与敬业精神。

在采访中记者了解到,广水有个患儿只要哭闹、兴奋和乱动,心脏血液就会乱流,孩子就会缺氧,面色青紫,而在颠簸的转运途中,凶险可想而知。为了安抚烦躁不安的患儿,护士刘源霖双手伸进温箱,轻捧着宝宝的身体,让宝宝保持着蜷缩状态,和在妈妈子宫里的体位一样。宝宝有了安全感,渐渐平静下来,面色变得红润,终于沉沉睡去。两个多小时的时间,刘护士一直保持这个姿势,把宝宝"捧"回了武汉。

还了解到,有个早产宝宝28周离开母体,呼吸系统、脑部发育都不成熟,随时可能呼吸骤停。为帮他找回在母体内的感觉,医护人员在温箱外搭起布罩,挡住所有光照,模拟成子宫的"小黑屋"环境。为了让宝宝舒适入睡,护士将浴巾叠成"鸟巢",模拟在子宫内被包裹的感觉。护士24小时轮流守在温箱边,尽量减少声光等刺激,保证宝宝每天深度睡眠,促进发育。

这些故事,具象生动,具有很强的感染力和说服力。

深度发掘,提炼上医精神

医务工作者担负着防治疾病、维护人类健康的神圣使命。一个个抢救生命的故事,正是武汉儿童医院新生儿内科危重新生儿转运团队救死扶伤、仁心大爱、敬畏生命的真实写照。

生命的召唤就是命令,与死神的赛跑就是天职。这群“温箱边的守望者”,几十年如一日,代代传承,始终不忘“健康所系,性命相托”的医者初心,始终坚守发展儿童健康事业的理想信念,始终自觉把对生命的尊重与敬畏放在首位。他们既是练就一身救命“绝活”,不放弃一丝生命火苗的“守护天使”,也是处处体现人文关怀,将危重新生儿视为己出的“临时爸妈”,还是义无反顾、风雨无阻抢救生命的“转运先锋”。

当前,国家放开二孩政策,儿科医生短缺,基层新生儿救治力量薄弱。为提升湖北省整体儿科医疗服务水平,他们充分发挥湖北儿科医疗联盟辐射、带动作用,主动深入基层,帮助培养基层儿科医生、护士,充分体现了“小儿科,大情怀”的社会责任担当,为落实国家医改政策,推进分级诊疗,实现优质医疗资源合理共享,提供了可借鉴的宝贵经验。

这些感人的故事生动体现了生命至上的高尚情怀、坚守初心的职业精神、爱岗敬业的奉献品质、仁心友善的道德风尚,他们是平凡而又真实的社会主义核心价值观的践行者。对他们的动人事迹进行深度挖掘、报道,弘扬了新时代医护工作者的崇高医德,促进了医患交流,融洽了医患关系。

微语录

“我们虽是经验丰富的新生儿科医生,但也有抢救脆弱的新生命到接近崩溃,几乎哭出来的时候,但是只要孩子还在坚持,还有生命体征,父母还在坚持,我们就绝不放弃。”——转运团队负责人曾凌空

微评论

新浪微博网友“Julia”说:看到这样的报道,不由得对医生的敬业与专业心生敬佩,给你们点赞。

新浪微博网友“HP 正”说:想起5年多前坐着救护车送刚出生的孩子去儿童医院,经过半个月的治疗,在新生儿内科医生护士的精心照顾下,儿子转危为安,谢谢医生!

微信网友“Jason.lv”说:感谢这些白衣天使的付出,我的宝宝曾经也经历过转运,从信阳到武汉,只有经历过这些才能感同身受。宝宝现在很健康,感恩医生们的付出。

"支教路上伉俪花"李万军、刘延利夫妇

从2007年起，李万军、刘延利夫妇毅然放弃好的工作环境，先后到偏僻的山区小学雷庄希望小学、瓦房沟希望小学、长岭头小学支教。学校因为他们的到来，旧貌换新颜；学生因为他们的到来，身心得以美丽转变。

6年间，李万军带头粉刷了两层教学楼，并为每个教室配备了多媒体教学设备；改造了学校供电照明线路，让电风扇在夏日带给学生凉爽；为每个学生更换了崭新的课桌椅……刘延利根据自己的特长，在课余时间给孩子们上大课，为他们排练舞蹈，培养、引导孩子的兴趣爱好，让自信、大方的品质一点点融入孩子们的身上……

夫妻俩因此获得舞钢市优秀教师、平顶山市师德先进个人等荣誉称号，今年又获得2018"河南最美教师"荣誉称号。

点亮山村希望，最美伉俪走出最美支教路

《教育时报》记者　杜帅鹏　王星飞

有这样一对夫妇，他们本来可以在条件好、离家近的学校工作，却选择来到离家几十里的山区小学支教。他们的代步工具从最初的自行车到摩托车，再到现在的小汽车，支教学校换了3所，和家的距离也越来越远。他们当初只是普普通通的山区农村小学青年教师，如今已在乡村的三尺讲台上度过了11个春秋。他们就是舞钢市杨庄乡长岭头小学教师李万军、刘延利夫妇。

一个决定，让支教生涯延续11年

10月16日一大早，记者坐上了李万军的车。他和妻子刘延利先把两岁半的孩子送到幼儿园，然后在附近菜市场买好馒头、菜等，再赶往市区接上同事王芳老师，最后赶赴学校。曲曲折折的山路一直通向大山深处。记者计算了一下，从他们家开车到任教的

长岭头小学，需要近40分钟。这样的路程，他们每天都要走两遍。这样的支教生活，他们已经坚持了11年。

2007年，为积极响应杨庄乡中心校的号召，李万军、刘延利二人报名参加了支教活动，从邻近城区的郜林小学到地处杨庄乡西南的雷庄希望小学支教。“那里离城区有三四十里的路程，我们俩每次都是骑自行车去学校，那时候山路不好走，都是骑一段推一段。”李万军回忆说。当时想着要是能有辆摩托车，那该多幸福。2009年，他们终于买了一辆摩托车。两年后，他们的支教学校改到了更偏远的瓦房沟小学。2013年，长岭头小学需要老师时，他们又义无反顾地来到了这里。“离家的距离越来越远，好在路现在修得顺畅了。”李万军说，起初他们两个在学校住，后来考虑到孩子，就花5万元买了一辆汽车。“现在学校还有一位支教老师的家也在城里。买车一是为了方便，二是让支教老师能长久地坚持下去。”李万军说。每天往返近40公里，现在这辆私家车已经成了“公车”，成了夫妻俩和支教老师的必备交通工具。

“当时没有多想别的，就是觉得哪里缺老师，我们就去哪里，想着越是缺老师的学校越能体现我们的价值。”谈起当时选择支教的初衷，刘延利这样说。就是当年的一个决定，让他们从此和支教连在了一起，一干就是11年。

当时女儿刚满6岁，该上小学一年级了。为了不影响工作，他们没有让孩子留在市区上学，而是带着孩子一起来到支教学校上一年级。“为了不耽误上课，我们那时候是周日下午带孩子到校，周五下午回家。因为当时学校建在山坡上，作为办公室兼卧室的屋子里潮湿，虫子多，每到晚上都要先打药，再进去休息。”刘延利回忆说，记得有天晚上睡到半夜，有只虫子爬到了老公的脸上，朦胧中他用手把虫子拨到了一边，惊醒后才发现是只蝎子，吓得赶紧起床。“那一夜再也无法继续休息，怕再有蝎子爬到孩子身上……”

放学后，李万军检查完学校情况，就和妻子匆匆踏上返程——家里年仅两岁半的儿子还在等着他们。“我们2016年有了二宝。休完产假，我们就带着几个月的二宝去了学校。”刘延利说，当时吃住在学校，每次都要把熟睡中的儿子叫醒穿衣起床。为了不耽误给学生上课，夫妻俩又从为数不多的工资中拿出一部分，在学校附近的村上找了保姆带孩子。

因为公公婆婆已经去世，父母身体有病没办法帮忙带孩子，为了更好地工作，也为了孩子免于受奔波之苦，刘延利就让二宝提前上幼儿园，并委托自己的姑姑每天下午到幼儿园去接孩子。回家的路上，刘延利连续接了4个电话，电话那头是孩子焦急地等待。“孩子小，到点儿见不到我们他也着急。”回到家里，是他们陪孩子玩耍的时间，这个时候孩子的笑容才最灿烂。“孩子有时候会到很晚才睡觉，我们都是一直陪着他，想着能尽可能多地和他在一起。"刘延利的言语中,透露着对孩子的愧疚。

他们像对待亲生子女一样从学习和生活上关爱着班上的每一位孩子,自己的孩子却常常顾不上。女儿常常吃醋:"爸爸妈妈,你们到底是学生的爸爸妈妈,还是我的爸爸妈妈呀?"现在,大女儿已经上高中了,每个月回家一次。"她妈妈特长是美术,现在女儿也喜欢美术,我们都支持她学。"李万军说,也许是受他们夫妻影响,女儿想考师范院校,将来也要当老师。提起孩子,李万军、刘延利总觉得亏欠太多,但好在孩子也理解他们。

一腔热血,让学校旧貌换新颜

长岭头小学一共有 5 个班级、6 名教师,每一位教师的课都安排得很满。

2013年,李万军、刘延利刚到长岭头小学时,虽然已经做好心理准备,可还是被当时的环境吓住了。"当时的条件还不如我们刚参加工作时的学校,感觉一下子回到了'解放'前,心里凉了半截。"李万军说,正是因为这样,他开始了自己的改造计划。

"在这 6 年中,李老师一步一个脚印,从改变学校的校容校貌入手,在他的带领下,现在的长岭头小学旧貌换新颜:新粉刷的两层浅绿色的教学楼格外引人注目;改造了学校供电照明线路,教室里的电风扇也转了起来,每个学生都有了崭新的课桌椅;拥有了能同时供 20 人上课的电脑教室,教室里安装了先进的多媒体教学设备……"王献伟老师介绍说,来自长岭头村的他已经在这所学校扎根了 16 年,他也曾获得舞钢市"最美教师"、"感动舞钢"十大人物等荣誉称号。谈起这所学校的发展,他最有发言权:"李老师和刘老师来到长岭头小学之后,学校面貌焕然一新,体音美课程也开齐了,教育教学质量也上了一个新台阶,老师们干劲儿也大了。"

刘延利教孩子们语文和英语,她的英语发音不准,她就自学,自己学会了,再教给孩子。李万军以身作则,上好课,做好总结,通过多种方法提升教学质量。刘延利辅导学生文艺会演,第一年就获得全乡一等奖,让全乡其他学校十分敬佩。"当时想着孩子们课余时间没有其他活动,就想着教他们舞蹈。"刘延利说,每次都是她自己跟着视频先学,学会之后再一点一点教给孩子们。今年,长岭头小学学生排练的课本剧又获得了全乡第一名的好成绩。

长期奔波的生活和工作,让刘延利患上了胆囊炎,医生建议她做手术,但她一直安排不好时间。"目前我们每个老师几乎全天都上课,请假不太现实,已经和医生沟通了,手术可以安排在寒假。"刘延利说,"大家现在都说长岭头小学在全乡就像中国的乒乓球国家队一样优秀,学生越来越好。"

经过 6 年发展,长岭头小学的学生由原来的 30 多个增加到现在约 60 多个。宁静的小山村、高高飘扬的国旗、绿色的教学楼、孩子们欢快的笑声，此时的长岭头小学就像一幅美丽的山水画，点亮了山村教育的希望。

一个希望，让山村学生走出自己的精彩

10月16日，按照计划，李万军和刘延利到学生崔熙铄家里家访。在熙铄家里，李万军、刘延利向熙铄的父亲介绍了孩子的学习情况，又认真了解家庭情况。针对熙铄性格有些内向的问题，他们建议孩子父母和老师们一起关心孩子成长。

像这样的家访，李万军、刘延利一直都在坚持，他们的脚步到过教过的每一位学生家里。“李老师每学期都要来家里一两次，对孩子情况很熟悉。”崔熙铄的父亲说。自从李万军夫妻两个来到长岭头小学后，学校发生了翻天覆地的变化，村民们都看在眼里，非常感谢他们。记者跟他们从学校走到学生家里10多分钟的路程中，遇见的每位村民都会和他们打招呼聊上两句。有一位刚从地里回来的村民，还坚持把刚摘下来的南瓜送给他们。

十年如一日，夫妻俩积极走访所教班级所有学生的家庭，偏僻乡村总能出现他们奔走的身影，田间地头也总是看见他们和家长交谈。“山里的孩子家庭情况各不相同，很多父母也不在身边，只有把他们的情况都了解透，才能有针对性地进行教育，正确引导孩子们成长。”刘延利说。

对待其他老师，李万军、刘延利夫妇也十分关心。王芳来自舞钢市第三中学，也是一名支教老师：“我2016年来到这里支教，这里条件虽然没有城区学校好，但是万军总是尽最大可能不断改善。最主要的是在他们夫妻俩的带领下，大家劲往一处使，几个人在一起像亲人一样，工作很顺心，这是让我坚持下来的原因。”就在前不久，李万军还联系广东省狮子会和广东省舞钢商会的爱心人士专程到学校考察，捐赠教学用品，资助贫困学生。

“现在就希望能多几个像任明杰一样的年轻老师。”李万军说，“‘最美教师’颁奖典礼的时候，我和任明杰老师进行了交流。我感觉现在年轻教师有想法，能更好地教育孩子。他了解到我的支教情况后，当即和对象商量，要一直扎根农村。这让我很感动，感觉自己的选择、自己的工作是正确的、有意义的。”

“只要山区学校需要，我们会一直坚守下去。山里环境好，除了离家远，其他都很好。我们也是农村孩子，知道农村教育的重要，山里孩子淳朴，我们想让他们享受到和城里孩子一样的优质教育，让他们走出大山，走出自己的精彩人生。”刘延利说。

记者手记

《教育时报》记者　杜帅鹏　王星飞

因为参加"最美教师"评选，我们认识了在基层一线的乡村教师李万军和刘延利，两人是夫妻，也是工作上的搭档。

因为采访"最美教师"，我们来到了李万军夫妇所支教的学校，近距离、面对面地了解这对支教"伉俪花"。

做一件事很简单，坚持做一件事情就会很难。是什么让李万军夫妇把支教事业做好，并坚持了11年？记者认为是对教育事业的热爱，对教师职业的敬重。

长岭头小学位于平顶山舞钢市杨庄乡，是一所偏远的山区小学。这里地形特殊，从西北到东南狭长几十公里，居民分散，山地面积多，跟其地方相比，支教环境相对要艰苦很多。从雷庄希望小学到瓦房沟希望小学，再到现在的长岭头小学，支教的学校改变了，不变的是对支教的初心。

山区学校与城市学校相比，办学条件存在着较大的差距，特别是边远山区学校交通不便、条件艰苦，许多年轻教师很难在山区长时间坚持下去，这就造成边远山区学校教师严重不足，这样在一定程度上影响了山村孩子接受良好的教育。

李万军从小就是在山里长大的，不仅对山里的环境熟悉，而且还有感情，特别是想到那一双双渴望求知的眼睛，李万军和妻子毫不犹豫地就选择了放弃城市的优越条件，选择这样艰苦的地方，并下定决心，在这里扎根，带动更多青年教师到边远山区学校工作。因家校之间距离较远，为了节省出时间做更多需要做的事，李万军夫妻二人经过考虑后决定，以校为家，安心做好支教工作。

修葺教学楼，围墙上绘彩绘，种植花草树木……遇到不懂不会的就上网查，边学边做。积极争取政策支持，动员一切社会资源将教学设施设备更换一新，还建起了同时能供20人使用的电脑室、多媒体室，维修更换了照明灯、电风扇等。通过努力，校园环境一天天得到改变，实现了旧貌换新颜。

长岭头小学今年有5个班级60名学生，学生不多，但老师更少，只有6个，每天的课程都排得满满的，白天上课，备课只能用课余时间和晚上进行。为了能让孩子们接受全方面的教育，他们不断创新教学思路和教学方式，想方设法不断丰富课堂及课余内容，对待每个学生像对待自己的孩子一样，他们用自己的实际行动把知识的种子播撒给偏远乡村的孩子。

正是因为对教育的热爱，李万军夫妇全身心地投入支教事业，辛勤付出，精心任教，一路走来克服了重重困难，用实际行动改变支教学校的教学质量和校园环境。因支教成绩突出，他们今年荣获了2018“河南最美教师”称号。

他们觉得，荣誉是属于所有乡村支教教师的，同时也感觉肩上的责任更大了，对今后的工作标准和要求更高了。他们会继续坚守在边远山区教育一线，严格要求自己，努力工作，时时处处起到模范带头作用，力争把工作做到最好，带动更多青年教师到边远山区学校支教，为实现山区教育梦、实现中国梦做出他们应有的贡献。

微语录

“水滴石穿不是水的力量，而是重复和坚持的力量。”——“支教路上伉俪花”李万军、刘延利夫妇

微评论

匿名网友说：桃李无言，下自成蹊。从寒冬到酷暑，从北山到南岭，李万军、刘延利夫妇支教的足迹遍及杨庄乡东西南北，他们是山区孩子们的那盏永不熄灭的指路明灯。

匿名网友说：能够在少年遇到一位好的启蒙老师，是一生的幸运。学生需要这样的好老师，国家要重视和呵护这样的好老师。

"用鼠标为警察代言"赵益

赵益是江苏省镇江市丹徒区公安分局一名普通民警,他创作的"豆豆警官"微信表情包目前累计发送量1400万人次。今年5月为配合公安部"2018年5·15全国公安机关打击和防范经济犯罪宣传日"活动,他设计制作了系列防范宣传漫画纪念邮品,含邮资纪念封1枚、纪念邮戳1枚和纪念版明信片1套6枚。目前,这些漫画已被制作成明信片对公众免费发放。同时,赵益还制作了防范经济犯罪漫画H5动画,上线两日点击量即有40余万人次,有效提升了群众安全防范意识。

一位镇江基层民警的漫画理想

新华社记者　钱贺进

漫步镇江街头,"平安镇江"的漫画海报时不时闪现眼前。萌哒哒的卡通民警、亲切的平安提示语、老大爷圆嘟嘟的大拇指、细腻勾勒的山水楼台……很难想象这些是出自镇江基层民警之手。

赵益是镇江丹徒区公安分局一位民警,2013年以来,他利用业余时间绘制超萌的警察形象,借生动有趣的漫画、轻松幽默的语言,将安全防范知识变成引人深思的"微故事",引起市民,乃至数十万网友的关注。他希望以平凡人的微薄之力,在轻松愉悦中提升群众的安全防范意识,密切警民关系。

寻找警民沟通的好方式

皮肤黝黑的赵益,1998年6月成为丹徒一名派出所民警。作为基层民警,赵益长期走街串户,下乡入户调查,处理很多纠纷案件。赵益感觉在很多群众眼里,警察是比较严肃的、有距离感的，他一直在想通过什么样的方式改善警民关系，增加群众的认同感。

赵益喜欢写写画画，经常在报刊上发表公安新闻，传播法律故事。2013年春节期间，赵益与朋友网聊，朋友问他："你是警察，又学设计出身，喜欢画画，什么时候做一套你们警察自己的表情包那就好了。"

"一个生动的表情，可能比干巴巴的文字更加贴切，让人发现警察其实有时也有萌萌的一面，会改变警察在一些人眼中的固有形象。"赵益感觉这是一个与群众沟通的好方式。

当时正流行"陈欧体"为自己代言，以及"愤怒的小鸟"游戏，赵益将两者结合创作了漫画《我是警察，我为自己代言》，上传镇江网友之家论坛。没想到当天点击量过万，还引起镇江以及江苏省多家媒体的关注。

一幅幅小漫画，竟然有这样的影响力，这启发赵益用漫画做一些他更想做的事情。

在基层，诈骗、盗窃等令群众防不胜防，很多类似案情反复出现，酿成许多家庭悲剧。有的老人攒了大半辈子的"养老金""救命钱"被骗个精光，伤心落泪；有的年轻人被骗走准备装修房屋的10余万钱款，捶胸顿足……不少时候，犯罪分子抓住了，受害人的损失却很难挽回，这深深触动着赵益的内心。

"所以，既要打击犯罪，还要防范，用通俗易懂的方式提升群众的安全防范意识，让他们免受侵害。"赵益说。

提升公众防范意识和能力

"比我画得好的人太多，我希望把这些跟我们民警的工作结合起来，引导社会公众提高防范意识和能力，免受侵害。"赵益说。

2014年，赵益针对基层诈骗案频发的情况，创作一组防范诈骗的漫画，并自费印制做成"夏季安全防范清凉扇"发放到社区居民手中。

起初，赵益还不太熟悉新的作图软件，都是用画笔在纸上勾勒线条、上色，再扫描到电脑上。新购了平板电脑之后，赵益用手指在屏幕上作图，两三个月下来，手指头硬邦邦的，磨出了老茧。

2015年夏天，江苏省第一本帮助女童防范性侵害的漫画手册《女童保护手册》在镇江丹徒各学校发放，这是由赵益的漫画印制而成。手册以生活中的故事为案例，采用漫画、儿歌、涂色等形式教女童如何保护自己，避免伤害。

赵益说，这些年，频频出现性侵女童事件。他想到了女儿平时爱看漫画书，便想以生活中的故事或事件为例，将一条条防范知识改编成萌萌的漫画，引导女童增强防范意识。

当时10岁的女儿对这组漫画蛮有兴趣，于是帮爸爸用歪歪斜斜的字体抄下序言："从呱呱坠地开始，你就被赋予了一个美丽的称呼：女孩……"

经过近两个月的努力，赵益终于完成初稿。此后，他与妇联等部门沟通，又花了一个多月的时间多次对文字和图片进行修改，终于完稿并付诸印刷。

镇江丹徒区公安局政治处相关负责人表示，手册发放对象为丹徒区所有幼儿园及小学女童，希望这本手册能成为学校和家长的有力助手，帮助孩子提高自我安全防范中的思考力与应急能力。

今年5月15日，是第九个全国公安机关打击和防范经济犯罪宣传日，活动主会场就设在镇江。为揭露非法集资的本质，反映参与者的心态，赵益结合公安机关收集和提供的典型诈骗案例、骗术手段、防范提示等素材，采用了大家熟悉的"天上不会掉馅饼""火中取栗""拆东墙补西墙""竹篮打水""丢西瓜捡芝麻"以及"击鼓传花"等俗语和故事，花了一个多月的业余时间，手绘漫画，把防范知识变成一个个引人深思的"微故事"。

"我买了一支800多元的平板电脑触控笔，这几年作图软件更新非常快，我以前买教材，现在对着视频学习作图，也算半个作图专业人士了。"赵益说。

目前，这些漫画已被制作成明信片对公众免费发放。针对大家都喜欢使用微信的现状，赵益还特意制作了H5，把漫画融入音乐和动画当中，呼吁大家一起打击诈骗犯罪。5月13日，当赵益把精心制作的H5放到网上时，立即刷爆朋友圈，短短两天时间，点击量达到40万，并被大量转发。

理想一步步照进现实

随着赵益绘图水平的日趋提高，他的作品类型更加丰富，题材更为广泛，影响力也越来越大。

打开赵益的笔记本电脑，后台可见，他去年制作的"豆豆警官"表情包，目前累计发送量2007余万次，累计下载量84.7万余次。这个表情包，对赵益而言，是创造难度最大的作品之一。

去年2月上旬，赵益开始动手绘制，表情包的数量要求一组只能是16或24个，当时为了表现丰富些，就选择做24个。由于工作繁忙，他只能利用中午和晚上休息时间，抽空一点一滴制作。

3月下旬，赵益向腾讯投稿，经过一个多星期漫长的等待，得到审核结果。"期间先后被退回修改两次，修改了五处"，第一次是表情包里警察帽子上的警徽太过逼真，不符合规定，结果所有 GIF 动画，每个动画 10 多帧，含有警徽的地方全部修改。

还有一次按要求，每一幅动画都要描 2 个像素的白边。“我制作的一幅动画，因为疏忽，其中有一帧忘记描边了，动画表情又很小，在手机上基本上看不出来，但腾讯官方审查异常严格，一帧帧地看，被他们看出来不符合要求，又退回重新绘制。前前后后花了 50 天终于上线。”赵益说，他已经为“豆豆警官”表情卡通形象申请了美术作品著作权。

丹徒区公安分局刑侦大队大队长张利民说：“赵益非常耐心、勤奋，他用他的业余时间，做适合他，又很有意义的事情。”

如今，赵益作品的题材更为广泛，从绘制“高考提示”漫画赠考生，到鼠标“剪”出“剪纸版警察”，从献礼党代会，到打击经济犯罪含邮资纪念封、纪念邮戳、纪念版明信片……赵益越来越多的作品被网友、媒体、公安同行、“平安江苏”微博、公安部微信公众号等转发、使用。他的漫画理想正一步步照进现实。

记者手记

新华网江苏频道记者　钱贺进

警察赵益，被镇江当地媒体誉为“才子”。采访他之前本以为他是一位文质彬彬的白面书生。不曾想到，网照确实不可信，文质彬彬是对了，白面书生却不对。

约访赵益其实并不容易，因为年底他工作繁忙，每天都要出警处理各类纠纷与案件。最近，盗窃案增多，他经常要去勘查现场，了解案情。

采访约在周三上午，早晨忽然下起了大雨。我们被困在丹徒区公安分局传达室。等了 3 分钟后，只见赵益与同事撑着雨伞，一路奔过来。

迎面而来的赵益，身材消瘦，显得有些文弱，皮肤被晒得黝黑。

后来在采访中得知，他 1998 年参加工作以来，一直在基层派出所从事一线民警工作，长期风吹日晒，走家串户。直到去年，他才被调入公安分局，也相对多了些业余时间进行创作。

除了他越来越有影响力的网上漫画作品，赵益身上有诸多令人动容之处。他虽然长期身处基层，身上却有传统知识分子的影子，瘦弱的身躯有一股平静的力量。

10 多年来，派出所任务那么繁重，他还是坚持写下 300 多篇公安新闻以及自身感悟，发表到镇江、南京的媒体，希望更多人了解法律新闻。他说，很多犯罪案件反复发生，人们屡屡上当，深深触动了他。他认为仅仅打击远远不够，要从思想意识层面进行预防教育，所以这也是他执迷漫画创作、传播的最大动力。

摆脱了采访的拘谨，在走廊闲聊时，他随口说道：“比我画得好的人多的是，我主要是希望能把漫画与工作结合起来。”

朴素，平实。

这也是他几位十多年的老同事对他最大的印象。工作20年了，他还是经常早早到班，打扫卫生，给大家打几瓶开水。

“他现在业余时间画画，就是合适的人做合适的事，他认为，的确也确实非常有意义。”丹徒区公安分局刑侦大队大队长张利民说。

随着赵益作品的影响力越来越大，向他公益约稿的单位越来越多。本以为他会是没日没夜的工作狂，结果，赵益说：“我绝不是抱病工作的人，有病就要休息，身体健康是第一位的。”他养成了不午休的习惯，充分利用中午时间、回家时间进行业余创作。

他非常注重陪伴家庭，用他的话说，女儿处于关键成长期，以后她外出读书，就聚少离多了。

可以看出他是一个有梦想就积极尝试的平凡人，希望用兴趣做一些对社会有意义的事，他实践了。利用休假，骑行至北京、厦门，他也实践了。

令人回味无穷的采访，总是短暂的。简单吃完午饭，赵益与记者分别，冒雨前往数十公里外的乡镇处理一个案件。

微语录

“虽然比我画得好的人有很多，但我希望把这些跟我们民警的工作结合起来，引导社会公众提高防范意识和能力，免受侵害。”——“用鼠标为警察代言”赵益

微评论

网友“农夫昊园”说：果断转发了，正能量、热心肠，这样的好文必须转发。

网友“休闲难得”说：有用的常识，真有心的漫画，非常适合小朋友，建议朋友们分享收藏！

匿名网友说：警察爸爸是孩子心中那座永远放着光芒的高山，仔细看了对话，一丝感动，一丝温暖……

“‘80后’大医生”饶明俐

饶明俐,1932年出生于重庆,毕业于北京大学医学部,后来成为白求恩医科大学临床专业的第一个研究生,曾担任白求恩医科大学副校长。

凭借出色的业务水平,饶明俐先后被评为吉林省有突出贡献的中青年科技人才,获国务院特殊津贴、吉林省英才奖等。她的名字和成果,已被列入英国剑桥《国际名人辞典》、美国ABI《500名有影响的领导人》及《中国当代医学家荟萃》等20余部名人辞典中。

饶明俐从1955年开始从医,至今已有63年。如今86岁高龄的她,依然工作在临床和教学一线,被人们尊称为“80后大医生”。

“80后”大医生

新华社记者 赵丹丹

在吉林大学白求恩第一医院,有位人见人爱的“80后”医生。同事说她是科室之“宝”,患者说她是仁术仁医,学生说她是慈母严师。她自己却谦虚地说:“我得向大家学习,因为我是‘80后’。”

这位谦虚又可爱的“80后”,就是吉林大学白求恩第一医院神经内科教授、博士生导师饶明俐。86岁高龄的她,从1955年开始从医,至今已有63年。如今,她依然工作在临床和教学一线。

平等仁爱,患者至上

在首届中国医师节前夕,记者在吉林大学白求恩第一医院神经内科见到了饶明俐教授。别看饶老年事已高,但口齿伶俐、头脑清晰、行动轻便。她手里拿着最新款智能手机，见了面就与记者通过“扫一扫”加了微信好友。

除了思维方式紧跟时代，饶老的工作量也丝毫不输年轻人。她告诉记者，自己每天5点钟起床，6点20分准时出门，7点前就到单位。如果是出诊日，她就会早早地到诊室等着病人。“有些外地来的病人，我争取一天把病给他看利索，当天就回去。不然的话病人在这过夜、吃饭，都是花销，要尽可能地减少患者的支出。”饶明俐说。

一位经常跟饶明俐出诊的导诊护士告诉记者，饶教授面对每位前来就诊的患者，都十分亲切，就像自家的亲人。不论是问诊、看片还是查体，饶教授都非常认真仔细，耐心地给患者讲解病情，告知如何用药、如何锻炼。“不论患者进来的时候什么样，但凡是从饶教授诊室出去的，都特别乐呵。”护士说。

吉林大学白求恩第一医院神经内科副护士长颜秀丽告诉记者，有一次，一位患者来找饶教授看病，整整一个行李箱内装的全是这位患者在全国各个医院的求医病例。饶教授让患者先去做检查，把资料留下，利用中午时间看完资料，这样患者下午来，就能准确地进行诊断。“饶教授经常为了多给患者看一会儿病，中午就在办公室对付一点面包、饼干。还总是笑呵呵地说‘我吃这个就可以了’。”颜秀丽说。

“很多病人到医院来都很恐惧，所以医生尽量多花点时间，帮病人解释清楚，这样他不害怕了，病也好了一半。我看着病人高兴，那我比他还高兴。”饶明俐眯着眼睛咯咯地笑着说。

精进审慎，终身学习

86岁的饶明俐早已荣誉加身。她是白求恩医科大学临床专业的第一位研究生，曾任白求恩医科大学副校长，享受国务院特殊津贴，获得中国卒中学会第一届终身成就奖，主编或参编专著近30部，担任全国20余份学术杂志顾问、编委或特约编委，多年前就成为业内泰斗。她的学生遍布全国，现在科室内就有很多她的学生、“学孙”，甚至是“学重孙”，可谓医界的“四世同堂”。

每周三是全科固定的会诊日，一周的疑难杂症都要拿到会上讨论。只要不出差，饶明俐一定会参加。全神贯注地听完汇报，饶明俐会结合疾病的发展历史、自身的临床经验，深入浅出地进行讲解，并提出独到见解。精彩的发言常常引来大家的掌声，饶明俐也常常高兴得笑弯了眼睛。“能把一辈子的经验传承下去，我很高兴。”饶明俐说。

在饶明俐的办公室，一沓沓厚厚的稿件待审。只要一有空，饶明俐就戴上花镜，拿着铅笔和长格尺，逐字逐句审阅、修改起来。饶明俐告诉记者，她目前依然是《中风与神经疾病杂志》实质上的主编，每期都有大量的来稿需要编审。“虽然工作量不小，但从来稿中，我能得知目前全国各地都在研究什么，有什么新发展，这对我来讲也是知识的更新。医学发展很快，不学习就会落后，所以这项工作我也做得很愉快。”饶明俐说。

大医精诚，尚美至善

“饶奶奶，我考上大学啦！谢谢你们让我重生。”饶明俐在微信里看到这段留言时，高兴得合不拢嘴。

饶明俐告诉记者，2015 年，马上就要高考的圆圆突然抽风昏迷，送到医院时已经停止呼吸。经过紧急抢救，虽然维持了呼吸，但是她持续发烧、昏迷，全身剥脱性皮炎，命悬一线。饶明俐请有关科室会诊，最终孩子被确诊为畸胎瘤。但是饶明俐没有放弃对她的治疗，每天都在研究治疗方案。经过手术和长期治疗，奇迹发生了，孩子的不良症状逐渐消退，2017 年元旦开始恢复意识，慢慢能够自理、学习。在 2018 年的高考中，孩子取得了不错的成绩，被大学录取。

饶明俐在微信中这样回复她和家人：孩子的恢复，鼓舞了我们全科医务人员，要对病人如亲人，要不放弃一线希望抢救病人。也感谢你们永不放弃的精神，鼓舞着我们！

经饶明俐诊治的 30 多万名患者中，像圆圆这样的故事，已经数不清了。甚至在大街上，都有很多患者亲切地和她打招呼。

饶明俐告诉记者，她有一次坐公交车，发现一个陌生的小伙子一直在看自己。起初她怀疑是不是遇到了坏人。不一会儿，这个小伙子直接来到她的身边，有些兴奋地问：“您是不是饶大夫？”原来，十几年前，他曾在北京接受过饶明俐的治疗。没想到十几年后到长春出差，却在街上遇到了自己的恩人。

“治病救人，是医生的天职。当医生，真的很愉快，如果有下辈子，我还要当医生。”饶明俐说。

记者手记

新华社记者 **赵丹丹**

无论是一座巍峨的山峰，还是一株卑微的小草，其实都有打动人心的故事。每一段故事里，都珍藏着一段历史，演绎着一段人生。

对饶明俐这个名字念念不忘，是从 2016 年 6 月开始的，我被“楼梯教授”的故事深深地打动了。原来，在东北、在吉大、在身边，就有这样既闪烁着星光，又带着芳香的故事。那时候，我就在心底认定，有些人文的富矿，值得去挖掘、去记录，有很多灵魂的高峰，值得去钦仰、去凝望。

首个中国医师节前夕，我第一次推开吉林大学白求恩第一医院神经内科专家办公室的门，阳光透过玻璃窗，透过绿植的叶子，洒落在地面和我们的身上，从阳光中迎过来的饶明俐老师，鹤发童颜，笑容亲切，仿佛闪着光芒。86岁的饶老，耳聪目明，记忆极好，近两个小时的时间里，她打开了记忆的闸门，许多故事从脑海中流淌出来。

饶老本身就是一部充满传奇色彩的书。她出口成章，才思敏捷。在她的讲述中，我更加深入地了解了20世纪三四十年代的教育、文化，了解了饶老的父亲饶钦止教授让人敬佩的文略才情和敬业报国的高尚品格；更加感叹烟雨朦胧的江南风韵与豪迈粗犷的北国风情之间的差异；更加敬慕同为南开中学同学和北京大学校友的饶老与爱人程庆华先生坚贞的爱情故事；更加钦佩饶老作为一名有着坚定共产主义信仰的共产党员，在各个时期、各个岗位上所表现出的爱国情怀、敬业精神和高尚情操。

救死扶伤，她坚守一生，30万患者背后，是30万个家庭，是成倍的希望和幸福。

学科建设，她传承创新，带领吉林大学白求恩第一医院神经内科一路砥砺奋进，耕耘不辍。结合百姓切身需求、国家健康战略需求和医院发展方向，打造卒中中心，为老百姓解决大问题。

培桃育李，她倾囊相授，至今3000余名骨干遍布五湖四海，播撒爱与奉献的火种。

初稿完成后，怀着忐忑的心，呈给饶老看。那一天，她查房回来，远远向我走来，看着她瘦弱的身躯，却觉得异常高大。还是在那一间办公室，饶老认真地看着稿子，时常补充一些她想起的细节，我认真地记录，非常享受这样的过程。每一次聆听，都是一种洗礼。

80多岁，阅尽人生风雨，仍然初心依旧。每天迎着朝阳去上班，每月至少出两次差，每年从不主动申请一次年假……她的生活极其朴素，她待人极其真诚，她对自己深爱的事业从未有过倦怠。仿佛只要穿上白衣，她就会有无穷无尽的力量。

犹记得饶老办公室挂着的一幅字：端品高医。没错，这就是我们可爱可敬的“‘80后’大医生”饶明俐。

微语录

“我得向大家学习，因为我是‘80后’。做医生真的很愉快，如果有来生，我还当医生。”——“‘80后’大医生”饶明俐

微评论

网友“ABC_炜明”说：真正的医者，值得敬佩！

网友“清风明月光如水”说：仁慈医道，仁慈医师。

网友“Sweety公主”说：老奶奶给您一个赞，如果当今社会多一些像您这样的医生多好！

网友“牛眼看车”说：有时去治愈，常常去帮助，总是去安慰。

“千万诱惑不动心”黄鑫

2014年之前，他是一名远洋船员，勤勤恳恳。一场日本海附近的强热带风暴让他与死神擦肩而过，面对日渐年迈的父母、担心害怕的亲人，他决定放弃这份来之不易的工作。

2014年初，为了生活，他离开故土来到浙江杭州。“因缘巧合”，横跨近2500公里的两个年轻人相识相知、喜结连理。一间小巷深处的10平方米体育彩票站就是他和妻子创业的开始。

2017年，他代顾客购买的彩票中奖500万元，中奖信息公布后他第一时间就电话通知中奖顾客。今年6月，他代顾客购买的彩票又中奖1200多万元，面对像去年同样的场景，奖金更是翻了一倍还多的诱惑，他依然选择“物归原主”。他就是江苏省如东县90后体彩站老板、浙江省“最美体彩人”黄鑫。

千万面前，诚信为上

新华网江苏频道记者　赵雅慧

杭州市余杭区有位90后小伙最近火了，他叫黄鑫，是余杭区一家彩票店的店长。5月7日，黄鑫替人代打的一张体育彩票，中了1226万元大奖。面对巨款，他没有犹豫，直接拨通顾客的电话，通知对方将这张巨额中奖彩票取走，得到一致好评。

该消息一出就引起了轰动，然而，让人惊叹的不是小彩票站开出大奖，而是面对大奖，店主黄鑫没有一丝犹豫和动心。

人生经历造就优良品格

黄鑫是江苏如东县人，初中毕业后，黄鑫与如东当地一家轮船公司签订就业协议，并在武汉航海职业技术学院学习船运相关知识。毕业后，黄鑫信守承诺，到外轮上当了两年水手，尽管工作十分辛苦，但也干得有声有色。

“只要不怕吃苦，以诚待人，到哪里都差不了。”两年的航海工作让他积累了人生的第一桶金。在这两年的时间里，黄鑫每天来往于中国、韩国、日本之间，十分辛苦。

提起跑船的那段经历，黄鑫不禁感叹道：“那段日子是真的苦啊！不仅每天起早贪黑，还要应对海上的各种突发事件。”

据黄鑫介绍，最严重的一次还是在日本海遇到海啸，当时情况十分危急，自己和其他船员死里逃生。“从那次之后，自己突然很想稳定下来。”黄鑫说，“不过，毕业后的跑船经历也培养了我吃苦耐劳、勇敢面对生活的精神。”

此后，他回乡开过塔吊，干过汽车美容，无论在哪个岗位上，他都肯吃苦，颇有好人缘。左邻右舍，哪家有什么事需要帮忙，他都毫不犹豫地伸出援手。

4年前，黄鑫只身一人来到杭州余杭仓前，租了一间店面，开办了一家体彩销售店。黄鑫表示，之所以选择体彩，是因为近年来在杭州的很多小区，都能看到由体育彩票资金提供的健身器材等公益设施。

“中奖的是幸运儿，没中奖的彩民是在为慈善事业做贡献。我选择这个职业，不仅仅是谋生，也是在为慈善事业添砖加瓦。”黄鑫肯定地说。

这期间，经人介绍，他结识了从事体彩销售的云南姑娘罗翠兰，两人很快喜结连理。婚后，夫妻二人精心经营着小店。去年 9 月，他们的第二家店在海曙路开业了，没想到，不到一年，竟开出千万大奖。

一时间，黄鑫火了。据黄鑫描述，当时来彩票店的人络绎不绝，很多人都会问他同一个问题：这 1226 万你当时到底有没有心动？对此，黄鑫都只用了一句话回复：“不该我拿的我绝对不会拿！”

诚信源于好家风

黄鑫的爷爷黄明山是一名参加过抗美援朝战争的老兵，从朝鲜战场回到家中，尽管家中生活并不宽裕，但他从没有向政府伸过一次手。“自己的幸福要靠自己去创造，不是自己的东西不能拿。”爷爷的教诲至今仍在黄鑫的耳边回响。

“爸爸也当过兵，平时家教很严，诚信是他做人的底线，他经常教育我做人要讲诚信，吃亏是福。”

“我儿子就是实诚，这也是他店生意好的原因。”黄鑫的妈妈徐守秀说。

去年，她到杭州看望儿子，看到儿子接到一个电话，就给打出了一张彩票，很是诧异地问：“如果人家不给钱，你不就亏了吗？”黄鑫笑着说：“人与人之间，要有起码的信任。我信任他们，他们自然就信任我。”

这次中大奖的小江就经常请黄鑫代买彩票。“事后，有人也问我，怎么放心将彩票放在黄鑫那里，他们夫妻俩都是外地人，如果拿着钱跑了，怎么办？但凭我与黄鑫的交往，我相信黄鑫不是这样的人。”小江说。

在黄鑫的记忆中，帮顾客买彩票、兑奖这样的事情非常多，已经习以为常了。多的投注三四千元，少的就一注2元，只要顾客开口，他都会垫付。

去年，有个顾客中了十几万元的大乐透二等奖，就是委托黄鑫代领。“我们都是老顾客，对小黄知根知底，他的为人我们都信任。”

其实，黄鑫家境并不富裕，和妻子租住在仅20平方米的简陋房里。“1000万虽然我几辈子都存不到，但如果我拿了这奖金，我不会开心，也会给我的生活带来很多麻烦。”黄鑫说。

黄鑫粗略算了一下，这几年来，帮顾客去兑奖领回来的钱至少有2000万元，他一分不少地都交给了客人。

记者手记

新华网江苏频道记者　杨派

采访黄鑫的当天，我与同事都起了个大早，两个人之前谁都没有见过黄鑫，只是单单从媒体报纸上知道了他的模样。帅气的90后小伙，诚实守信的人物设定，与顾客嬉笑一片豪爽的南通人性格，是我们想象中黄鑫应有的样子。

见到黄鑫已是下午1时许，白色T恤，外面套了一件黑色马甲，一条牛仔裤。

采访间，帅气、诚信、朴实倒是印证了我们之前对黄鑫的人物想象，但常与顾客打成一片，特别健谈的人物形象却与我们之前的想象相去甚远。眼前的人性格腼腆，谈起把巨奖物归原主时还会有些害羞，说话慢条斯理，没有一点“粗线条”的感觉。

黄鑫说：“父亲以前常对我说‘要踏踏实实做人，勤勤恳恳做事’。”

彩票站不大，20平方米左右，左边墙上挂着一台电视机，滚动播放体彩开奖号码；桌上有两台电脑，方便顾客查询体彩信息；右边墙上挂着开奖板，我和同事看了半天也是一头雾水，大眼瞪小眼，黄鑫说：“老彩民才看这个。”

这是黄鑫的第二家彩票站，第一家也相隔不远。今年，黄鑫的二女儿出生，两家彩票站、两个女儿，成双成对。我们在采访期间，感受不到黄鑫创业的艰险，或者说作为两个女儿的父亲、两家彩票站的老板应有的生活压力与沧桑。相反，黄鑫更多的是通过他腼腆的笑容彰显出他对目前生活的满足，对待顾客、身边人的亲和。

从采访开始，店内的顾客几乎没有断过，有的顾客看到黄鑫在接受采访便没有来打扰，在旁边听着、看着，有的顾客买完彩票走过来，给黄鑫递了根烟，就转身离开。黄鑫说这些顾客都是老相识，他经常帮他们代买彩票。我问他：“如果下次你帮别人代买彩票又中了1200万或者更多，你还会通知中奖顾客吗？”黄鑫笑着说：“为什么不通知呢？”

黄鑫的故事传开后，他被家乡如东县授予“如东县文明市民”称号，同时，又被提名浙江省“最美体彩人”。成为小有名气的“红人”后，他没有膨胀，依旧每天兼顾着两家彩票站，亲力亲为。“踏踏实实做人，勤勤恳恳做事”，看似简单的一句教诲，黄鑫却身体力行，一直坚守。

微语录

“踏踏实实做人，勤勤恳恳做事，我相信我的选择是正确的！”——‘千万诱惑不动心”黄鑫

微评论

网友“取个名字好难啊”说：好的家风很重要，父亲、爷爷都是军人，不索取老百姓的一针一线，黄鑫也继承了不是我的东西坚决不要。给这位年轻人点赞。

网友“三月去看雪”说：现在社会真的需要像黄鑫这样讲诚信的人，社会风气、新时代荣辱观都需要他们去引领。

“边透析边科研”的尿毒症小伙邹勇松

加热透析液，紫外线灯消毒，熟练地把透析液通过管子导流至肚子上预留的口子里，利用腹膜的过滤作用，将体内毒素和多余水分排出……一直以来，身患尿毒症的邹勇松在没有亲人陪护的情况下，每天给自己做4次透析。

病床上，他坚持科研取得了一系列的成果：免费给师生使用的“共享打印机”，为急症病人争分夺秒的“一种紧急救助处理方法”，可以提高无人驾驶定位精准度的多源融合定位系统……

他说：“世界以痛吻我，我要报之以歌。”

“世界以痛吻我，我要报之以歌”

——尿毒症小伙两年捧出6项发明

新华社记者　谢樱

28岁的他身患尿毒症，每天要为自己做4次透析，病榻上的他不知道自己的生命能够维持多久，但他强忍病痛，拼命科研，两年内捧出了6项发明。为了让更多的人能减少病痛的折磨，他毅然选择成为眼角膜等器官捐献的志愿者，他说：“世界以痛吻我，我要报之以歌。”

每天给自己做4次透析维持生命

在长沙理工大学理科楼一楼大厅的位置，摆放着一台“共享打印机”。只要将需要打印的文件上传，点击系统“生成二维码”，然后将二维码对准共享打印机扫码口，便可打印出文件。

这台完全免费使用的打印机，由于能快速解决学生需求，一度受到了学生的欢迎。但在得知这是学校研究生邹勇松自主发明、自掏腰包免费提供原材料的机器后，很多同学更愿意"闲置"这台共享打印机。"邹勇松患病,经济已经很困难了,不想再增加他的负担。"他的同学说。

邹勇松是长沙理工大学的一名研究生,也是学校的"知名人物"。读研以来,邹勇松先后获研究生数模竞赛省级二等奖、国家级三等奖及国家奖学金,同时也是学校小有名气的"发明达人"。

邹勇松出生在湖南省新化县芦茅村一个农民家庭,4 岁时就被诊断出患有肾炎,由于家境贫困,20 多年来,一直进行着"有钱就治、没钱就停"断断续续的治疗。2017 年 6 月,邹永松被诊断为肾衰竭,如果找不到移植肾源,就只能靠透析维持生命。

加热透析液,紫外线灯消毒,邹勇松熟练地把透析液通过管子导流至肚子上预留的口子里,利用腹膜的过滤作用,将体内毒素和多余的水分排出……透析时,如果不小心进了空气,浑身骨头就会剧痛。

离开医院之后,邹勇松在没有亲人陪护的情况下,每天给自己做 4 次透析。至今,他已完成 1000 余次腹膜透析。

研究生二年级时,邹勇松提前完成毕业论文,在一所高校无人驾驶研究所实习。紧张的实习之余,邹勇松还要坚持每天 4 次透析,而透析的地点是他的租住地 15 楼露天阳台的一个小帐篷里。时值冬天,寒风呼啸,邹勇松却不愿把透析室搬进温暖的客厅:"因为是和别人合租的房间,我不想影响到别人。"

曾经,邹勇松也有过绝望的时候,但他很快就重新振作起来。"有一天,我听见爸妈在病房外说'只要他活着,再怎么难,也要治',我当时就哭了。亲人都没有放弃,再说还有那么多关心我的老师、同学,我怎么能放弃?!"邹勇松说。

用发明专利证明自己"活着"

尽管身体患病,邹勇松却没有怨天尤人,反而时常想着怎样服务社会。"我的生命比一般人短,我的一生也许只是别人的半辈子,所以我要更加珍惜时光。我的梦想是当科学家,如果能改善人们的生活,哪怕只是提供很小的便利,我都心满意足,没白活着。"邹勇松说。

刚读研究生时,邹勇松在网上看到一则新闻,说的是一个需要救助的人由于堵车导致 120 救助不及时而死亡。"有没有办法减少医疗紧急求援过程中的时间消耗,及时抢救伤病员呢?"邹勇松开始在脑子里酝酿。

之后,邹勇松的"一种紧急救助处理方法"申请国家发明专利。如有人受伤需要救治,系统会根据用户位置信息,将周边医院由近及远进行排序,求助者可根据反馈信息进行自由选择,并联系医院前来救援。这样既能提高救援效率,又满足了求助者的自主选择需求。

邹勇松还发现,卫星定位系统可能会受环境或天气影响导致信号丢失,所以通常利用轮速或者惯性导航获取车辆的瞬时位移增量来推算轨迹,从而辅助 GPS 定位。但是,用惯性数据推算轨迹存在一个弊端,即误差会随着时间推移而累加。

邹勇松通过在无人车辆上安装多类传感器实现优势互补,采用数据融合算法实现更高精度的定位。“多源融合定位,可以提高无人驾驶定位的精准度。”邹勇松解释。

此外,热爱科研的邹勇松还获得了“激光雷达自建实时地图软件”“自动打印机软件”等软件著作权。

“我们去看望邹勇松时,发现骨瘦如柴的他在病床上仍然坚持学习、科研。他总是一边做透析,一边研究代码编程。”科研团队的成员安志洋说,“为了让他免于奔波,有更多的时间休息,我们总说让他电话里指导我们就好了,但他总是跑来实验室手把手教我们,让我们非常感动。”

“世界以痛吻我,我要报之以歌”

“他有感恩之心,更有实实在在的行动。”邹勇松的研究生导师董国华说,“正是由于他身患疾病,所以他比一般人更珍惜时间,懂得时间的意义。”

邹勇松一直心心念念曾经帮助过他的人:“芦茅小学康景贤校长不因我身患重症而拒收,亲自安排我入学;中学班主任李洪佩老师为我申请各种补助和减免学费;大学时,一位退休教授通过学校资助中心每月资助我 360 元生活费,毕业时我想办法找到他,他依然不告知名字;读研后导师董国华教授无微不至地关心我,帮我筹集治病经费,联系肾源;还有很多老师和同学为我捐款……”

想到这些,邹勇松总是非常感慨:“我虽不幸,却有幸遇到这么多关心帮助我的人。比起别人对我的帮助,我做的一切太微不足道了。”

“这世上还有很多人饱受病痛折磨。”因此,邹勇松毅然在中国人体器官捐献中心申请了捐献器官和眼角膜,“人总有一死, 如果能用我自己的器官延续他人的生命,这也算是最后的价值。”

“泰戈尔有句诗:‘世界以痛吻我,要我报之以歌。’我把它记在了本子上。不过,后来我做了一处改动,把‘要我’变成了‘我要’——世界以痛吻我,我要报之以歌。”邹勇松说。

记者手记

新华社记者 **谢樱**

邹勇松比我想象中还要再瘦削一点，尽管面色暗淡，但总是带着笑容。当我问是什么支撑着他与命运顽强抗争时，他回答，是感恩。

他来自湖南娄底新化县芦茅村。如今，每年从大山里走出的大学生屈指可数，但是邹勇松在一边与病魔抗争的过程中，一边考上了研究生，还获得了6项软件著作权和发明专利。他说：“我的终生也许只是别人的半辈子，所以我更珍惜时光。”

在他家中，父母现已年近70，有兄弟姐妹三人，母亲患有心脏梗死。他的父亲在当铁路民工时，带头给负伤的工友捐出了500毫升血。他的父亲个子不是很高，说着方言，非常朴实。他说的一句话“勇松娃，你一定一定要好好学习，感恩老师、同学，感恩社会”，让我听了忍不住想要落泪。

他的研究生导师董国华谈起他时非常动情，一边努力压抑着啜泣，一边回忆：“邹勇松刚入学的那天晚上，我们一起吃饭，他聊起了自己本科时候就在做的课题，我印象很深刻，这个孩子不一般。”董老师也一直帮助着邹勇松，帮他联系单位，筹集治病经费，联系肾源。

邹勇松确实是个懂得感恩的孩子。患病丝毫没有让他产生怨天尤人的情绪，反而他总是念念不忘，小学的校长没有嫌弃重症的自己，亲自安排他入学；高中时学校为他减免了学费，还为自己组织治病募捐；大学时，每个月都会邮来360元善款的一位老教师；研究生时辅导员、同学们对自己的照顾……“正是有这么多老师的帮助，我才能成长起来，除了感谢，我只想对所有的老师说，我会努力坚持下去，以便将来有机会把老师对我的恩情回馈给社会。”邹勇松说。

同学们眼里的他，“暖心又低调”“勇敢且坚强”。大学同学林晶晶告诉记者，他经常去义务家教，探访敬老院、孤儿院，周末还会随着“青志盟”开展“爱心包裹”。读研究生后，同学霍德磊经济困难，邹勇松在本身经济紧张的前提下，倾囊相助。同届研究生张银因论文中关于汽车方面实验的困难找到邹勇松时，邹勇松耐心指导其实验，并提供相关书籍，帮助其解决实验中的难题。

生活的磨炼试图将他掩盖在尘埃中，但他依然努力地踮起脚尖，在有限的生命里光芒万丈，去摘下星星，照亮更多的人。

微语录

“我的梦想是当科学家，如果能让社会进步，能改善人们的生活，哪怕提供很小的便利，我都心满意足，没白来世界一趟。泰戈尔有句诗：'世界以痛吻我，要我报之以歌。'我把它记在了本子上。不过，后来我做了一处改动，把'要我'变成了'我要'——世界以痛吻我，我要报之以歌。"——"边透析边科研"的尿毒症小伙皱勇松

微评论

《中国教育报》网友"雨文雯留言"说：梦想的花在绝境中也会盛放，那健康的我们，又有什么理由不奋斗？

长沙理工大学官微网友"柠檬初上"说：身边的榜样，诠释了生命不息、奋斗不止！让我更深刻地体会到生命的意义不在于索取，而在于奉献，不在于长度，而在于广度！

"银龄英语达人"侯宝存

张家口煤机厂退休职工侯宝存今年71岁，从年轻时起就酷爱英语，不仅自学英语40余年，退休后还立志为义务英语教学当志愿者。抱着这样的理想，他在张家口银龄老年大学成立了第一个义务英语教学班，编写了《张家口市民学英语200句》。他又在张家口抡才书院创办了两个教学班，被书院聘为英语讲师。如今的他在张家口四岔村建立了"英语进山村基地"，帮助贫困山区农民及留守儿童学一些简单英语。虽然退休后生活忙碌，但他觉得这样的人生十分精彩。

用外语打开全新世界

新华网河北频道记者　魏会博　张鹏

古语常说"活到老，学到老"，对于张家口市年逾古稀的侯宝存来说，学习英语并从事老年人义务英语教学已成为他终生的事业……

当前，随着老龄人口增长，退休人员及老年人群的精神追求成为生活中不可或缺的一部分。老年人的爱好越来越多样，学习新鲜事物已经不再是年轻人的专利，很多老年人已经走出家门、走出公园，再次回到教室、回归课堂。其中，学习英语已成为他们精神文化生活的新追求。

尤其是2008年北京奥运会、2010年上海世界博览会和2015年北京成功申办冬奥会等重大国际活动，催生了一大批老年人学习英语的热潮。侯宝存说："距离2022年冬奥会还有几年的时间，助力冬奥会，我们可以做的事有很多。"

从自学成才到传道授业

20世纪三四十年代出生的人，年轻时接触的外语大多为俄语，工作中也很少学习到英语。随着改革开放的不断深入，英语才回到大众学习的课堂。侯宝存爱上英语，就如同身边的人爱上写毛笔字、读书一样。

“那时候刚有收音机，我经常听中央人民广播电台开办的一档英语教学栏目，便喜欢上了英语。”侯宝存说，他每天清晨 5 点钟准时收听节目，又买了磁带学习字母和单词拼读，坚持自学各种英语教材。几年下来，他能听懂的单词、短语越来越多，口语水平也越来越高。

退休后的侯宝存，空闲时间更多了。他为了系统地学好英语，先是利用业余时间完完整整地上了 3 年电大课程，然后参加了张家口市科协、总工会等机构举办的英语培训班，英语水平突飞猛进。

在老年人英语培训班里，他发现了这样一个现象：喜欢英语的老年人有很多，但是有信心、有方法学下去的人很少。“老年人有热情，但基础差、记忆力差，这让他们很苦恼，再加上没有适合的教材，想坚持学都很难。”侯宝存说。

一个偶然的机会，侯宝存萌生了自己开班义务教老年人英语的想法。“我是老年人，又是自学出来的，最了解这个群体学英语的困难，为什么不把我的好经验、好方法分享出来呢？”带着这样的想法，侯宝存开始了英语教学的探索之路。

义务教学只为钟爱的事业

英语对于侯宝存来说，是一生的挚爱，也是晚年生活的新事业。2008 年北京奥运会的举办，让侯宝存坚定了学习英语的信心，他看到越来越多的老年人开始加入学习英语的队伍。

2012 年底，经过几年的筹备，他独立创办了张家口市第一个面向老年人和社区居民的免费英语培训班。侯宝存说，最初创建这个培训班时只有一名老师，就是他自己。培训班只有零零星星几个学生，教室也只是社区的一间小会议室。就这样，侯宝存一直坚持了 3 年。

2015 年，北京联合张家口申办冬奥会成功，侯宝存当天开心得睡不着觉，他觉得自己为这项事业付出的心血没有白费，同时这也是一次能为国家贡献力量的机会。他不仅自己要当冬奥志愿者，还要带领他的学员们一起努力。

随后，他的英语教学重心也逐步倾向于冬奥主题的课程。他将北京市为 2008 年奥运会编写的教材《北京市民学英语宝典》引入课堂，又自主编写了英语教材《张家口市民学英语 200 句》，并在课堂上试用，收效显著。

“作为张家口人，我们要为冬奥会做点什么，一定要做，必须要做，而且能做！当外国客人下车后，为他们提供服务的是我们这些华发老人，那将是怎样一道亮丽的风景！

这种精神和形象是什么都比不了的！”侯宝存说。

这一年，侯宝存以68岁高龄报名参加了由张家口市申奥办等单位主办的张家口“申奥之星”选拔大赛，经过4轮的过关斩将后他进入决赛，最终从470多名选手中脱颖而出，获得第17名的好成绩，并一举摘得“精神风采之星”荣誉。他常说，老年人的生理虽然在慢慢老去，但是心理可以是年轻的。

从2012年开班至今，侯宝存始终保持着对英语教学的激情，他的免费英语班规模越来越大，实体教学班不断拓展，还聘请了资深英语教授和英语专业人才作为固定教师，固定学员达到200多人。数十位来自张家口市各高校的大学生、留学生成为这个团队的志愿者，不定期帮忙授课。另外，侯宝存手机里的15个微信教学班，学员共有300余人。

“希望越来越多的人加入学习英语的行列中。我也会努力提高，在2022年冬奥会时，为家乡贡献力量。”侯宝存说。

走进老年人的精神世界

如今，侯宝存的老年英语服务队里，有英语博士，也有自学成才的优秀学员，有英语专业毕业生，还有自学的英语爱好者。队长侯宝存说：“我，只是一名老年志愿者，能力和精力都有限，我所做的一切，只是为了带动张家口市民学习英语的热情，提升我们美丽城市的品位。”

侯宝存现在的作息时间很固定，他每天4点钟起床开始微信教学，一直到6点钟。由于学员个体的差异性，不同的微信群有不同的内容，大体的内容有：听力练习、基础语法、实用对话、新概念英语、景点英语解说词、谚语以及《北京市民学英语宝典》等。

吃过早饭，侯宝存就骑上一辆老式自行车，匆匆赶向新车站社区。目的地距他家有11站地，乘公交车需要40多分钟，骑车则只要半个小时。“我身体很硬朗，什么毛病没有。骑车快，还能锻炼身体。”侯宝存说。

到了新车站社区会议室，侯宝存一刻不耽误，拿出教案开始教学，半年来一直如此。侯宝存说，有一些老年人出于各种原因，高龄才开始接触英语，能够为这些“半路出家”的老人提供帮助，他感到很高兴。

目前，除了周二、周三、周五每天一个半小时的课，周一、周六、周日侯宝存还要到其他几个课堂去上“指导课”，每堂课大约半小时，虽然辛苦，可是他乐此不疲。

身边的一些朋友常常提醒他：年龄不饶人，那是年轻人的事，我们老了，照顾好自己就不错了。

“可我就是不服老，心里总是有一种冲动。”侯宝存说，心底涌动的那股热流总让他不得安分，特别是当他想起那句名言，“即使躯体正在老去，思想永存”，就更加坚定了他继续走下去的决心。

“我想，人生最辉煌和最有价值的不是活得多久，而是为社会贡献了什么。生和死是自然法则，没有人可以改变，我至今所做的一切，是因为我的心拒绝平庸，它要体现老人的美，体现庄严的美，体现凝重的美。”侯宝存如是说。

记者手记

新华网河北频道记者 魏会博 张鹏

11月的一个冬季早晨，张家口市某社区的教室里热火朝天。讲台上，一名精瘦干练的白发老人正在用流利的英语授课；讲台下，20名左右学员听得津津有味，时不时地和台上的老师交流互动。台上的老师，就是侯宝存。

这是记者第一次看到老年人英语课堂，完全颠覆了之前的预想：这里没有“死板”的课程，也没有听“天书”般的沉默，每一次对话都能碰撞出无数思维火花，不断的欢笑声持续把课堂气氛推向高潮。

侯宝存说，老年人学习的目的性、积极性和主动性很高，他们在课堂上对时间的利用率是极高的。而且他们生活经历丰富，对老师所讲的内容，基本上都有自己理性的理解，会按照一些经验去“记住”。

也许，这就是所谓的“老有所学，老有所为”吧。侯宝存说，只要方法得当，老年人学习英语仍具有很强的潜力。侯宝存本身就已年过古稀，更能理解老年人学习英语会遇到的困难，因此他能让学员们少走弯路。

今年，侯宝存接连被评为“感动河北人物”“河北中老年健康之星”，并荣获“365百姓故事会”三等奖。面对这些荣誉和赞扬，侯宝存微微一笑，他对记者说最想感谢的还是他的家庭，“我的家庭为我付出了很多，老伴儿几乎包揽了所有的家务，女儿也帮我处理很多微信使用时的难题……”

回忆起这些年，侯宝存感慨颇深，他说，开办老年人义务英语教学班也不是一帆风顺。一开始他在社区免费教老年人学英语，从自己家里拿来椅子，自己掏钱买了黑板、粉笔，又从通顺街小学借来不少淘汰下来的凳子……没有教材，他就自己编纂了《张家口市民英语200句》。

但好景不长，社区无法提供教室了。他就带着最初的七八个老年人“转战”他处继续学习。“公园里、医院大院内、广场上，我们都去过。”侯宝存说。后来，他和学员们有了固定的学习场所，抡才书院、铁三小、惠安苑、新车站社区等，纷纷为他们提供学习场地，免费英语学习班才逐渐成形。

侯宝存说，他们老年英语服务队今年获批成立了党支部，已有党员8名。"这对我们志愿服务队来说是荣誉，更是使命。今后，我们还要组织更多的活动，让这支队伍壮大起来，服务更多的人，送去更多的欢乐。"

今年4月初，侯宝存和他的团队来到桥西区四岔村，为村子里的留守儿童上了一节英语课。侯宝存说，以后每个周日都会来四岔村陪陪孩子们，开阔他们的眼界，丰富他们的知识。

侯宝存表示："这对我们团队来说是一次新的尝试，因为我们所面向的是孩子，方法、教材等各方面都需要新的摸索。下一步，我们将更多地面向这些群体开展免费教学，让缺少条件的孩子们也能不落下英语这门必修课。"

微语录

"我至今所做的一切，是因为我的心拒绝平庸。人生要体现老人的美，体现庄严的美，体现凝重的美。"——"银龄英语达人"侯宝存

微评论

新浪微博网友"KT猫 Yukee"说：小爱好变大事业，坚持就是胜利！

微信网友"Zantao 卢淑敏"说：侯老师说过，学英语能够焕发青春。

微信网友"onmyway"说：侯老师是我们的榜样，向您学习。

“海底清洁工”李波

李波今年40岁，从事海洋保护工作已有18载。从2000年开始，李波生活中大多数的时间和精力都放在清理海洋垃圾上。18年来，李波无数次潜下海底，每次下水，少则十几斤，多则几十斤，不知道捞起了多少渔网，挽救了多少珊瑚礁。他的足迹遍布三亚的各大珊瑚礁区。如今，李波的行为影响了很多潜水爱好者，他们和李波一起参与到清理海洋垃圾，保护海洋生态环境的行动中来。

三亚蓝丝带志愿者李波：还海洋一片蔚蓝

新华网海南频道记者　王子豪

李波是三亚蓝丝带海洋保护协会的一名志愿者，18年来，与珊瑚游鱼结友，视海洋垃圾为敌。出人意料的是，这位皮肤黝黑、泳姿矫健的海洋卫士，不是土生土长的海南人，而是来自吉林。自2000年来到三亚工作后，李波毅然投身于海洋保护工作。他对海洋保护工作并不只停留于理论上，而是将清理海洋垃圾、保护珊瑚礁作为自己日常生活的一部分，并利用工作便利，主动向游客传播海洋保护知识。

守护梦中的海

2000年，2000余公里，时空恍惚间回到了李波梦开始的地方。18年前，一张三亚大东海夕阳的留影，拨动了李波的心弦，从此他对海洋的热爱便一发不可收拾。从2000余公里外的长白山脚下，辗转近60个小时，当李波赶到三亚时，已是凌晨3点。“我记得当时一下车就直奔三亚湾，忍不住捧起了海水尝了一口。”这咸咸的海水，他与之相伴了18年。

旭日初升，辉洒海湾。一阵颇有节奏的浪花拍打声打破了海面的宁静。先是看到一对白色的脚蹼破浪而行，随后一位全副武装的潜水员渐渐显出了身形，拖着一大捆与身材不相称的破旧渔网，缓缓走向岸边。他就是李波，这样的情景，在三亚的各个海滩已上演无数回。

"海里美丽的珊瑚，各种各样的鱼儿、虾、螃蟹，礁石上活蹦乱跳的跳跳鱼黑压压一片。它们才是海洋真正的主人，我们有责任还它们干净的家园。"谈到缘何热衷于海洋保护事业，李波坚定地说道。肩上的责任感让他投身于这份事业，心中对大海的热爱则让他在屡遇险情后仍然坚持了下来。

刚接触海底垃圾的清理工作时，李波仗着年轻气盛，穿条泳裤、戴上泳镜就扎入冰凉的海面，兴致来了便越潜越深，被珊瑚划伤、被水母蜇伤已成为家常便饭。

2008年，李波在一次垃圾清理中不慎被大渔网缠住，奋力挣脱中，全身多处被粗糙的渔网割伤，氧气也消耗殆尽。意识模糊间，他想起了自己的父母，想起了妻子、儿子，这让他猛地清醒了许多，灵机一动脱下了碍事的脚蹼，用尽浑身解数浮出了水面。在这次绝处逢生后，李波痛定思痛，吸取了之前多次的经验教训，攒钱购买了潜水服、护目镜、压缩气瓶、脚蹼等专业潜水设备，时不时还会抽空到医院做减压理疗。

"年轻时不知道保护自己，岁数大了才懂得，只有保护好自己才能做更多的事。而且，装备齐全了，提高了作业的安全系数，才能在水里待得更久些，清理更多的海底垃圾。"李波对海洋垃圾的清理工作越来越熟练后，曾 3 天打捞了近 40 公斤的海洋垃圾。

路见不平一声吼

"渔民跟着鱼走，而我则跟着渔民。哪里鱼多，废弃的渔网也会增多。"他跟随着洋流和风向，潜遍了三亚的各大珊瑚礁区。18 年来，李波已经在三亚的各个珊瑚礁区捞起了无数张废弃渔网，挽救了不计其数的珊瑚礁，是一个名副其实的珊瑚卫士。

软珊瑚的生长过程极其漫长，又非常脆弱。如果被渔网缠住，随着洋流，会慢慢刮伤珊瑚，珊瑚也就肯定活不成了。谈起"解救"珊瑚的经验，李波说道："缠在珊瑚上的渔网要用小刀小心地划开，硬扯不仅没用，还会造成更大的伤害。在解救珊瑚时常常还能救出被困在网里的小鱼、小虾，也算是意外之喜。"

去年开始，李波在大东海清理垃圾时，常常听到附近传来清脆的凿壁声，转身一寻，便能看到盗挖者正用铁锤等工具在海底非法采集珊瑚和螺化玉。"这些含有螺化玉的化石被反复挖凿，早就没什么可挖的了，并且采挖延管螺会大量破坏珊瑚礁。这是违法的，所以我必须制止他们。"

劝阻盗挖者是一项风险非常高的工作，常有盗挖者看到李波接近就举起锤子作势要打。“我现在想起来还觉得有些后怕。”这些危险的遭遇让李波现在仍心有余悸。但他不会退让，如果多次沟通无效，他就会果断报警。

李波还常常参加珊瑚礁移植的志愿者活动。他说，珊瑚礁是海洋生灵的家，保护它们，也是保护我们自己的家。

行走的环保广告牌

李波之前是一名资深的三亚导游，目前经营着一个户外运动俱乐部，从事游泳、潜水等教学工作，偶尔也兼职做向导。尽管并不富裕，但将大把时光投身于海洋生态保护工作上，让他收获了满满的成就感。

滕雪容是李波的10年老友，“我刚玩潜水的时候，他每次下潜都会带垃圾上来，我看了颇受感触。”滕雪容对他的敬佩，源自他数次遇险后的坚定，源自他18年来的执着。

在他以身作则的鼓舞下，家人外出时也会自带餐具、水杯，并尽量减少一次性塑料制品的使用。12岁的儿子也被他培养成了一个游泳健将，现在已经能和他一同潜水清理海底垃圾。

常言道：“临渊羡鱼，不如退而结网。”在李波心里，“退而结网”不如还海洋一片蔚蓝。他认为，唤醒众人对海洋的保护意识同样是一件不可忽视的海洋保护工作。“如果待会儿在海底看见垃圾，请尽量捡上来。”面对一批又一批慕名前来三亚潜水的游客，李波不厌其烦地重复着这句话。

每次李波拎着沉甸甸的“海底宝藏”上岸后，海滩上的市民游客都纷纷好奇地过来围观。“他们一开始以为我是渔民，当看到我拎的原来是海洋垃圾后，都对我竖起了大拇指。”李波认为，如果他的行动能够唤起人们对海洋的热爱，无论遇到多少险阻他都在所不辞。

记者手记

新华网海南频道记者　王子豪

一件旧T恤、一条沙滩裤，一双轻便的拖鞋在金灿灿的沙滩上留下了长长的一串脚印。初见李波，我们便约在了他一望无边的“办事处”——海滩，边聊着边拾捡着滩涂上的垃圾，让我们见证了他实干家的本色。

“每天来这里捡垃圾已经成了我生活的一部分，一天没来就觉得生活缺少了点什么。”李波笑道，“海洋环保不是一项一朝一夕就能完成的工作，或者说，这不能叫工作，这是一种生活理念、生活方式。”

谈到潜水装备,李波来了劲,打开背包一边往外拿一边逐个向我介绍:"这个是二级头,那个是调节器,这个长得像防弹衣一样的是浮力背心……"李波还兴致勃勃地向我分享了他的淘货经验,原来,这些潜水设备都是李波从线上、线下的二手市场精挑细选来的,倒腾设备也是他的业余爱好之一。

天气转凉,凛冽的海风给人带来阵阵寒意,下水前,换上潜水服的李波手把手地教我们来了一套热身操。"别小看这些热身运动,冰冷的海水容易导致身体抽筋,还会有失温的危险,运气不好可能会要了人的命。"对于潜水运动,李波一向一丝不苟地遵守着相关规定,这份细心也是让他屡次脱险的"护身符"。

等了一会儿,"业务"熟练的李波便满载而归,"今天收成不错,这个废弃渔网正好能当我的垃圾篓。"李波拖着一张与自己身材不成比例的废渔网缓缓靠向岸边,大老远便能听出他话语中透出的喜悦和兴奋。"海洋垃圾的打包也是个技术活儿,熟练以后就可以一趟多运些。"李波说罢熟练地用废弃渔网将其他垃圾团团抱住,打个结,用拾来的漂流木棍从中间穿过后就挑在了肩上,远远看上去仿佛一个背负行囊的旅者。

第二次采访李波,他正向学员们传授潜水和海洋保护的知识。结束后,他向我展示了18年来学习的成果——他先后通过OW、AOW、RESCUE、EFR、DIVERMASTER等潜水课程认证,还拿到了岸际救援证、红十字会紧急救助证、国家级五级救生员证等证书,专业范十足。

"这些证书见证了我18年来的进步。"翻看着这些证书,李波陷入了回忆。越来越充足的海洋知识储备,越来越专业的潜水安全器材,让李波逐渐成长为一名游刃有余的"海底清理工"。

李波常说,海洋是海洋生物的家,也是我们的家。李波用他的身体力行,唤起了更多人对海洋保护的责任意识。还海洋一片蔚蓝,这个庞大的工程离不开李波,更离不开我们每一个人。

微语录

"海里美丽的珊瑚,各种各样的鱼、虾、蟹,它们才是海洋真正的主人,我们有责任还它们干净的家园。"——"海底清洁工"李波

微评论

匿名网友说:世上最难的事是坚持,能永葆初心坚持海洋保护工作18年,这件事本身就很让人敬佩!

匿名网友说:在安静又广阔的大海中清理海洋垃圾,是一份很累很枯燥,且随时面临风险的工作。我相信他是深深爱着海洋,并愿意将海洋保护作为终生奋斗的事业。

“高原蔬菜专家”张际明

张际明,一名从山东来的援藏技术员。身边的援藏技术员一批又一批地返回，他坚持留藏,一待就是18年。在张际明手把手地指导下,高原大棚从最初的7座发展到5000多座,蔬菜品种从“老三样”变为136种,他坚守的白朗县成为西藏最大的高原反季节蔬菜生产基地,享有“全国蔬菜看寿光,西藏蔬菜看白朗”的美誉。如今,大棚蔬菜种植,不仅让老百姓实现脱贫致富,还为当地画出了宏伟蓝图。

“老张”的西藏答卷

新华社西藏分社记者 李键 王军

“把3变成136,将7变成5428,让0成为3200。”18年里,“老张”解答了三道“数学题”。

这位答卷人是张际明,一位大棚蔬菜种植技术员。2000年,他从山东来到西藏,在日喀则白朗县传授技术。一批又一批的援藏技术员按期相继返回,曾经的“小张”却熬成了人人熟知的“老张”。他说,他要留下来,继续书写与这片土地一起成长的故事。

从3种到136种的丰富

提起20多年前的饮食,35岁的巴桑顿珠仍记忆深刻:“除了牛羊肉、糌粑外,蔬菜只有萝卜、土豆,偶尔还有一点大白菜,像西葫芦、茄子、洋葱见都没见过。”

而如今,白朗县的蔬菜品种达到了136种,每年还在增加新品种。

在白朗县农业科技示范园中,老张每年都在培育蔬菜新品种。在这里,新品种经过试种、筛选后再进行育苗推广。“每次可以培育30万株菜苗,然后半价卖给农民。”老张说道。

目前,白朗县已经拥有先进成熟的蔬菜生产技术推广体系,智能大棚、地膜覆盖、节水灌溉、绿色无公害种植、生物肥料等现代农业的各种技术得以推广应用。

“老百姓吃菜告别了老三样，各种新鲜蔬菜供应管够。援藏干部给我们生活品质带来了革命性变化。”巴桑顿珠说。

目前，白朗县已成为西藏最大的高原反季节蔬菜生产基地，享有“全国蔬菜看寿光、西藏蔬菜看白朗”的美誉。除了常见的黄瓜、青椒、西红柿外，这里还引进了鲍芹、草莓、油桃等高原上少见的蔬菜和水果品种。

“以前我要跟在老百姓屁股后面，劝他们种蔬菜。现在只要听说有了新品种，大家都抢着要种。”张际明说。

白朗县宣传部部长赵瑞红介绍，园区有很多内地的蔬菜企业，每年都会引进10多个优质瓜果蔬菜新品种。新品种试种成功后，就陆续向农牧民群众推广种植。

从7座到5428座的巨变

白朗县，位于年楚河畔，平均海拔4000米以上。这里盛产青稞，有“后藏粮仓”的美誉。然而，高海拔、昼夜温差大等因素，制约着当地的蔬菜生产。

巴扎乡彭仓村老人边巴顿珠介绍，村民以前露天种萝卜和土豆，产量也只够一家人食用。

“白朗土地肥沃，光照充足，能不能发展大棚种植呢？”抱着试试看的心理，1998年，山东济南第二批援藏干部建起了3座温室大棚。当年蔬菜产量达到了1万多斤，销售收入4000多元。

“如果有专门的技术指导，说不定产量还会更高。”看到一些因病虫害而烂在地里的菜，几位援藏干部惋惜道。

正是在这种要求下，张际明2000年从山东济南的一个村庄里，千里迢迢来到白朗县。

“让世代放牧、种地的农牧民去种菜，好多人一时接受不了。”张际明说，自己骑着自行车，挨家挨户做工作，了解他们的想法。

“老百姓普遍说不会种菜，也怕种不好，万一赔了咋办，到头来白忙活。”张际明说。

为消除农牧民的顾虑，县政府和援藏干部免费提供大棚、菜苗和技术支持。张际明更是向大家保证：“我帮你建棚、种菜，丰收了我给你卖，赚的钱归你，亏了算我的。”

在多方努力和动员下，彭仓村40多户村民率先种了大棚蔬菜。边巴顿珠说：“自从种菜后，生活越来越好，家里很快就添置了大型农机具，村里不少农户开上了轿车。”

看到种菜后的效果，越来越多的村民加入进来。大棚数量，从张际明初来时的7座一直发展到现在的5428座。老张的足迹也留在了白朗11个乡镇农民的每一个大棚里。

从 0 户到 3200 户的增长

边巴顿珠是当地第一个种植大棚蔬菜的人。如今,70 多岁的老人家里仍有 3 个大棚,每年收入三四万元。谈起那时的学习经历,边巴顿珠说,老张那会儿在村里蹲点,每天从早到晚都待在大棚里,手把手教导大伙学技术。

温室大棚在老百姓中普及开时,张际明一天要接好几十个电话,成天在各个村之间来回跑,解决群众各种问题,甚至还教他们哪一季该种什么菜以及如何卖菜。

2002 年,冲堆村村民边多想种大白菜,向老张求教种植技术,老张则建议他种西葫芦。按照老张的建议,边多种上了西葫芦。当年一上市,西葫芦价格达到每斤 7 元,边多一个大棚的菜就卖了 2 万多元。

在张际明等技术人员的帮扶下,白朗县有 3200 户先后种上了大棚蔬菜,年产蔬菜 5000 万斤,产值超过 1 亿元。2017 年,白朗县果蔬产量达 8283 万斤,销售收入 1.64 亿元,群众户均增收 3545 元,占农牧民收入的近 20%。

2018 年 10 月,白朗县迎来了历史转折点——脱贫摘帽。

脱贫后的发展目标,张际明心里很清楚:"白朗蔬菜在日喀则的市场占有率仅有 20%,提高空间还很大。此外,全县蔬菜产业还比较零散,需要在规模化、订单农业上下功夫。"

根据规划,白朗县计划投资 15.86 亿元建设万亩大棚蔬菜产业园,预计到 2020 年实现蔬菜产能超过 5 亿斤的目标。

记者手记

新华社西藏分社记者　李键　王军

一个人与一个产业——耕耘在第二故乡的蔬菜种植专家"老张"

20 多年前,孔繁森这个名字誉满全国,这位共产党员在共和国历史上矗立了一座不朽的丰碑。进入新世纪,在这个价值多元、充满诱惑的时代,在西藏仍有一批批人坚守着"精神高地",耐得住寂寞,忍得住艰辛,因信仰而忠诚,因使命而开拓,因责任而担当。山东蔬菜种植专家"老张"用自己 18 年的坚守,参与并见证了一个产业在世界屋脊上的从无到有。

在日喀则市白朗县,说起张际明可能有人不知道,但说起蔬菜种植专家老张,那真是无人不知,无人不晓。

白朗县位于西藏日喀则地区，海拔4200多米，这里的人祖祖辈辈以种青稞为生。山东第二批援藏干部时文进，看到当地经济结构单一，群众增收困难，决定引进山东蔬菜大棚。张际明就是这样来到了西藏。

钻进西藏白朗县国家级蔬菜标准化生产示范区的蔬菜大棚，一股股热浪扑面而来，令人几乎窒息。老张却如鱼得水，在狭长的田垄间，一会儿踮起脚删剪枝杈，一会儿蹲下身嫁接苗木，同时眉飞色舞地向记者介绍他的累累硕果。

老张现年56岁，皮肤黝黑，体格健壮。每天从早上8点半到晚上8点，他至少要在蔬菜大棚里忙活10多个小时。要知道，一个人在海拔4000米以上的高原上行走，相当于在平原上背了60斤的重物。老张就是在这样高强度的体力消耗中坚守的。

老张与妻子是2000年进藏的，先坐火车从山东济南到青海西宁，后坐汽车从格尔木到拉萨，一路上高原反应严重，呕吐不止。老张说：“胆汁都吐出来了。”

到了白朗，来不及适应环境、恢复身体，老张便投入“战斗”。绝大多数藏族群众只认识青稞、土豆、白萝卜这三种农作物，没见过其他蔬菜，更别说种了，加上语言不通，教起来特别费劲。

老张说，一年365天刨去周末，他顶风雨冒严寒，骑着自行车，沿着凹凸不平的土路，把全县11个乡镇走遍了，手把手地教种植户如何浇水、施肥、防治病虫害。

18年中，前后脚来的四五十名专业技术员嫌条件差、工资低、孤独寂寞，陆续远走高飞，只有老张夫妇咬牙坚持下来。“苦不苦，看老张。”不少援藏干部都把老张当成自己的榜样。

18年来，在老张等人的努力下，白朗县从只有7个温室大棚发展到如今5000多个温室大棚，成为高原有名的蔬菜产业大县；在老张的手把手教导下，带出徒弟无数，种菜能手遍布白朗县各个乡村；援藏干部轮换了好几批，老张却是3年过后又3年，在白朗一干就是5000多个日日夜夜，用坚守诠释着“老西藏精神”和孔繁森精神。

采访中老张也表示，年迈的老母亲和还未成家的儿子都在盼望着他们回去，而他们一次又一次选择了留下，这背后，是他们身上农民特有的朴实和坚韧，是对藏族人民深厚的感情，更是一种敢于坚守的担当和勇气。

微语录

“我帮你建棚、种菜，丰收了我给你卖，赚的钱归你，亏了算我的。”——“高原蔬菜专家”张际明

微评论

新浪微博网友“爱学习的田文文”说：很感动，读了这篇文章感受到了一种内心深处的触动，西藏高寒缺氧确实不易，加油！

新浪微博网友“笔墨纸砚爱文竹”说：西藏和平解放以来，无数位“老张”跋山涉水来到青藏高原，与西藏各族干部群众一起，克服各种艰难困苦，艰苦不怕吃苦，缺氧不缺精神，为西藏人民生活水平的不断提高做出了巨大贡献，在雪域高原上书写了青春的赞歌！

新浪微博网友“少年游_仲谦”说：蔬菜绿了，瓜果红了，老张老了。18 年的高原扎根，老张不求功名，默默奉献。这样的人，应该可以称之为平凡英雄。

新浪微博网友“点点爱卖萌”说：又是一个山东蔬菜种植技术援藏的技术员，在西藏，这样的“老张”其实还有很多，他们种下了岁月和沧桑，但他们收获了高原人民似海的情谊，向这些还在高原上奉献的“老张”致敬。

“素描女孩”王天月

眼前这个21岁的女孩，齐耳短发，戴眼镜，笑起来很好看。她是一名美术生，但不同的是，她的画室在医院，而她的模特，是自己患了癌症的父亲。白纸、黑笔、简单的线条，王天月用素描勾勒着父亲王飞抗癌的点点滴滴。

“我从没如此认真地观察过父亲，绘画时看着他的眉眼、他的表情，我能感受到他的坚强。”王天月说。目前，她已画满两本写生簿，“我不会让你放弃！只要医生说还有希望，我不会让你一个人，毕竟我还有力气，我的好爸爸。”

“我不会让你一个人”，21岁女孩为父亲手绘“抗癌日记”

新华社记者　于也童

21岁的沈阳女孩王天月梳着齐耳短发，戴着眼镜，笑起来很好看。她有一位特殊的模特——患了癌症的父亲，她用一本本素描，记录下父亲与病魔斗争的点点滴滴，并把这些素描图片做成了一个视频。王天月的乐观与坚强打动了无数网友，很多人为她加油打气。

那天起，所有梦想都与父亲有关

王天月生活在一个普通的三口之家，她的父亲王飞毕业于鲁迅美术学院，是一名画室的老师。受父亲的熏陶，王天月也有着很高的绘画天赋。“我从小喜欢画画，爸爸没有生病之前，我的梦想一直是成为一名油画家。”王天月告诉记者。

女孩五彩斑斓的梦想尚未来得及实现，这个小小的家庭却跌落到阴霾中。2017年9月，王天月的母亲因腹痛入院检查，“子宫内膜癌，我还记得爸爸看到报告上这几个字时颤抖的双手。”王天月回忆说，“好在经过手术，妈妈病情平稳了。”

谁知今年 3 月,厄运再次降临,父亲王飞右下腹和后背疼痛难忍,去医院检查后,被确诊胆管癌伴多发转移,而王飞做手术的日子,正是王天月考鲁迅美院的前一天。

“妈妈怕影响我考试,骗我说爸爸只是胆囊炎。知道爸爸患癌的那一刻,我的天塌了。”王天月说。

王天月性格开朗,即便是沉重的话题,在和记者聊天的过程中,她的语气也显得轻松。“父母生病后,我最怕的就是我也生病,我有时胃痛,就担心自己是不是胃癌,那可完了。”王天月笑着说。

其实,这个乐观的女孩经历过无数无眠的夜晚,“半夜四肢麻得不行,我还以为我瘫痪了呢。”王天月说,父亲患病后的那段时间,她经常感到四肢发麻、神情恍惚,心理医生诊断出她躯体化症状严重。但是面对生活,她不得不坚强。

从此,王天月所有的梦想都变得与父亲有关。“以前希望他能痊愈,现在我只希望他能少疼一点……”

“画画为了筹钱,希望用上止痛药,爸爸不那么疼”

白纸、黑笔、简单的线条,勾勒着父亲王飞抗癌的点点滴滴。在王天月的笔下,父亲王飞或是躺在病床上咧着嘴笑,或是母亲为父亲轻轻擦拭身体,或是因为病痛而皱着眉头……她用画笔记录下了父亲在与疾病抗争当中的喜怒哀乐,每一笔都流露出她对父亲深深的爱。

“这张好看,这张他还胖一点,这张画得有点像漫画,把我爸画得巨可爱。”王天月翻阅着素描本,看着画中的父亲,眼中的爱与关怀溢了出来。

经历了这么多,这个小小的家庭早已透支。“妈妈身体不好,刚动完手术还得去超市上班赚钱,经过几次大病,家里的情况越来越差了。”王天月说,“爸爸好几次说要出院,不治了,那哪能行!在医院挂着止痛药他还疼呢……”

为了贴补家用,王天月开始在微博上售卖自己的画。了解到王天月一家的遭遇,有很多网友想给她捐款,王天月觉得不好意思:“感谢好心人的帮助,我现在没有别的能力,只能赠画回报大家。”于是,只要有人捐款,不管款项多少,王天月都会给对方回赠一张画。

“风景画和写生需要外出,我得时刻陪在爸爸身边照顾他。”王天月说。就这样,她在爸爸的病床前支起画板,画人物素描,画得最多的就是病榻上的父亲……

“以前我从没有这么仔细地观察过父亲, 看着他我觉得自己以前对他的关注太少了。看着他的眼神,我能感受到父亲与病魔对抗的坚韧,也能读出他对我的关心和疼爱。”王天月说,有时看到父亲忍受病痛却做出平静的样子,她经常有一种要哭的冲动。

"我不会让你一个人,毕竟我还有力气,我的好爸爸"

在王天月的画里,父亲王飞一天天消瘦下去,但是对女儿的疼爱却始终如初。

"没事儿,今天我扎针了,扎针了老实,你和我在病床上挤挤,女孩儿不能着凉。""要不你回家吧,我自己在这儿也行。"……

或关怀,或唠叨,王天月在自己的微博上一句一句记录着父亲和她说的话。"他总说他行,但我知道,他不行。"王天月说。

王天月把记录父亲抗癌过程的素描整理成了一个视频,发到了网上。"他从 190 斤瘦到 130 斤,从啥都爱吃,到现在什么也吃不了,我想记录下和爸爸在一起的每一天,也珍惜和他在一起的每一天。"

这个视频引起了很多网友的关注,大量网友留言鼓励王天月和她的父亲。"加油,一切都会变好的。""画得真好,相信这个世界上一定有奇迹。""希望生活善待这个坚强乐观的女孩,祝福她的父亲。"

"我希望天月在最困难的时候能够坚持下去。至于将来,爸爸妈妈可能帮不上她,只希望天月身体好,健健康康、快快乐乐活下去,做自己开心的事,可以办画展,成为油画家。"王天月的父亲王飞告诉记者。

今年 12 月,王天月将再次步入考场。"12 月联考,3 月份考鲁美,但是考场在大连,我还在犹豫,我怕离开爸爸的几天,他出现不测。"王天月说,"实在不行就不去了。"

"家里很多人希望我报考师范类专业,只有爸爸始终支持我走绘画的道路,他希望我能追求自己的梦想,他一直想看到我拿到录取通知书。"王天月说。

素描短片《抗癌日记》的最后,王天月写道:"我不会让你放弃！只要医生说还有希望,我不会让你一个人,毕竟我还有力气,我的好爸爸。"

记者手记

新华社记者　王也童

在到医院采访之前,我做了很多准备,也想了很多,我知道这个家庭面临的打击,也理解这个女孩肩上的担子有多沉重。我反复思虑,担心我的提问会不会再度把她拉回悲伤的沼泽。但是见到她的瞬间,很多疑虑都打消了。

"不用给我爸买东西的,他不能吃,你买来的好吃的都得我吃,到时候我又得胖了。"接过我买的酸奶,王天月笑了,她真的很爱笑,而且乐观得让人心疼。

她和我说,她现在不怕回忆这些伤痛了,这些都是她的人生必须要面对的,即便难过也无法改变。这个坚强的女孩，在受到父母相继患癌的打击后，曾深陷抑郁，有过一段痛苦的过往，现在的她用乐观武装自己，但我看得出，她眼中对父亲的心疼和忧伤。

"我真的不觉得我是正能量，有网友夸我画得好，我真的不好意思了。"王天月说。她12月份就要联考了，在别人日日夜夜都在画室奋战的时候，她必须时刻守在父亲的病床前，"即使考上了，我也会申请休学，与爸爸相比，这些都不算什么。"

王天月说，最近她后背经常酸痛，她怕她也得病。我忙安慰她，让她不要胡思乱想，她笑："没事儿，真有病这也是我的命，人的生命都是有限的，我只期待能活得精彩。"

21岁，正是花一般的年华。我想起自己去鲁美采访的时候，在校园里看到的那些意气风发的男孩女孩，他们或背着画板，或正在校园中写生，或讨论着今天要去哪里玩。但对王天月来说，她像圆规一样，一切活动只能围绕父亲。有网友留言，让她好好学习，不要放弃自己的未来，她这样回答："我从未放弃自己的未来，但我的未来中，一直都有我的爸爸。"

她毕竟也只是一个21岁的孩子，她笑着说自己在医院陪护的时候，想念自己家的小狗；也谈自己的母亲在超市打工很辛苦，但她知道，母亲忙起来，能分散一些悲伤的情绪。

为了不影响王天月的父亲休息，采访一直在病房外进行，在最后去拍摄她的写生簿的时候，我才看到王天月的父亲王飞，虽然消瘦，但他望向女儿的时候，眼中有光。

"她画得好，但还得练啊，不能耽误练习。"王飞说。面对这个懂事得让人心疼的女孩，我的心情一直很复杂。但我看到父亲王飞的时候，我明白了，她的懂事、她的乐观与坚强，都源自父亲。

总有一种力量，让你泪流满面。而之于王天月，这股恒久不变的力量便是她的父亲。采访结束后，我不禁想起我的母亲、我的家人，我们都害怕被遗弃，被孤单地留在这个世界上，我们都依赖，并且强烈地爱着我们的亲人，但很少有人能像王天月一样，用陪伴来表达爱，来诉说爱。

趁着亲人在身边，爱吧。

微语录

"我不会让你放弃！只要医生说还有希望，我不会让你一个人，毕竟我还有力气，我的好爸爸。"——"素描女孩"王天月

微评论

网友“五月彩虹”说：我爸也是癌症病人，很理解癌症病人家庭的苦楚。加油姑娘！一切都会好起来的！

网友“Please 叫我姐姐大人”说：画笔是记录生活的，但是不希望是这样记录生活，祝好！

“乐享诗意教育的特岗教师”任明杰

今年2月，一篇《特岗教师生活记录》的网文传遍全国，浏览量近70万，教育部新闻办、《人民日报》、人民网、《新华每日电讯》、中国教育新闻网、《中国教育报官》微等众多网络平台也进行了转发。网文的作者叫任明杰，是封丘县潘店镇大辛庄小学的一名特岗教师，他扎根基层、默默奉献的事迹随之被全国知晓。他于今年获得2018河南“最美教师”。

任明杰是2014年考上特岗教师的。面对农村艰苦的生活环境和相对简陋的办学条件，他乐观面对，将留守儿童视为自己的孩子，每天放学后免费辅导学生，晚上抽空去家访到八九点。对爱迟到的孩子他就早上去家访叫他起床。课外、周末，孩子可以在他房间看书、做手工、玩游戏，他的陪伴弥补了留守儿童内心缺失的爱。

回归平静，继续保持特岗的向上姿态

《教育时报》记者 靳建辉

9月18日，雨，一直下个不停。

在封丘县潘店镇大辛庄小学不大的校园内，记者见到了任明杰。他高高瘦瘦的身影，在小学校园里格外醒目。

传说中的任明杰，能教书，会生活，种菜、做饭、手工无所不能，一度在网络上爆红，让人看到了一个不一样的乡村特岗教师，让人关注到原来还有这么一群默默无闻的年轻人正在努力改变着乡村教育的未来。

任明杰的出现，仿佛一团火，点燃了更多乡村教育人的心火。甚至有网友不吝赞美地评价说：“嫁人当嫁任明杰。”

于是，任明杰很忙，忙着应对媒体的采访，忙着应邀到各地做讲座……待一切尘埃落定，任明杰的生活近来回归了平静。

能和学生打成一片，但不宠学生

采访当天，因为下雨，校园里氤氲着浓重的水汽，为初秋增添了许多寒意。

任明杰下午有两节课：一节语文，一节数学。他的课堂没有太多的花样，简单而实用。老师教得细心，学生听得认真。然而，他的课堂又与众不同，充满着生机与活力，老师的身上散发着魅力，学生的眼睛里充满着希望。

正如网络上大家认识的任明杰一样，他在学校特别受学生喜爱。

那天课后，任明杰批改完学生的作业，看外面的雨稍小了些，就蹲在教室外一棵树下的石阶上休息。一个女生走到他面前，揪了揪他的耳朵。任明杰好像已经习惯了学生的这般胡闹，一脸平静，任其自然。更多的学生围过来，有的为他撑伞，有的拿过他的手机拍照，有的围着他们奔跑……树下，一会儿便满是红的绿的花的雨伞，层层叠叠，几乎看不见人了。

能融入学生中间固然可贵，但还不能解释任明杰为什么那么受学生欢迎。在闲聊中，他的一句话解答了疑问。他说：“在与小学生的相处中，你要用自身的魅力去感染他们，让他们崇拜你，才能与他们更好相处。”

任明杰在课余时间是慈祥的大哥哥，在这些时间段内，学生们可以尽情玩耍，可以在任老师面前毫无顾忌。但是在课堂上，任明杰是严师，他布置的作业任务，学生在规定的时间内必须完成，完不成的要接受惩罚。如遇学生犯错，任明杰也会毫不留情，往往是当堂指出。就是这样的宽严相济，让他既能成为学生的朋友，又保持了老师的威严。

任明杰的班级纪律严明，课堂上很少有乱走乱动、交头接耳者。然而，记者也发现了一个特立独行的身影，不管是老师讲课、领读或安排做作业，他连课本都不掏，自顾在那儿摆弄着手里的笔，一会儿双手便沾满了墨汁。

任明杰走到这个学生身边，几次提醒，他终于从书包中掏出了课本，却仍旧兀自沉浸在自己的世界里无法自拔。任明杰对其却鲜有责备，每次发现只是轻声嘱咐。

课后，记者了解到，这个孩子是今年秋季开学时，刚从私立学校转到班上来的。他在之前学校的课堂上经常乱跑乱叫，让家长和老师头疼不已。家长听闻任明杰教得好，找到学校专门把孩子转到了任老师的班上。任明杰说：“现在你看到的情形已经是他现在最好的状态了，最起码他现在知道不能影响别人。不过想让他和其他学生一样融入班集体，还需要一些时间，还需要慢慢感化。”

任明杰说，对于乡村孩子，他是有担忧的。由于很多学生都是留守儿童，他关注的不只是他们学习如何，更关注他们的品行如何。

他的宿舍不只是住处，更是学生课后学习的地方。

丁零零……

伴随着轻快的电子铃声，大辛庄小学放学了。雨又开始下，并且下得更急了。

任明杰为学生布置了作业，并交代了雨天路上需注意的安全事项，便站在教室门口看着学生一个个被家长接走。

然而，有几个孩子却拒绝了家长来接，径直往任明杰的宿舍跑去。

“全校就我自己住在学校，其他老师的家都是周边的。每次放学，都有许多学生留下来，给我背书，让我辅导功课。”任明杰说。

但这天情况有些特殊，雨越下越大，村里几处路段正在修，积水比较深，太晚回去路上不安全。任明杰走进宿舍，学生们正安静地下着五子棋，就像平时下课进行的短暂休息。几位家长也跟着进屋。

这是一个小组的学生，里面除了两个课堂上没有完成学习任务的须留下完成外，其他人都是自发留下的。家长看说不动孩子便先走了，等会儿再来接。

“这个班是我从一年级带到三年级的，所以已经养成放学后学习一会儿再走的习惯。以前人数更多，我这屋都坐不下。没办法，我只好给他们规定一天只能有一个小组的同学可以留在我这儿复习。”

任明杰说话时声音很小，此时学生们已经各自进入了学习状态，有的写作业，有的在门外背书。任明杰也拿出自己的日记本，记录下这一天的工作和生活。

记者也终于有时间仔细观察任明杰的这间宿舍，其实看过他那篇《特岗教师生活记录》网文的人对这间宿舍都不陌生。但因为在现场，所以记者有机会更细致观察它：进门处悬挂着两盆绿萝，里面摆放着五六张书桌、若干凳子、两个原先学校放文件的柜子、一张床，墙上贴着“修行先修德”等文字。

绿萝是记者到的前一天，家长来学校接孩子时，帮忙挂上去的。桌凳是师生学习专用的。两个柜子里摆的有女生喜爱的布娃娃、男生喜欢的小汽车。整个宿舍还贴满了各种童话人物，被布置得极富童真。

晚上7点多，天色已黑，学生陆续被家长接走。当最后一个学生离开校园，任明杰才得以走进位于教学楼楼梯一边的狭小厨房里做饭。

那天的雨，也让厨房的地上成了一片汪洋。任明杰拿两块砖头垫着脚，用电磁炉炒了一个卷心菜，热了馒头，煮了粥。这样一菜、一粥、一馍，便是任明杰的日常。

能得到当地群众的尊敬，不只因为他的课教得好

任明杰边吃边说，晚上还要去家访。他白天接到了班里张怡诺家长的一条短信，就

孩子最近迟到的问题说了很多,很苦恼,却无计可施。

吃完饭,任明杰撑着伞、打着灯,深一脚浅一脚地走到学生家门口,正巧碰见孩子的父母刚从外面回来。他们看到任老师来,赶紧往屋里让。

于是,家长、师生一起坐下来,细细分析孩子迟到的原因。

家长说:"早上做饭很早,吃饭也很早,孩子梳洗时太磨蹭,耽误不少时间。"

孩子说:"主要是头天晚上不想写作业,都放到早上写,才是迟到的原因。"

于是,任明杰让怡诺把下午布置的作业拿出来,当场监督她把作业完成。作业并不多,孩子不多大一会儿就完成了。

在做作业的间隙,孩子的父母一直在向记者讲述关于任老师的事儿——说他操心,只要有任老师在就不用担心孩子的学习;说他认真,对学生不管是学习上还是品行上都不放松;说他负责,曾不止一次碰见任老师到别的学生家进行家访;等等。

孩子的父亲感慨地说:"我小时候就是在我们村的这个学校读书的。这些年,看到学校的学生越来越少,真是让人寒心。任老师来了,这个学校的学生也多了。我当时把孩子从私立学校转回来就是因为听说任老师教得好、责任心强。"

回来的路上,任明杰说,听完家长的话他也特别感慨,虽说与家长见面不多,但没想到他们竟然对学校的事情了解这么深,对教育的关切比自己想象得还要多。他说,现在做教育真的是需要人心换人心的。

他代表了千千万万个乡村特岗教师

第二天早上5点多,天还未亮,外面的雨还在下,任明杰已经起床。

他洗漱完,备课到6点半,再去做早饭。早饭依旧是一菜、一粥、一馍。吃毕,已有学生陆续到校。

记者仔细观察,这些到校的学生大都是任明杰班上的。

"我们8点上课,我给学生规定的是7点半到校。他们到了学校后,要复习前面学过的内容,要预习将学的内容,还要补齐前面没有完成的学习任务。"

任明杰搬了一个凳子坐在走廊上,学生有把前天晚上做好的作业拿给他批改的,有背书给他听的,有在走廊的水泥地上用粉笔默写古诗文的。

头天晚上任老师去家访过的怡诺这天没迟到,她把作业交上后,还很快完成了背诵任务,得到了任老师的夸赞,小姑娘特别高兴。

"你看任老师班上的学生,真让人放心。唉!如果不是学校不能住宿,我哪能让孩子转学啊!真想让孩子也跟着任老师学。"这是两位一早到校为孩子办理转学、马上要去外地工作的家长看到任明杰班上学生的表现时说的话。

“因为有像任老师这样的青年教师在，我们学校才能发展到现在的样子。因为教学质量的提升，我们的学生逐年增多，我们的学校也越来越有影响力。今年，我们还是全县3所即将迎接省里均衡验收的学校之一。这些变化，都是他们这群高学历、有能力、有活力的特岗教师带来的。”这是校长刘阳的肺腑之言。

在与任明杰的一番交谈中，曾提到了他的工资问题。他说自己一个月现在拿到手的工资是2300块，一个月自己做饭吃也就花费200块钱，平时开车油费一个月大概300块钱。他说，他喜欢乡村学校，喜欢乡村教育。

说到工资待遇问题，任明杰没有怨言，因为他有着对乡村教育深沉的爱。在乡村教育战线上，还有很多像任明杰一样高学历、有能力、有活力的青年教师正在默默奉献着。近年来，从国家到省里在提高乡村教师待遇问题上都出台了许多优惠政策，而任老师一个月2300块钱的工资亦引发我们的思考，提高乡村青年教师的待遇问题也亟待提上日程。

采访结束，雨仍在下，任明杰高高瘦瘦的身影站在讲台上，很坚定。离开大辛庄小学的校园，耳畔仍有琅琅的读书声传来。

记者手记

《教育时报》记者 靳建辉

任明杰，我认识他是在今年的3月中旬，那时他正当“红”，形形色色的网站和微信公众号上都是他的名字。作为一位乡村特岗教师，他的故事打动了无数教育同人，同样也深深打动了我。我当即与他联系，采访成稿，在《教育时报》的《1000个教师的自述》栏目上发了关于他的第一篇文章《我只是海岸上坐看潮起潮落的人》。6月底，又采写了关于他的《任明杰：乐享诗意教育的“网红特岗”》。及至9月份再次采访他时，我们已熟稔得无话不谈。

几次三番地接触，我心知明杰为什么“红”：在乡村教育的新鲜血液中，他乐在其中的工作、生活态度，让其特点鲜明；在乡村一线教学岗位上，他坚持乡村教育的朴素理想，让其与众不同。看完他的故事，人们会突然发现，在许多年轻人都争先拥向一线、二线城市的当下，还有一些任明杰一样的年轻人在乡村坚守；许多人在工作岗位上浑噩终日之时，还可以像任明杰这样让每天都过得丰盈。

这次走进封丘县潘店镇大辛庄小学，我发现这里与明杰此前那些记录拍下的照片相比已经发生了翻天覆地的变化。以往简陋不堪的校园，由于当地政府的不断投入，而变得美丽整洁。采访中，村里的许多老百姓说，这些变化都是明杰老师带来的，他的

"红",给学校和学生带来了无限的生机和希望。

两天的相处,我看到了明杰的直率。他不是一个虚与委蛇的人。对待工作,他有一说一;对待同事,他真诚相待;对待学生,他全身心地投入;对待我的采访,他敢于展露自己的心声和生活。

听说他曾和学生家长做过一个约定,学生在课堂上的一切,他负责。家长不得随意干扰教育教学。这让我深有感触,他对这份职业的最大热爱就是这份对原则的无限坚持。他希望教育不受太多干扰,希望单纯教书、单纯育人。

在课堂内外,明杰都是一位好老师,却不是一位好好先生。为了学生,他可以牺牲自己的休息时间尽心指导,也可以深夜冒雨逐户家访,但如果学生犯错,他更敢于批评,并坚决督促其纠正。他说,学生学习的好坏关乎一时,学生品行的优劣却能影响一世。28 岁的明杰,对此有着清醒的认识。

校园在变,而明杰未变。如今,他的住处只是从一个房间搬到了另一个房间。他的卧室被装扮得更为别致,依旧是学生的乐园。但当夜晚校园里学生散尽,灯光熄灭,偌大的校园就只剩下他孤单的身影,做饭、读书、写作虽然忙碌而充实,但那份孤独感却也尤为强烈。

采访第一天晚上,夜已黑,雨犹下,凭目远望,不大的村子里漆黑一片。与明杰站在教学楼二楼的走廊上,斜倚栏杆,唯有他卧室的灯光从玻璃窗透出。明杰说,他喜欢住在校园里。最后,他好像也没说清为什么,就是那么深深地喜欢。

微语录

"境由心生——环境没有好坏,如果我们的心灵是美的,那么我们所看到的一切就都是美的!"——"乐享诗意教育的特岗教师"任明杰

微评论

网友"天天顺心"说:他应该算是千千万万乡村教师中最普遍的一员。因为是特岗老师,所以面对生活的种种困境,他都会以积极乐观的态度,迎难而上,打败了一个又一个拦路虎!恰逢他又是时代的幸运儿,被人慧眼识珠!其实师范毕业,分到农村的老师,一直都是这样的!教育的振兴离不开像他这样的乡村教师!请多关注这样默默无闻、任劳任怨的乡村教师吧!你们的微不足道的关注,都是对他们无私奉献的一点点安慰!

网友"Allen"说:他把特岗生活写得如此丰富多彩,过着世外桃源般的生活。想想我的特岗生活,真的惭愧!这才是青春该有的样子!

“生命因音乐而动听”秦超

因为高中时经常穿一件黄绿相间的毛衣，身材又较胖，朋友们叫他“菠萝”。“菠萝大哥”秦超是江苏省人民医院泌尿外科的副主任医师，每周两次门诊，一次手术日，同时还带研究生忙教学写论文。目前，秦超已经出版了两张自己作词作曲、自弹自唱的音乐专辑，今年又举办了一场3000人的个人演唱会。然而，他还有另一个身份——一位鼻咽癌患者，一位身患重病仍孜孜以求的强者，一位归期未明却愿意用音乐为更多人带来希望的传道者。

2011年秦超被确诊为鼻咽癌后，靠着顽强的毅力在2013年重返工作岗位，陆续带领团队在科研与教学上获得多个奖项。2018年，他开办了个人演唱会，完成了自己生病之初列下的“梦想清单”。他在工作之余不忘传播医学科普知识，以“菠萝大哥”的身份，自己作词作曲导演，并组织拍摄了急救三部曲：《白金十分钟》《海姆立克的拥抱》《灾难来临》，在网络点击播放量有7000余万次，在多地红十字会急救技能培训中播放，培训群众关键时刻开展自救互救。

泌尿外科医生、战胜病魔的患者、学生喜欢的临床老师、科普公益“网红”……身上的标签越多，前行的道路责任越大。

用生命唱响“梦想清单”的秦医生

新华网江苏频道记者　虞启忠

2018年9月7日，“感动江苏教育人物——2018最美高校教师”评选表彰颁奖典礼在南京航空航天大学举行，南京医科大学第一附属医院泌尿外科副教授、副主任医师秦超被评选为“2018最美高校教师”。11月1日，在中央广播电视总台央视新闻中心等单位主办的“你好，新时代”青年创意微视频大赛上，秦超创作的作品获得最佳视觉奖。

截至目前，以“菠萝大哥”的身份，秦超自己作词作曲导演，并组织拍摄的急救三部曲《白金十分钟》《海姆立克的拥抱》《灾难来临》,在网络点击播放量达到7000余万次。“用《海姆立克的拥抱》编排的舞蹈,已经跟随中国红十字会援助走出了国门,《白金十分钟》广场舞掀起全国科普急救风,这些比我得奖更有成就感。”秦超说。

白衣、吉他、课本,都是他的最爱。

患者、音乐、学生,都是他的牵挂。

学医数十年,坚守初心一路前行;病榻两年,战胜癌症自强不息;酷爱音乐,怀抱吉他谱写人生里程……这是秦超三十几年人生经历的真实写照,也是他十几年医学教育生涯的真情感悟。

肾癌研究专家,突遭鼻咽癌“死亡威胁”

2006年,秦超从南京医科大学毕业后,进入了江苏省人民医院(南京医科大学第一附属医院)泌尿外科工作。出于对医学事业的执着和珍惜,走上工作岗位的秦超,更加严谨踏实,虚心向前辈请教,白天开刀,晚上看文献、写论文,两三点钟睡觉是常事。临床上的他是出了名的“拼命三郎”:一天门诊病人100多位;最长的手术从上午8:30到晚上11:30,全靠护士从口罩边塞几块巧克力到嘴里撑着。一分耕耘一分收获,靠着一股“永远向上”的拼劲,1981年出生的秦超逐步成为新生代医生里的中坚力量。

作为肾癌研究专家,癌症曾是他的“死敌”。但秦超没想到,7年前,癌症却降临到了他自己身上。

“2011年,当天我正在门诊值班,突然觉得耳朵憋气,听力下降。”秦超说,同事建议他立刻去检查,而随后的活检报告显示他患上了鼻咽癌,并且是晚期。

“医生说晚期鼻咽癌5年内存活率只有20%,但我必须战胜病魔。”秦超说,看到结果的第一时间,他不知该如何反应,甚至有些木然。当天中午,岳母来电话,7个月大的儿子在电话里喊了第一声“爸爸”,他知道,他不能放弃自己。

接下来的一年多时间,秦超脱下了白大褂,成了一名患者。手术、放疗、化疗,他经历了一个医生常看在眼里却难以体会的磨难。期间,出于治疗需要,三个月不能吃喝,靠输液撑着;三十几次的放疗、化疗和分子靶向治疗,嘴里因放疗引发的溃疡无法愈合,疼痛使他几天几夜都无法入睡。

“镇痛泵没用,我只能坐着,感觉嘴巴里像有人打架。”想喝饮料,父亲下楼给他买了瓶“尖叫”,他下定决心要喝,但还是因为疼痛没成功,抱着瓶子闻了好几天。

最后秦超想了个辙:有种麻药叫丁卡因,泌尿外科用它来做黏膜麻醉,但毒性大。“毒性再大也要睡觉啊,我就用丁卡因稀释液漱口、吐掉,然后睡,半小时后疼醒,再漱口、再睡……”秦超说,由于麻醉过度,导致他味觉也紊乱了,“后来开始能吃点西瓜,不过入口我就觉得是咸的。”

最大的痛苦来自绝望，病情在治疗一段时间后，并没像预期那样好转。这时，中学时代一起玩音乐的发小“鱼果”来医院看他，鼓励他坚持，并送了他一把小吉他，让他难熬的时候，弹奏弹奏大学时代在学校乐队时创作的那些曲目，汲取阳光和力量。

同学的鼓励、亲人的期盼，让秦超渐渐适应从医生到患者的角色转变，体会痛苦的同时也收获温情。每当他觉得撑不下去时，他就会坐在床头，轻抚琴弦，在心里把每一首歌唱给曾经拼搏的自己，唱给最亲爱的人，唱给还在努力打拼的学弟学妹。音乐让他渐渐远离悲观和消极，靠着顽强的毅力和音乐的神奇力量，秦超走出了病魔的阴霾，2013 年重新回归工作岗位。

“末日感”爆发出生命和工作新力量，“菠萝大哥”建起梦想清单

“美丽的蔷薇，谢了明年还会再开；看花的少年，那时会不会再来。你我都知道，生死不能遂人愿；坚强的理由，因为有你在身边。你可曾想过，如果注定有那么一天，在转身的瞬间，你会不会留恋？如果还有 30 天，你有多少愿望要实现？如果还有 30 年，你又能完成几件……”这是秦超自己作词作曲的《梦想清单》的歌词。2012 年，秦超在大病初愈时给自己列了份“梦想清单”：出一张音乐专辑，翻译一本书，开一场演唱会，等等。如今，他已经出版了两张原创专辑，翻译出版了一本英文小说，举办了多场演唱会。

“坦白讲，5 年内 20%的生存率像块石头压在我心上，让我生命中时常保持着一份‘末日感’。工作对我来说，是多年努力的价值体现，也算是帮助病人和学生，要对得起他们。”回到工作岗位后的秦超，更明白疾病对于患者意味着什么，健康和生命有多么珍贵，在工作中更增加了一份温情和激情。

虽然工作节奏没有以前那样紧张了，但他依然将生活、工作安排得满满的。临床上开展了三四种新手术，2012 年主持国家自然科学基金项目，获得江苏省卫生厅医学新技术引进奖二等奖、国家专利两项，2013 年获得江苏省科技进步一等奖、江苏省卫生厅医学新技术引进奖一等奖。教学上也是多点开花，2017 年作为项目参与老师获得了江苏省教学成果奖二等奖。

除了临床上不断创新突破，科研是秦超工作的另一个重要的内容。他常对学生说：“临床、科研都优秀才是真优秀。我们最终的目的是要治病救人，做研究不要拘泥于所谓的指南与标准，找到合适的点，敢于尝试和突破。”在他已完成的南京医科大学教育研究课题青年项目中，他对本科生、研究生不同阶段的科研培训进行了很好的规划，倾力去帮助提高学生的科研能力，如英语文献的检索和阅读能力、统计方法的正确选择及软件的使用能力、细胞和动物实验的能力、论文写作的能力等。

秦超的科研工作,以"解决实际问题、对临床有帮助"为目标,同事对他的评价是:"为我们科室的基础与临床研究注入了营养液。"

"超哥喜欢新东西,喜欢去尝试新的技术应用到临床诊治中,想法多,创意也比较新,并且能够付诸行动。"学弟钱健说,"带教过程中,超哥给我们全面讲解疾病系统,从症状、体检、辅检到治疗都讲到,每次跟他门诊都会获益良多。"

用自己对音乐的爱好、特长跨界健康科普宣传是秦超"梦想清单"里另一个重要内容。在音乐创作的同时,秦超不忘医学科普知识的传播,他以"菠萝大哥"的身份,自己作词作曲导演,并组织南医大的同学拍摄了急救三部曲:《白金十分钟》《海姆立克的拥抱》《灾难来临》。如何应对外伤、车祸、踩踏伤、地震、风灾、火灾、水灾?这些丰富的急救科普知识,都是秦超的创作内容。

"音乐是健康科普宣传的最佳载体之一,接下来还打算写关于泌尿科的歌曲,再写一首关于心梗的歌曲。"现在《白金十分钟》已经成为广场舞的名曲,人们在跳舞健身的同时,学习了急救手法,而《海姆立克的拥抱》《灾难来临》等急救三部曲在全国各地红十字宣传中被反复播放、宣传,加深了群众对急救知识的印象,教导群众在关键时刻开展自救互救,在网络点击播放量达到7000余万次。秦超说,这些比他得奖更有成就感。

每个人都有一份属于自己的梦想清单,但能像"菠萝大哥"照着清单一步步实现的人并不多。

"博学至精,明德至善"是南京医科大学的校训,也是秦超从医从教10余年恪守的信念。泌尿外科医生、战胜病魔的患者、学生喜欢的临床老师、科普公益"网红"……身上的标签越多,前行的道路责任越大,秦超说:"我要真诚地活着,家人、职业、患者、音乐,皆以真诚相待。"

记者手记

新华网江苏频道记者　虞启忠

秦超有张娃娃脸,鬓边却有一些和年龄不相称的白发。说话时,他需要不停地补充水分,以湿润嘴唇。秦超说,鼻咽癌放化疗损害了他的唾液腺,留下了嘴唇干裂的后遗症。平时门诊还好,可以不断补充水分,要是上手术台,由于全程需要戴着口罩,不能喝水,通常手术做完,嘴唇干涸成一圈黑色。

"这些都算不了什么,能克服。"秦超总是笑眯眯地回答任何疑问,不论是面对采访,面对患者,还是面对同事、学生。

作为肾癌研究专家,秦超专业做得不错,同时也是南医大一附院泌尿外科的手术好手。秦超说,音乐不是他的本行,只是小时候的爱好,大学时候组建过乐队,但在他患鼻咽癌的关键时刻,当年大学里一起玩音乐的小伙伴为他找到了一把消除恐惧的钥匙。

"音乐的力量是无穷的!"秦超说。2018 年 4 月 28 日,《青春之歌》在南京医科大学江宁校区体育馆响起,尽管放化疗损害了他的唾液腺,疾病吞噬了他的精力,然而,2 个小时,18 首歌曲,他毅然一丝不苟地坚持了下来。当天,到场观众逾 3000 人,通过"菠萝成长"公众号直播平台在线观看人数破 2 万。这给了他更多面对困难的勇气和积极努力的精神,也让他后来对用音乐普及急救知识有了全新的思考。

其实约秦超做一个完整的采访真的很难。因为当天 10 点他要上手术台给患者开刀,留给我们交流的时间只有一个半小时。期间,秦超的电话不时响起,很多是患者打来的咨询电话,每每此时,他总会向我歉意地微笑,便认真解答患者疑问去了。也不时有学弟学妹过来办公室向他请教查房中遇到的疑问,他也总是耐心地给予指导。更有一位经他手术过的患者,恢复得不错,硬是带着一小袋家乡的草鸡蛋找上门来,说要报恩,被秦超婉言谢绝。秦超送他到门外时,还不断嘱咐他后期注意调理、定期复查等事项。

"敬畏生命,问心无愧"是秦超在"好大夫在线"上的简介。一有时间,他就要去管理自己设在"好大夫在线"的个人网站,解答的问题包括泌尿系统肿瘤、男科疾病、泌尿系统结石、前列腺疾病,甚至心理问题。现在网站访问量有 95 万次,他累计回答了 1400 余例患者的问题,贡献值 27674,满意度 100%。这事他一直坚持着,甚至在治疗期间也没有放弃。

"除了 2 次门诊,本周还有 2 天手术,今天 10 点上手术,4 台,估计得下午四五点才能结束。"秦超抱歉地跟我说要进手术室了,我们匆匆加了微信,希望多交流。直到当天晚上 7 点 48 分,我的微信里才收到他"才下手术台"的第一句问候,也就是说,当天的手术进行了接近 10 个小时。

秦超用言传身教温暖和照亮着身边每一个人。他希望更多的人明白:即使青春不再,但余烬犹温;就算病痛突袭,但梦想依旧。如果心存梦想,每个人都可以完成一份属于自己的梦想清单。

微语录

"我要真诚地活着,家人、职业、患者、音乐,皆以真诚相待。"——"生命因音乐而动听"秦超

微评论

网友“提,拉米苏”说:“菠萝大哥”绝对是医界的一股清流,膜拜。

网友“梨花”说:因为热爱生命,才会更爱患者。秦超,加油!

“狂奔小姐姐”周淼

95后的武汉地铁员工周淼，工作时常常习惯性地往周边四处看看，特别是电梯等重点位置，以确保乘客出行安全。在她的眼里，乘客就是C位。近半年时间内，周淼帮扶过行动不便、携带大件行李等陌生乘客千余人次，始终坚持着微小的善举，用微笑传递着正能量。

10月8日，一名老人乘客在地铁站内乘电动扶梯时没站稳险些滑倒，周淼远远看到后拔腿就跑，箭步流星直奔现场按停电梯，救起老人。从起跑到“狂奔”、“急刹车”、按停电梯，只用时5秒就扶起老人，一时间“狂奔小姐姐”火遍全国互联网，众多网友纷纷为她点赞。谈及突然间走红，周淼冷静回答：“我火不火不要紧，那个爷爷没摔倒就是万幸。”

以周淼为代表的万余名地铁工作人员，工作时遇到需要帮助的人都能及时伸出温暖的手，把善意与善举持续传递，用暖心的服务让城市内在温度不断激发。

“最美狂奔”扶住老人，地铁小姐姐火了

新华社记者 廖君

21岁的轨道交通3号线后湖大道站员工周淼从没想过自己能跑得这么快，眼看着拉小推车的老爷爷在手扶电梯口一个踉跄，就要摔倒，距离50米处远的她甩开膀子，箭步流星飞奔赶到，按停扶梯、扶住老人……整个过程，用时仅仅5秒。

“这是我见过最美的狂奔。”随着相关视频的传播，飞身救人的周淼在网络上“火”了，她被网友戏称为“狂奔小姐姐”。周淼说，自己火不火不要紧，那个老爷爷没有摔倒就是万幸。

"地铁小姐姐"飞身5秒救人

"你知道吗?我今天跑得都快飞起来了!"10月8日晚上11时许,地铁收班后,21岁的周淼跟同事聊起了当天的经历。

同事们很快调出周淼所说的"飞起来"的监控录像,视频显示,当天17时许,周淼正在离电梯约50米远处的专用通道值勤,刚一转过身,她习惯性地往两边的手扶电梯望去。

由于眼前垂直电梯和站厅大立柱挡住视线,周淼还猫下腰再看了一眼:远处一位拉小推车的老爷爷在电梯口一个踉跄。她没多想,甩开膀子,箭步流星直奔现场。从起跑到"狂奔"、"急刹车"、按停电梯,整个过程用时仅5秒钟。

"当时旁边有乘客赞扬说我比运动员跑得还快,自己笑着回了一句,上学时开运动会都没跑这么快呢!"周淼介绍说,由于速度太快,快跑到时,正好两位想帮助老爷爷的乘客停留在电梯口,可不能为了救老爷爷撞倒别人,所以不得不"急刹车"。

视频在网络流传后,网友也被周淼的速度感动:"起跑前的这个动作,你是踢足球的,还是网球选手?""一开始的动作,我好像看见了艾弗森的影子。""这是我见过的最美狂奔,为小姐姐点赞。"

"这是每个地铁人都应该做的,我只是做了一件责任范围内很小的事情。"尽管自己突然出名,周淼却很淡定。她说,第二天自己又遇到一位提着一个大包裹和一大块钢板的乘客准备乘坐电动扶梯,她连忙拦住这名乘客,引导他乘直梯下到站台。

她说,自己只是做了一件小事,火不火不要紧,那个爷爷没摔倒就是万幸,乘客安全乘车是自己的责任。

平时习惯往手扶电梯处多看几眼

"这个90后小丫头确实很不错。"提起周淼,武汉地铁后湖大道站值班站长谢武红连声表扬。谢武红说,后湖大道站是3号线和阳逻线的换乘站,每天的客流量在3万乘次左右。许多从阳逻线下车换乘的乘客,要不带着大件行李,要不就是老人带着孩子。为了省事,大多数乘客都会放弃垂直电梯,去走手扶电梯,特别是客流量大的时候,行李多、人多,稍不注意就容易出安全问题。

"带我的师傅传授给我的经验是:做客运服务工作,就是要眼看四路、耳听八方,只要一听到声响,都要仔细瞄两眼,防止有乘客在手扶梯上摔倒,或者行李从手扶梯上滚下去砸伤其他乘客。"周淼说,因为职业的关系,平时已经习惯性地往手扶电梯处、出入口通道等位置多看几眼。

"狂奔小姐姐"走红后近半个月的一天，一名乘客蹲在换乘通道处摇来晃去，当班的周淼习惯性地扫视到之后，走上前去得知，这名乘客因为肾结石突然发作，痛苦不已，身边没有家人和朋友。于是周淼立即报告车控室，帮忙联系乘客家人和拨打120急救电话，主动和乘客聊天试图转移注意力，缓解疼痛。当120急救人员赶到现场，这名乘客发现帮助自己的正是网络走红的"狂奔小姐姐"，调侃道，没想到在病痛时见到"真红人"，并艰难地抬起手与周淼打招呼。

这位去年9月进入武汉地铁运营公司实习、今年7月才转正的地铁新人，目前进步很快，业务知识和现场操作都是名列前茅。周淼说，后湖大道站是换乘站，这里的大客流锻炼了自己。她深知，作为客运服务人员，除了掌握过硬的业务技能外，传递爱心、传递关怀，是自己的责任和使命。

一位90多岁的离休老军人偶尔会利用地铁出行，周淼见到后，主动上前，询问去向，并安排车站护卫将老人送到目的地城市广场。每次返回进站时，周淼都会嘱咐老人出行在外，注意安全，并联系到达站做好接应。老人感动之际，举起右手行上庄严老兵军礼，让周淼激动了好长时间。

用有温度的服务满足乘客出行需求

"我们要做到——精力集中，确保安全，优质服务！"这是武汉地铁全线网所有车站"微笑十分钟"的宣誓环节，每次交接班培训工作结束前，全体人员都会整齐列队，高举右手，面对过往乘客庄严承诺。

轨道交通不仅承担了交通运输功能，更是文明传播、示范、熏陶的最佳载体。2015年初开始，武汉地铁全面推行"微笑服务"品牌创建，精心打磨运营服务各个环节，用有温度的服务满足乘客出行需求。

"十星级文明窗口"创建，"发现最暖地铁人""传播地铁正能量""三语服务大比拼"等特色主题活动，在各客运部门、站区、车站如火如荼展开。以优质服务为出发点，引导全体员工崇德尚礼、日行一善，用善心温暖出行路。电话预约服务、末班车守候、高校导乘图、姚婕服务站、晓虎爱心亭……一句句亲切的问候，一双双温暖的手，点点滴滴的温度汇聚起来，温暖人心。"地铁姐姐""最美背景""盲人拐杖"等好人好事不断在城市里传播。记者从武汉地铁运营公司了解到，从2018年截至目前，武汉地铁乘客满意度超过94.91%，有责投诉率小于0.01件/百万人次，共收到乘客送达的锦旗177面、感谢信1.5万余封。

如今，武汉地铁已经拥有10条运营线路，运营里程288公里，日均客运量超过305万乘次，承担武汉公共交通超过40%的出行客运量，连续安全运营5200余天，累计运送乘客超过40亿。地铁，成为市民生活中一个不可或缺的“公共场所”，它不仅承担了交通运输功能，更是文明传播、示范、熏陶的最佳载体。

作为万名地铁员工大家庭之一的“狂奔小姐姐”周淼，在展望下一步工作打算时，有着更高的服务目标：在细碎的时光中守望使命，用自身的专业技能和责任使命把工作做细做实，做进乘客的心坎里，增强市民出行的幸福感和获得感。

记者手记

新华社记者　廖君

平民英雄的“温暖链条”得以延续

10月18日，《“最美狂奔”扶住老人，地铁小姐姐火了》刊发，报道的是武汉地铁3号线后湖大道站工作人员发自内心的狂奔，及时救助老人。温暖人心的报道不仅仅是“地铁小姐姐”火了，同时让人们清楚地看到社会文明程度在日益提高，武汉地铁“梅花红”在用责任温暖城市。

“狂奔小姐姐”这一抹亮色并非偶然

为了做好这个报道，记者深入周淼工作的单位，除了对周淼进行深度采访之外，同时还以集体座谈和专访等形式走访了周淼的师傅、值班站长、站区管理人员。

从采访和现场还原“狂奔”经过了解到，周淼的狂奔举动并非偶然，而是每一名工作人员所具备的素养。

“狂奔小姐姐”这一抹亮色，并没有穷尽地铁空间中的善意。记者在采访中了解到，很多人在乘坐地铁需要帮助时，陌生的过路乘客、现场工作人员都能及时伸出热情双手来救助。80岁老人险些摔下扶梯，地铁小哥0.1秒抱住；聋哑女子呕吐，得到周围的人照顾，非常艰难地说了一声“谢谢”；名车钥匙落在地铁列车内，陌生乘客捡到交到工作人员手中；为了一颗活体心脏，工作人员开辟“绿色通道”；轮椅老人出行不便，连续5年接力抬着上下楼……他们的“正能量”，如同武汉地铁工作人员“梅花红”制服一样暖人心脾，同时还给整座城市增添了光亮。

平凡岗位上坚持做好每一件事是职责所在

记者在专访主人公95后周淼时，文静的她不时露出腼腆的微笑。作为一名地铁新员工，周淼去年9月份进入武汉地铁运营公司实习，今年7月大学毕业与公司签订合同成为一名正式员工。

在交流过程中，周淼常常冒出“C 位”“Pick”等流行用语，不是特别喜欢运动的她对自己能跑出这么快的速度也有点惊讶。

记者采访中发现，周淼为扶老人而跑出 5 秒的“飞速”，这绝不仅仅是因为职业训练，而是源于内心助人的渴望。

记者还从周淼口中了解到，自己一点一滴的成长离不开师傅手把手地帮教：平常工作时要眼看四路、耳听八方，只要听到声响，都会赶紧跑过去瞄两眼。站区和车站的所有人员有着一致看法：在自己平凡的工作岗位上坚持做好每一件身边事，就是职责所在。

暖心的服务让城市内在温度不断激发

武汉地铁发展迅速，如今，坐地铁出行已成为不少市民出行的最优先选择。随着客流不断攀升，地铁空间成为市民生活中一个不可或缺的“公共场所”，这就对地铁的服务质量和乘车体验提出了更高要求。

通过深度发掘，记者了解到，武汉地铁运营公司于 2015 年初提出并持续开展“微笑服务”品牌创建活动，覆盖管理、站务、维保、安检、保洁等多个岗位，力求从“心”出发，用心体会每个乘客的需求，把服务触角延伸到最末端，让服务更有温度，让幸福更有厚度，全面提升运营服务质量。如“末班车等候服务”，即末班车司机在车门关闭准备离开时，如果看到还有乘客匆忙赶来时，会再次打开车门，让乘客上车；行动不便的乘客可拨打“96556”服务热线预约，服务热线根据预约信息通知进站、换乘、目的地车站进行全程接力式服务，相关车站安排专人联动配合接送乘客进站、上车、换乘、下车、出站，确保乘客坐地铁一路畅行。

这些暖心的服务让城市内在温度不断激发，平民英雄的“温暖链条”得以延续，地下城市家的味道更加浓厚。

微语录

“我火不火不要紧，那个爷爷没摔倒就是万幸。”——“狂奔小姐姐”周淼

微评论

网友“王永安”说：这些凡人小事，折射出敬业与关爱的光芒。他们不是明星胜似明星。

网友“卷”说：能够热爱自己的岗位，并全心全意把工作做好的人，非常值得现在的年轻人学习。

“乡村教师”鲁金明

今年56岁的鲁金明，是安徽省怀宁县石牌镇万全小学的数学老师。1岁时高烧医治不及时导致左腿肌肉萎缩的他，在当老师的39年里，用坏了20多副拐杖。普通人走一小步，只需不到一秒钟，可对腿部残疾的鲁金明来说，需要三个步骤：用拐杖撑住前方，身体往前移动，保持平衡后再继续下一步。即便这样，鲁金明仍然坚持了39年。“教书育人”四个字，让鲁金明坚守了一辈子。

乡村教师鲁金明：20副拐杖，撑起39年教学路

新华社记者　周畅　陈尚营

普通人走一小步，只需不到一秒钟。可对腿部残疾的鲁金明来说，需要三个步骤：用拐杖撑住前方，身体往前移动，保持平衡后再继续下一步。

在安徽省怀宁县石牌镇万全小学教学的39年中，鲁金明用坏了20多副拐杖。“教书育人”四个字，让鲁金明坚守了一辈子。

20副拐杖，撑起乡村学子的明天

今年56岁的鲁金明，出生于怀宁县石牌镇万全村的一个贫困家庭。在他一岁时，因为高烧医治不及时而落下终身残疾，左脚肌肉萎缩，不能像同龄孩子那样正常走路，只能借助板凳一步一步挪动。

凭借自己的毅力，鲁金明完成了从小学到高中的学业。1979年，村干部找到刚刚高中毕业的鲁金明，告诉他村里万全小学的两名老师走了，正缺老师，让他去顶几天。

鲁金明回首自己的求学路，深知教师引路人的作用，更想起自己这样身患残疾的特殊学生，正是在教师的呵护鼓励下才得以继续求学，于是他答应试一试。这一试就是

39年。

这39年里，鲁金明用坏了20多副木拐杖。这一副副拐杖，支撑着鲁金明每天从家到学校的往返。1500米左右的路程，鲁金明要走四五十分钟，“以前都是沙石路、泥路，摔跤是经常的事。”鲁金明扬起自己的左手，食指上有一道摔跤时被玻璃划伤留下的伤痕。

鲁金明的左手手心、右手虎口，都被拐杖磨出厚厚的老茧，隔三五天他就要拿刀削一次，“不然顶着疼”。

碰到雨雪天，腾不出手打伞的他只能穿着雨衣撑着拐杖走。“有一年下大雪，我走了一个多小时，如果不是旁边的村民看到，我可能就滑到路边的河里了。”鲁金明说。

说起过去的艰辛，鲁金明总是会先说一句：“现在已经好多了。”在他看来，这39年给他留下最深刻的感受并非苦难，而是自豪。

“教了那么多年，教出了很多学生，过年过节他们回来都会看看我，被人惦记着感觉很好。”鲁金明笑着说。

挺立的不只是残缺的身体，还有精神的力量

除了往返不便外，课堂也是对鲁金明的考验。

初站讲台时，鲁金明要将拐杖顶住腋窝才能保持平衡，每次上完课，他的腋窝被拐杖顶得又红又肿，直到晚上都疼得睡不好，止疼片就成了他的必备药。

当鲁金明在黑板上写板书时，由于右手必须举起来，右边腋下的拐杖没法起到支撑作用，全身的支撑点只有左手紧紧拄着的拐杖。有时失去平衡，便会摔倒。

工作之初那几年，由于黑板比较小，“上面写满了就要往下写，弯腰又弯不下去，有时候只能跪着写板书。”鲁金明回忆。这种情况直到现在用新媒体教学手段后才有所好转。

回忆起这些过往的艰难，鲁金明总会说：“现在已经好多了。”

今年12岁的汪思梦是鲁金明的学生，在遇到鲁金明之前，她从未想到过还会有老师“拄着拐杖来上课”。

“鲁老师站上讲台都很费劲，还要一只手拄着拐杖，一只手在黑板上一笔一画写着板书，看到鲁老师这么辛苦，我们总觉得要更加认真听课。”汪思梦说。

尽管要比常人付出更多的时间和精力，还要承受常人无法想象的疼痛，但鲁金明坦言自己收获更大。

1992年，鲁金明考取了师范学校，毕业后成为当时该镇为数不多的“民转公”教师。捧上了“铁饭碗”，鲁金明依旧“晴天一身灰、雨天一身泥”地上下班，和其他老师一样承担教学任务。

除了教学上取得的厚厚一沓奖状，鲁金明还获评“安庆市教育系统优秀教师”“石

牌镇人民满意教师""石牌镇模范教师"等多个奖项,这都让他感觉到自己的价值得到了体现。

羸弱的身躯,无尽的大爱

鲁金明深知,当一名好老师,光上好课是不够的,还要给予学生更多的关心。

"我走路慢,平时放学走到学生家太晚了,只能在周末去学生家里了解情况。"对于鲁金明来说,哪怕往返一趟就需要占用半天休息的时间,哪怕家访的路途不那么好走,他还是喜欢用这种方式去了解和关心自己的学生。

这学期开学时,学校考虑到鲁金明的身体情况,照顾他改为带不用爬楼梯的一年级,避免他再拄着拐杖上下楼梯去带高年级。得知这个消息,70多岁的鲁结友坐不住了,赶到学校找鲁金明。

鲁结友说,他的孙子鲁文涛一直在鲁老师班上,刚上学时,和同学打架,不遵守课堂纪律,成绩也很差。"多亏了鲁老师往我家跑了好多趟。"鲁结友说,上学期的五年级期末考试,鲁文涛的成绩在班上名列前茅,学习习惯也改善了很多。

"这孩子很聪明,就是缺少关心和必要的家庭教育。"鲁金明说,在得知鲁文涛是留守儿童后,曾五六次拄拐去家访,平时还经常找鲁文涛聊天,了解他的想法。

鲁金明坦言,现在越来越多的农村学子选择到城镇就读,留下来的孩子大多是留守儿童,他们本身就缺乏关爱,"作为老师,我们除了教书外,更重要的是育人,要用更多耐心去跟学生交流。"鲁金明说。

为了让学生能多跟父母聊上天,鲁金明有时还会在课间用手机联系孩子在外务工的父母,他说:"只要能让孩子们和父母聊聊天,我花点电话费是值得的。"

对于过去,鲁金明觉得自己做的事情都是普通而平凡的;对于未来,鲁金明表示会一直坚持下去,用这一生做好教育这件事。

"现在的农村学子更需要心理上的关爱。"万全小学的校长周海涛期望,当鲁金明这样的老教师退休后,能不断有像鲁老师这样热爱教育的年轻教师补充进来,为农村教育倾注心血。

记者手记

新华社记者　周畅

让平凡更可贵

当驱车几个小时来到安徽省怀宁县石牌镇,见到教师鲁金明时,他坐在校长办公室里。有些黝黑的肤色，普通的红色T恤衫，牛仔裤，戴着眼镜……就像生活中的很多普通人一样。“平凡”是我脑海中浮现的第一个词。

鲁金明一岁时，因为高烧医治不及时而落下终身残疾，左脚肌肉萎缩，不能像同龄孩子那样正常走路，只能借助板凳一步一步挪动。从开始采访时，鲁金明并没有回避。面对这样的采访对象，在我的内心中，一直是很抗拒去挖掘这些采访对象致残的经历，因为很怕触痛他们。

但鲁金明和很多身患残疾的采访对象一样，陈述这些事情时都十分冷静，甚至平淡到一笔带过。直到说到为什么来到学校教学这么多年，鲁金明才开始多了一些描述，说起来自己的老师、当时找他顶岗去教书的村干部，讲起他的学生。在他的描述中，能够感觉到，教书育人其实是他实现自己人生价值的一种方式，也是这种对自我价值实现的坚持，让他原本平凡的人生变得更加可贵。

鲁金明的故事让我思考了两件事。

第一件事，应当让更多的残疾人享受到教育、就业的权利。采访中，鲁金明对于曾经鼓励过他求学的老师心怀感恩，也正是这份感恩，让他在39年前选择了去学校顶岗当老师。这么多年来，他也是因为这份工作，实现了自己的价值。

近年来残疾人坚持求学或者做某件事成功的感人故事有很多，从另一个角度来思考，其实也可以理解成，如果给残疾人提供更多教育、就业机会，他们也许会用更多的精力和热情去做这些事，因为这是他们能够证明自身价值的方式。

也许，这也是教育不断扩大公平，为残疾考生提供更多考试、入学便利的初衷，让他们享有教育的权利、实现自我价值的权利、改变人生状态的权利，给予他们更多生活的尊严。

第二件事，怎样让乡村学校有更多稳定、愿意留下来的年轻教师？在一些农村学校里，能留得住、待得久的老师，大多是像鲁金明这样年龄大、家在当地的老教师。有的年轻老师把农村学校当作“跳板”，对于一些校长来说已习以为常，虽然忧心但往往无力改变。可是，对于农村教育来说，迫切需要年轻和专业的师资力量。怎样让乡村学校有更多稳定、愿意留下来的年轻教师，还需要更多的内生动力。

鲁金明也坦言，教师的工资支撑家庭生活一度很困难，但他没有因为生活的困顿和行动的不便中止教师这份职业，其中不仅有他对教师这份职业的感恩和敬畏之心，也有把这份职业当作唯一的信念，他觉得自己只能做好这件事。一生做好一件事，也许正是我们当下所缺少的信念和专注，不管这种信念和专注是生活所迫还是自我选择，都值得去探讨，也可能会让每个人的平凡变得更为可贵。

微语录

“作为老师，我们除了教书外，更重要的是育人，要用更多耐心去跟学生交流。”

——“乡村教师”鲁金明

微评论

新华社客户端网友说：20多副拐杖，真的想着都心疼。

新华社客户端网友说：我以后也会去当老师，去教孩子，向他学习。

税务局里的"爱心妈妈团"

赣榆区税务"爱心妈妈"是由连云港赣榆区税务局52位女税官于1999年自发组成的爱心志愿服务团队。她们自发捐资助学、扶贫帮困,19年来,累计捐款捐物308万元。在她们的帮助下,284名乡村贫困儿童和76名特困孤儿获得了读书的机会,157名贫困高中学子得以完成学业。他们中,74人考入了重点大学,走出乡村,迈向了广阔的世界。190多名单亲家庭或留守家庭的孩子在她们的陪伴下度过了充满关爱的童年。她们与孩子们结下了深厚的情感,被孩子们深情地唤作"妈妈"。

19年爱心接力,诠释"妈妈"背后的责任与大爱

新华网江苏频道记者 王天朗

1999年冬的某一天,在江苏省连云港市赣榆区,一对年轻的母女正在家中一边吃饭一边聊着日常。母亲叫陈霞,是赣榆县国税局的一名女税官,她的女儿在连云港赣榆高级中学读高三。这一天,她告诉妈妈,学校里不少成绩优异的学生因为家境贫寒,就要退学了,其中就有她同宿舍的同学。

那时候,她们没有想到,以这次谈话为契机,一场由近百位女税官参与,跨越19年的爱心接力自此开始。19年里,总计308万元的捐款和物资被送到贫困孩子们的手中,284名贫困儿童和76名孤儿因此得到了读书的机会,190多名单亲家庭或留守家庭的孩子度过了充满关心和陪伴的童年,157名高中学子改变了辍学的命运,他们考上大学,走出乡村,迈向了更广阔的世界。

对这些孩子来说,帮助他们的人各不相同,但她们有个共同的称呼"妈妈"。她们还有一个被人们熟知的名字:赣榆税务"爱心妈妈"。

一封倡议书开启19年爱心接力

2018年,54岁的陈霞在工作之余,仍然会和同事们聊起这些虽没有血缘维系,却让她牵肠挂肚的孩子。十九年如一日的善举,对她和同事们来说,只不过是点点滴滴和孩子们相处时光的累积。有两件事让她感慨至深,一件,是“这一年一年的,当年的活动居然被延续了下来”;还有一件,就是当年她的一份倡议书竟引发了这样大的效应,“就像一只小蝴蝶扇了扇翅膀,最后却引起了一场风暴。”陈霞说。

那次饭桌上的对话后,陈霞总是会想起那些即将辍学的孩子。在赣榆,能考上赣榆高中,就是准大学生了。来自农村或者困难家庭的女孩能考上,更是特别地不容易,因为一些农村家庭并不重视女孩的教育。想到这些优秀女孩要被迫辍学,出去打工,陈霞感到很痛心。她来到学校看望女儿,也想悄悄看一眼那些贫困的孩子。陈霞回忆,当时正是饭点,孩子们都去食堂吃饭了,可她却看见几个贫困孩子窝在宿舍里就着咸菜嚼煎饼。

“我没想到,他们甚至连饭都吃不起,每周带几张杂粮煎饼和一瓶咸菜去学校,那就是一周的伙食。”在连云港寒冷的冬季里,这些与自己女儿一般大的孩子就着咸菜嚼着冷硬的饼填肚子的场景,深深刺痛了陈霞的心。回到单位后,陈霞发起了一次捐款倡议:“别让孩子们辍学,让她们过得好一点。”朴实的心愿得到了52名国税局女税官们的响应。那一年,第一笔6000元的捐款被送到3名贫困女生的手中;那一年,赣榆高级中学没有人辍学。

一声“妈妈”是信赖,也是责任

一次捐款,改变了3个孩子的人生轨迹。这份欣慰让女税官们动容,她们有了把这份善举延续下去的念头。要让这份朴实的感动,落实成能够帮助更多人的行动,总要有人成为“领头雁”,承担起策划组织、引领大家的职责。这个人,就是李新敏。

同事们说,别看李新敏笑眯眯的,工作起来有种扎实劲儿,是全国税务系统的先进工作者。在繁忙的工作之余,李新敏哪怕加班加点,也要策划好“爱心妈妈”活动。

李新敏总说:“要对得起孩子的这声‘妈妈’。”这声“妈妈”是她们这个团队名字的由来,也关联着一个让每个成员揪心的故事。

在第二期捐资助学见面会上,看到孩子们一个个表现拘谨,低着头一言不发,一位女税官亲切地招呼了一声:“大家不要紧张,就像在自己的妈妈面前一样。”听了她的话,一个女孩子一下站了起来,低低说了句:“我没有妈妈。”后来大家才知道,这个女孩自幼失去母亲,甚至不知道和妈妈相处是什么感觉。女税官们的鼻子泛酸,把女孩搂在怀里:“以后大家都是你的妈妈。”许久,女孩才眼含泪花,颤声叫了声“妈妈”。

李新敏说，许多“泪点低”的“妈妈”只要一说起这件事，至今还忍不住落泪。“妈妈”不是随便的称呼。这一声“妈妈”，代表孩子的信赖，也代表着我们对他们的承诺和责任。

在李新敏的带领下，“爱心妈妈”成立了爱心基金，在黑林镇组建起“春蕾班”，让50名贫困女童走进课堂。孩子们缺的不仅仅是钱和物，更多的是他人的关爱。后来，每到周末或逢年过节，“爱心妈妈”都会把村里的留守儿童接到家中，像家人一样一起生活。

在点滴相处中，孩子们的一声声“妈妈”愈加亲昵自然。已经长大、远在他乡的男孩子写信回来，开头也会写“亲爱的妈妈”。

大爱传递，“爱心爸爸”“爱心姐姐”加入队伍

孙艺珍进入了赣榆县税务局工作时才21岁。她第一次跟着“爱心妈妈”去看望孩子们的时候，被孩子们一声“妈妈”叫蒙了：“我才21岁啊，这声‘妈妈’叫得我又新鲜又别扭。”

可是，见证了“爱心妈妈”与孩子们相处的动人情景，孙艺珍又觉得这声“妈妈”是发自内心又十分珍贵的。在“爱心妈妈团”里，孙艺珍见证过一对感情堪比亲生的“母子”，那就是程付玲和她所帮助的一名自闭症孤儿。最初见面时，孩子站在角落里一言不发，几年后，却能亲昵地喊出“妈妈”，这是程付玲用几年的陪伴和关爱换来的转变。

孙艺珍说，这对“母子”有一个绰号，叫“小白熊”母子，那是因为有一次，程付玲带着孩子去商店买玩具，孩子选了一只小白熊，抬头就对她说：“小白熊像程妈妈，我晚上要搂着‘妈妈’睡觉。”孩子稚气的话语让程付玲心软，她也搂紧他说：“妈妈是小白熊，小乖是妈妈的熊宝宝。”

孙艺珍说，这些不经意间的情感流露总是最动人的。“那时候，你不会再去在乎你的年龄，你是否是个母亲，面对孩子的呼唤，心中的温情和爱让你情不自禁去回应他们。”

19年来，一代“爱心妈妈”老去了，又有一代年轻“妈妈”加入。李新敏的女儿工作后，也跟随妈妈的脚步，成了一名“爱心妈妈”。李新敏笑着说：“现在税务局上上下下全都加入了我们，有‘爱心爸爸’，还有很多90后。我常想，现在不能叫‘爸爸妈妈’了，得叫‘爱心哥哥’‘爱心姐姐’才行。”

爱的温暖也在受到帮助的孩子们身上传承、光大。曾经因贫困而不知鱼肉滋味，只知道“鸡蛋最好吃”的女孩，考上大学不久后就在“志愿江苏”平台注册成为志愿者，带领200多名勤工助学学子参与苏北大型志愿服务活动。如今，只要“爱心妈妈”举办义诊，她每年必来参加。还有许多身在他乡的孩子，年年不忘寄回书信，捐款捐物。

正像一场由小小蝴蝶引起的温暖的飓风，“爱心妈妈”的接力还将延续下去，她们

的故事冲击着每一个见证者的内心，并吸引着人们加入这场爱的传递。

记者手记

新华网江苏频道　王天翊

当我知道将要采访和记叙的不是一个人，而是一群人跨越了近20年时间维度的事迹时，我感到这个任务有些难。千人千面，每个人都有自己的视角，每个人都有自己的故事，如何在有限的篇幅里记录“爱心妈妈”这个群体的故事，让我辗转良久。

在赣榆县国税局原办公地点，有一个“爱心妈妈”小展馆。在外人眼里，这里可能不过是个普通的先进事迹陈列馆，但对于“爱心妈妈”们而言，这间屋子却是充满回忆的宝盒。在那里，我见到了税务“爱心妈妈”故事中的几位主角——“爱心妈妈”发起者陈霞，“爱心妈妈的领头雁”和组织化进程的重要推手李新敏和程付玲，年轻爽朗的“新妈妈”孙艺珍。

在我参观时，孙艺珍为我讲解。很意外地，除了展板上简要的梗概，她对那些加入团队之前的事情也了如指掌。她告诉我，这两年她当了妈妈，对和孩子们有关的事情，她的感受更加深切。1999年那些遥远的事情，如今在她眼中也有了温度，有了认同。

最软不过慈母心，“爱心妈妈”的起点，是母爱。对孩子们的怜爱之心，是她们19年坚守的最大动力。

整个采访过程，就像是一起翻看一本家庭老相册，几位“爱心妈妈”如数家珍地向我讲述着19年来的故事，一个个帮助过的孩子，一幅幅亲眼所见的画面，不时还会从回忆中惊喜地翻出些什么。这一讲，就是两个多小时。从她们的讲述中，我深刻地认识到“爱心妈妈”这个名字背后，有着那么多的身影和那么多的故事，有限的文字难以讲尽其中的温情。

比如有一对并不富裕的税官夫妻，每年却节衣缩食省出1万元来资助3个人，一干就是15年，至今已经帮助了45人。可是“左手做的好事都不用让右手知道”，他们不愿被报道宣传。比如，有一位女税官在走访贫困儿童时因为不忍心瞧见贫困老人独自生活，在“爱心妈妈”角色之外，又悄悄做起了“爱心女儿”。

李新敏感慨地说：“‘爱心妈妈’并不是我们几个人的故事，这些心怀大爱却又朴实无华的人才是‘爱心妈妈’的主体。在工作中触动我们的，也不仅仅是孩子们的境遇，我们为孩子们心痛，也为许多生活困苦的人心痛。”

我想，“爱心妈妈”的精髓，是由女性的小善凝聚成的大爱。这也是为什么这些年来她们的帮扶范围不断扩大——从最初仅仅资助女生，到把男生纳入其中；从最初帮助高中学子,到最终关注孤儿、孤寡老人和留守儿童;从简单的捐款捐物,到修建路灯点亮乡村路。

"爱心妈妈"已经成为一种公益符号,她们扛起的是更广泛的社会责任。

微语录

"'妈妈'不是随便的称呼。这一声,代表孩子的信赖,也代表着我们对他们的承诺和责任。"——赣榆税务"爱心妈妈"李新敏

微评论

网友"五台山古今"说:拥有一颗无私的爱心,便拥有了一切。

网友"果香黑林"说:爱心妈妈,大爱人间。为她们点赞!

网友"韦有志"说:爱心妈妈、爱心爸爸,希望更多的人来关心贫困的孩子。

"人质民警"黄其焕

面对挥刀乱砍、歇斯底里的歹徒，湖南省娄底市娄星公安分局涟滨派出所民警黄其焕挺身而出置换人质。在随后的5个小时里，45岁的黄其焕只身面对狂暴的歹徒，身处歹徒威胁要引爆的煤气罐边，被捆绑躺在湿冷的地上，身上20多处被割伤，浑身被浇满了油……

生死关头，黄其焕依然竭尽全力周旋，直到战友们趁机果断出击制服歹徒。"人质民警"的英勇举动，获得了当地广大群众的交口称赞："英雄就在身边！"

"英雄就在身边！"

——湖南"人质民警"生死周旋5小时勇斗歹徒

新华社记者　谢樱

面对挥刀乱砍、歇斯底里的歹徒，湖南省娄底市娄星公安分局涟滨派出所民警黄其焕挺身而出置换人质。"人质民警"的英勇举动，获得了当地广大群众的交口称赞："英雄就在身边！"

民警舍身置换人质

8月30日0时10分，娄星公安分局涟滨派出所接到群众报警称，茅塘社区一栋楼房内"有人挥舞菜刀砍人"。

值班民警黄其焕迅速赶赴现场。一到现场，便听见有人在楼上大喊大叫，现场群众慌乱担忧："戴某勇在顶楼拿着菜刀乱砍人""隔壁房间还有两个小孩，要是闯进去就麻烦了"……

担心歹徒伤害无辜，黄其焕随手抓了一根棍子猛冲上楼。在二楼，一位老太正被戴某勇踹着滚下了楼梯。而拐角处，身形魁梧、年轻力壮的戴某勇挥舞着菜刀，将另一名男子逼到角落："不要过来，否则我就杀了他！"

"有话好好说！"黄其焕上前劝说着。戴某勇看了一眼他身上的警服，恶狠狠地说："你把武器放下，一个人上来，我就放他走。"

"我是警察，比起群众更有应对歹徒的经验。"黄其焕事后回忆说，为了让其他滞留人员能脱险，他毫不犹豫地以己身置换了人质，被戴某勇持刀逼进了旁边一个房间。

一进门，戴某勇立马把菜刀架在了黄其焕的脖子上，并迅速把房门反锁。黄其焕刚有反抗动作，脖子上立刻被割出一条 4 厘米左右的口子，顿时鲜血直流。

戴某勇把利刃压在黄其焕喉咙口，顺手扯过一根电线，让黄其焕把自己的双手捆起来。屋内没有开灯，趁着黑暗，黄其焕随便缠了两圈。"不要糊弄我，不然我就杀了你！"戴某勇一边威胁，一边用另一只手把黄其焕的双手用电线缠了一圈又一圈，直到完全捆死。

黄其焕的同事在外面喊话，想分散戴某勇的注意力。心烦意乱的戴某勇举起刀，在黄其焕身上又猛割几刀，同时叫嚣："你们进来我就杀了他！"

"我想缓和歹徒情绪，但说不上几句就被他打断。"黄其焕回忆，每次歹徒暴躁起来，就试图用刀在黄其焕身上砍，他只能举起被捆绑着的双手抵挡歹徒重重落下的手腕，尽量避免自己被划伤。

"戴某勇是退伍军人，体能好，反侦察能力强，每次到阳台、门窗口等开阔处观察，他都把我当成肉盾，而且是一晃而过，从不长时间停留。"黄其焕几次自救未果。随着戴某勇情绪起伏，黄其焕的脸部、脖子、前胸、手臂、大腿上留下了 20 余道刀伤。

与狂暴歹徒惊魂周旋 5 小时

"他和歹徒在封闭的空间里，随时可能有生命危险。因为房间黑暗看不清，我们不能贸然行动，怕激怒歹徒。""房间弥漫着煤气，开枪射击容易引发爆炸，也不可行。"外面的特警担心黄其焕安危，发出暗号："黄哥，要给你们送点水来吗？"黄其焕觉得还不适合强攻，连忙打暗语："不行！"

戴某勇变得更加暴躁。他打开水龙头，让黄其焕躺在湿漉漉的地面，并不时向阳台上丢东西，试探外面民警的反应。

随后，戴某勇将一整桶植物油全浇在了黄其焕身上，拿出打火机企图点燃毛巾引火。所幸毛巾被水打湿，歹徒点了五六次都没有点燃，黄其焕逃过一劫。

随后，戴某勇又打开煤气阀门，扬言只要民警采取行动，就"同归于尽"。

僵持了 4 个多小时后，趁着歹徒体力不支稍有松懈，黄其焕找准机会，劝解戴某勇:"天就要亮了,咱们无冤无仇,不如大事化小吧。"

见戴某勇有所迟疑,黄其焕又接着说:"我们不是来抓你的,而是来帮你的。"

黄其焕顾不得身上多处伤痛,持续安抚戴某勇,为前来营救的战友们赢得时间。与此同时,娄星分局、巡特警支队在娄底市公安局的统一指挥调度下,仔细察看房屋结构,了解情况,部署警力,研究处置措施。

凌晨5时许,戴某勇在现场人员的反复劝说下,情绪趋于稳定,并答应开门交流。在戴某勇开门的一刹那,民警和消防员紧密配合一拥而入,将戴某勇成功控制,终于解救出黄其焕。

而此刻,在生死周旋的5个小时里时刻保持着清醒头脑的黄其焕,终于因身体虚脱而瘫软了下来。

"这是一个警察的天职"

"身为人质,面对如此狂暴的歹徒,说不害怕那是假的。当刀架在脖子上时,我就做好了随时牺牲的准备。"黄其焕说,"为什么要替换人质?为了人民群众生命财产安全,这是一名警察的天职!"

记者从涟滨派出所等黄其焕工作过的单位了解到,竭尽所能去救民众,对于黄其焕来说已经不是第一次。2017年5月23日,一位老人不慎落水,在旁边散步的黄其焕看见了,赶紧下水营救。"我虽然不会游泳,但我看老人落水处就在岸边不远,水不会太深,就跳了下去。"黄其焕和参与救援的热心群众,一起把老人救了上来。

此事无意中被派出所所长王新杰知道了,提出给他申报见义勇为先进个人,但黄其焕坚决拒绝:"这是我应该做的,有什么好申报的。"

"他为人朴实不张扬,身上有着一股韧劲,为了侦破案件舍得花时间、下功夫。"王新杰告诉记者,为了抓飞车抢夺的歹徒,黄其焕总是夜以继日实地蹲点守候,在案件高发地抓获多起犯罪团伙。

12年来,黄其焕参与侦破10余起大案要案,破刑事案件240余起,接处警1.2万余起,调解各类纠纷矛盾9600余起。2017年,他被娄底市公安局授予"破案能手"称号。

"民警舍身换人质,铁骨铮铮,让人敬佩!""为民解忧,敢于担当,与歹徒斗智斗勇斗体力,'人质民警'了不起!""舍己为人真汉子,英雄就在我们身边!"……一时间,黄其焕的事迹引发了百姓、网友的热议,"人质民警"也为社会所广为称道。

"极端的环境之下,菜刀抵在脖颈上,他与歹徒生死周旋5小时,用过硬的心理素质和业务能力,展现了一名人民警察崇高的责任和担当。"娄底市公安局局长王成良说。

记者手记

新华社记者　谢樱

翻开黄其焕的警察履历，一串串醒目的数据，一个个精彩的故事，反复验证着一个论断：一个英雄的诞生不是偶然。

娄星区涟滨派出所，位于娄底市城乡接合部，辖区内有1.7万常住人口、15万流动人口、100余家企业、4所学校。这里城乡道路纵横交错、地广人多、环境复杂，而民警却只有16人。所长王新杰介绍：每天每班有15个左右出警任务，我们的人总是从一个案发现场赶赴另一个，几乎没有停歇。

基层民警必须练就一身“万金油”的本领，东家丢了狗，西家进不了门，夫妻吵架，老人迷路……大事小事忙得“溜溜转”。

原本家住双峰县的黄其焕，为了方便办案，离开妻儿，干脆把家搬到了派出所。

有一次，三塘街一家酒吧内，两名男子发生持刀冲突，一人被砍伤头部。当时，所有值班民警均在外办案，酣睡中的黄其焕接到临时通知，像弹簧般跃起，提着一件衣服赶赴现场。

听到警笛响，持刀男子停止行凶，转身开溜，受伤男子幸免于难，他动情地感叹：“幸亏警察及时赶到，不然后果难说。”

现场人员杂乱，无监控视频，行凶者无法确定身份。黄其焕找目击者逐一谈话，比对刑释解教人员，查阅相关案件。通过地毯式清查和数据轨迹分析，后来成功将嫌疑人抓捕。

在搭班辅警易龙看来，黄其焕处理案件有一股子“不到黄河心不死”的劲头，“只要敢犯罪，天涯海角抓你！”

12年来，黄其焕参与侦破10余起大案要案，破刑事案件240余起，接处警1.2万余起，调解各类纠纷矛盾9600余起。2017年，他被娄底市公安局授予“破案能手”称号。

实际上，黄其焕不仅有“铁汉”形象，也有“柔情”一面。

在黄其焕心中，群众的安危高于一切，对家人的关怀却“排名靠后”：结婚18年，他从未与妻子出门旅游；孩子喜欢看电影，答应多次却每次都“放鸽子”；少之又少的回家时间，常常随时紧急归队。

尽管黄其焕工作辛苦忙碌难以顾家，他的妻子刘昭霞偶尔也会抱怨，但却在心底心疼、理解他：“他对家人的柔情，不用言语。”

每年双抢时节，哪怕通宵办案，黄其焕都会抽出睡觉休息时间回农村，帮父母收割稻谷；每次出差，他都会挑选一把好看的梳子送给妻子，他说"在古代，梳子是定情信物"；每年春节期间，即使再忙，他都会匆匆回家一次，给孩子送礼物……

45岁的黄其焕，穿上警服，是群众的英雄；脱下警服，是家人的英雄。

微语录

"放开他，我来做你的人质！"——"人质民警"黄其焕

微评论

网友"围观者"说：英雄不在美国大片里，他们就在我们身边。

网友"笠心"说：从警为民现仁心，危难之际显身手。舍己为人真汉子，救人命胜造浮屠。

“中国好奶奶”江永秀

今年67岁的江永秀，是宜宾市翠屏区北城街道长春社区的一名普通党员。2005年退休以后，她便加入社区居委会成为一名志愿者，经常参与关爱社区儿童的服务活动。在社区小孩子眼中，她是和蔼的“江奶奶”。2013年，听闻居委会要成立“五老”（“五老”指的是老干部、离退休老领导、老党员、老知识分子、老法律工作者）网吧义务监督队，她主动申请加入。该社区网吧监督员原有两人，后来一名老人去世了，目前就只有江永秀老人在坚持。除了当网吧监督员以外，江奶奶还是社区的好帮手，她发挥余热，经常帮助社区撰写和完善文字资料，帮助社区干部走家串户开展群众工作。2018年5月，宜宾市全民启动了创建全国文明城市工作，她又积极帮助进行“创文”入户宣传，当起了“创文”工作志愿者。

“最强网管”闲不下来

宜宾新闻网记者 喻熹 通讯员 陈正宇

在四川省宜宾市，有这样一位退休老人，她不喜欢跳广场舞，也不太爱出远门旅游，从来不用手机，要想联系她，得提前预约，因为她可是个“大忙人”，从来“闲不下来”。她就是家住宜宾市翠屏区北城街道长春社区的江永秀。

今年67岁的她退休后，又继续发挥余热，成为社区的“五老义务监督员”，专门对未成年人进网吧上网进行监督、劝导，取得了很好的社会效果。

她不仅是“最强网管”，更是一位热心肠的老党员，协助社区开展各类群众工作，不计报酬，无私奉献，既丰富了自己的晚年生活，也为社会献出了一位老人的力量。

社区一员：与社区结下“缘分”一干就是20年

从1998年起，江永秀与社区工作的缘分持续了20年。

今年67岁的江永秀原在宜宾市粮油食品机械厂工作。1997年，企业解体，江永秀下岗，那时她46岁。第二年，宜宾市翠屏区北城街道招聘居委会工作员，江永秀报名参加，通过面试，当上了北城街道拱星街居委会副主任。

2001年，居委会改为社区，经验丰富的江永秀再次担任拱星社区（后为长春社区）副主任。3年后，江永秀从副主任位子上退下来，做社区劳动保障员直至2008年。

退休后，她仍然继续发挥余热，社区志愿服务活动中，可以看到她的身影；居民小区自治工作中，她是牵头人之一；义务文明劝导岗中，有她的“席位”……多年来，她义务协助社区做了许多工作。

直到现在，社区的老街坊碰到江永秀，依然会迎上前叫一声“江主任”。

最强网管：义务巡查网吧5年，记录笔记40页

据翠屏区委宣传部提供的公开资料显示，因丰富的社区工作经验，在2013年街道成立“五老”义务监督队时，江永秀成为其中一员。“社区网吧监督员原有两人，后来一名老人去世了，目前就只有江永秀老人在坚持。”长春社区党委书记薛苹介绍，江永秀干工作非常积极。

在长春社区，只有一家网吧，且就在江永秀居住的楼下，这为她的巡查工作提供了便利。“基本上每天可以去一次，且集中在下午学生们放学的时段。”从2013年开始，江永秀便坚持定期去网吧巡查，多年来的经验让她得出规律，辖区好多孩子进网吧或者试图进网吧，就集中在下午放学的4到5点间。

去网吧的次数多了，江永秀就被孩子们认熟了。有一次，她正往网吧走，见前面三个孩子正要进网吧，“你们要到哪儿去？”她在后头喊，三个孩子回头一看是江奶奶，撒腿就跑了。

江永秀关心的对象，都是处于叛逆期的中小学生，这样的孩子连父母都难以管教，他们怎么可能心悦诚服地被毫不相干的江奶奶管呢？对此，她有自己的独门“绝技”。

劝导在网吧上网的未成年人，江永秀从不问他们的名字，“一问名字，他们会紧张，怕被老师、家长知道，就会有抵触情绪，后面的话就不愿意听了。”丰富的社区工作经验被江永秀用到了这里，她知道该怎么做群众工作，尤其在对孩子时，“不能恶狠狠地，要好声好气，多站在孩子的角度说话。”她说，这几年她没有遇到过对她特别抵触的孩子，最多就是游戏打到最后还剩三两分钟，实在舍不得离开，磨磨蹭蹭拖一下时间。

这时候，江永秀也不催促，就站在孩子身边，静静地等他结束，而这种“无招胜有招”的做法，恰恰更有力量。

做义务监督员以来，江奶奶随身带着一个泛黄的笔记本，上面密密麻麻记满了她

巡查网吧的情况。目前,这个笔记本记了足足 40 页。最多的一页记了 7 次,最少记了 4 次,平均每页 5 次左右。5 年来,她巡查网吧的次数近 2000 次。在这些笔记中,最多的是"未发现未成年人上网",发现网吧有未成年人的次数仅 10 次左右。

"对于禁止未成年人上网和网吧巡查工作,网吧老板和工作人员都很配合。"江永秀说,她会继续坚持这份"工作"。

居民组长:发挥自治作用,无物管小区秩序井然

多年来,江永秀还担任着所在居民小区的居民小组长一职。

她住的小区为宜宾市老城区拱星街 46 号 1 栋居民小区,共有住家 30 余户,共计 100 余人。该小区原为宜宾市粮油食品机械厂职工福利房,企业解体后,便成了无人管理小区。与许多老旧小区一样,多年前,这里的住户安全无法有效保障,小区环境卫生堪忧,公共设施、设备的维修、更换得不到及时解决等问题日益凸显。

面对这样一系列的问题,江永秀和小区中其余几位老人一起牵头,组织住户们召开居民代表大会和居民自治会,选举成立业主委员会,商讨解决方法。

"现在小区请了一位门卫,负责小区的进出入管理、公共环境卫生、公共水电费交纳等。"江永秀说,每家每户每月交纳 20 元的管理费给门卫。此外小区中划有停车位,门卫收取停车费,并进行相关维护。

此制度在该小区已经实行了 12 年,住户们都自觉遵守。当然,偶尔遇到一些其他问题时,居民也会找到她表达诉求,她会耐心地帮忙进行协调。

就这样,无物管小区也变得井然有序。

"创文"路上:发挥余热自得其乐,入户发放复习提纲

"五四青年节的时候,我们举行了'保护母亲河·为岷江河畔清理垃圾'的活动,江永秀是主力军队伍成员;六一儿童节的时候,社区又举行了'小手拉大手·文明劝导行人走斑马线"的活动,江永秀也积极参与其中。"薛萍说,只要江永秀有时间,社区的活动她都会参加,并且平时还会帮助社区撰写一些基本文字材料,是社区干部的好帮手。

2017 年 4 月,江永秀获得了宜宾市翠屏区第三届"文明市民"荣誉称号。今年 5 月,宜宾市全面开展创建全国文明城市相关工作,社区成了落实该项工作的最基层组织,这位"文明市民"更是闲不下来了,她便从社区抱着一堆问卷表和复习提纲挨家串户做工作。

"先让居民做问卷调查,然后再发复习提纲给大家。"江永秀说,这样居民对不知道的问题就会更加印象深刻。她认为一次活动不能让市民一下子就改变陋习,但一次又

一次反复进行后，人们的思想意识和素质就会在潜移默化中不断提高。

当日上午，发放完手中最后一张问卷调查表和复习提纲后，江永秀收好眼镜，提着资料袋准备回家为老伴儿做饭了。

记者手记

宜宾新闻网记者　喻熹　通讯员　陈正宇

在江永秀看来，“网吧义务监督员”只是普通的、为社区发挥余热的工作之一。她的初衷很简单：青少年还不完全具备自我保护和控制的能力，“网吧机器多，辐射大，还有不少人抽烟，那些游戏有打枪的，有打‘魔鬼’的，乒乒乓乓很大声，沉迷其中对孩子的身心健康有很大影响。”明知是个“讨人嫌”的活，但江永秀从2013年加入“五老”网吧义务监督队起，一直做到如今。

今年7月底，我们在自己所在媒体（市级媒体）首发了关于江永秀义务管理网吧的新闻后，多家省级、中央级媒体都对江永秀这条新闻进行了转发，一时间她成了网络红人，被网友们亲切地称为“最强网管”“中国好奶奶”。

于是，我们又得到任务，要对江永秀进行跟踪报道、深度挖掘。

要知道江永秀可是个大忙人，她不用手机，只有家里安装了一部座机，要约她，也是一件不容易的事情。

经过社区书记的再三帮忙，终于又约到了江永秀。

“江奶奶，您成网络红人了，您做的事情被网友们称赞呢！”再次见到江永秀时，她十分不好意思，总觉得自己没做什么，被网友们这样称赞，有些“不敢当”。

然而，她做的事情却不只是“网吧义务监督员”那么简单。江永秀家里仅三口人，老伴退休了，有自己的爱好，儿子长大已工作，暂时还未婚，家里的家务活儿并不多，这也为她继续发挥余热干社区工作创造了条件。

每天早上，她起床后会先去菜市场买菜。一般情况下，买完菜后她会直接到社区办公室询问薛萍当天有什么工作需要帮忙，认领“任务”后，如果是需要在办公室完成的，她会在办公室待到11点左右再回家做午饭。当天的工作要是上午没完成，下午她会继续来干。社区工作人员提及她时，都说她很热心。

再次采访时，刚好遇到她协助社区开展“创文”宣传入户工作，她正穿着印有“志愿者”三字的小红马甲，手中提着一个布袋子，里面放着“创文”宣传问卷调查表、“创文”宣传册等。她就这样来来回回地穿梭在社区居委会办公室与她所居住的小区之间，贴宣传标牌，做问卷调查。偶尔有认识她的人会和她寒暄几句，也有的时候会有群众上前向她反映与谁谁谁产生了小摩擦急需协调，她会耐心地安抚群众情绪，并为之想解决办法。

在和她一起行走的过程中，我问她："您觉得开展'创文'这些类似的活动有什么意义呢？"

"搞一次活动的意义并不是很大，但每搞一次活动，我们的生活环境就会发生一次变化，群众的素质会在一次又一次的活动中得到意想不到的提升。"江永秀指着街道的一些不起眼的角落，说，"你看，这些卫生死角都被清理干净了，这就是搞活动看得到的意义。"

春风化雨润幼苗，江永秀用她的余热温暖了一个又一个深陷"网"中的孩子，为青少年的健康成长筑起了一道道"防火墙"，以实际行动为构建和谐美好生活社区践行着共产党人的宗旨。

在宜宾，在四川，在中国，还有许多像江永秀一样的老人，将开展群众工作、为人民服务作为晚年生活的一部分，他们继续在各类岗位上发挥着自身的余热。他们慈眉善目，却原则坚定；他们不图回报，却尽职尽责。

微语录

"网吧机器多，辐射大，还有不少人抽烟，那些游戏有打枪的，有打'魔鬼'的，乒乒乓乓很大声，沉迷其中对孩子的身心健康有很大影响。"——"中国好江奶奶"江永秀

微评论

微信网友"Ling~迎风逐梦"说：老奶奶做的是正义且正确的事情，值得表扬。我相信有一部分网瘾少年在10年、20年后会感谢老奶奶今天的举动。同时作为党员，这也是为人民服务的体现，老奶奶是党员的模范，是我的模范。

新浪微博网友"养猪大王黄国富"说：我以前也被这种老年人查过，挺好的。

新浪微博网友"二分之一大博"说：希望这些孩子今后能感谢老人家。

"无声有大爱"杨铮

杨铮在山东聊城临清市特殊教育学校教书。她的世界里虽然没有声音，但她从来没有放弃对世界的爱与渴望。毕业后，她选择回到她成长的地方教书育人，给予和她有着相似经历的孩子更多抚慰与希望。时间一晃，便是13个春秋。

"最动听的旋律，是孩子们立身的回音"

——听障教师杨铮的育人故事

新华社记者　邓卫华　李永锡　陈灏

"学会健体学会做人，学会学习学会生存"，这条写在山东聊城临清市特殊教育学校过道两侧墙面上的标语，已经颇有些岁月的痕迹。23年前，少女时代的杨铮曾无数次走过这里。她的世界里没有声音，却从来没有放弃对世界的爱与渴望。毕业后，她选择回到她成长的地方教书育人，给予和她有着相似经历的孩子更多抚慰与希望。时间一晃，便是13个春秋。

无论遭际，她总是报以微笑

记者见到杨铮的时候，一堂无声的美术课正在6—8年级的教室里进行。杨铮用粉笔在黑板上熟练地写下了"亮灰""反光""明暗五调子"等美术课常用的词汇。在孩子们作画的时候，她喜欢来到孩子们身边，在每个孩子面前用手语耐心交流，帮助他们打磨作品的细节。

杨铮今年31岁，一头金色的短发，搭配了一身清爽的天蓝色工装。记者注意到，无论是在课堂还是在办公室，她的脸上始终保持着微笑。

两岁的时候，杨铮因为高烧导致了听觉障碍，并慢慢地失去了听力。"在我四五岁的时候，父母带我去北京看病，面对医生我就意识到自己听不到声音。"杨铮熟练地在电脑上敲下她想说的话。

一开始察觉到自己听不见声音，杨铮非常痛苦，与他人的沟通障碍也曾一度让她抓狂。而如今的她，不仅能够熟练地与人通过手语交流，对手机、电脑的使用也十分在行。“她所要付出的努力，是其他人的很多倍。”张凤华在这所学校里当了16年的语文老师，她十分理解作为一名听觉障碍患者，掌握一门语言是多么不容易。“而一门语言，仅仅是他们学习各项技能的基础。”张凤华说。

“我没有抱怨命运对我不公。父母告诉我要坚强，教育我身残志不残，要做一个自强不息的人。从小，父母的言传身教给了我面对困难足够的勇气。”杨铮写道。

困难重重，却挡不住她向命运要强

就在意识到自己的世界没有声音的那一年，不甘心的杨铮默默告诉自己，一定要学着要强。许多年来，这份初心始终在她的心头萦绕。

刻苦学习塑造了她榜样般的成长轨迹。8岁，她就来到临清市聋哑学校，也就是她现在任教的临清市特殊教育学校的前身上学。没过多久，她到临清五中子弟小学和逸夫实验小学随班就读。13岁，她就考入了山东省特殊教育学校。5年后，成绩优异的她大专毕业，来到了自己成长的地方——临清市特殊教育学校，成为一名特教老师。“因为痛苦过，经历了才懂得幸福。”她表示。

“现在孩子的知识面比我读书的那时候更广，工艺美术方面的技艺要求比那时候更高。所以我不能停止学习，时时要求自己在技艺上不断探索和进步。”

为了把最好的知识和技术教给孩子们，即使在假期里，杨铮也常常把自己锁在办公室里钻研刻字、缝纫、编织等技术。“杨老师是一个很要强的人，这些年的钻研，让她的手艺愈发精湛，在手工艺品行业显露了自己的才能。同时，她不断给孩子们开拓机会，带着他们在校外参赛，拿到了不少荣誉。在每年孩子们大考前，她都要四处为孩子们收集资料，预测考试的方向，网上查不到，就奔波几百公里去济南……”张凤华说。

“她的言传身教培养了我们乐观和坚韧的品格。”刘亚君曾经是杨铮的学生，如今的她已经从北京一所知名大学毕业，开始了自己崭新的生活。“如果杨老师没有以身作则地践行着乐观、向上的品质，同学们不会愿意向她敞开心扉，更别说好好念书了。”

最动听的旋律，是孩子们立身的回音

“我们容易自卑，常常觉得缺少来自外部世界的关心。令人高兴的是，我逐渐地看着身边同学都有了自信，这很多都是杨老师的功劳。”刘亚君说，最打动她的是杨老师的那份真心。“虽然她不说什么，但是她做了很多。我能明白她，她也能明白我，我们才变成好朋友。"

刘亚君毕业那年，因为缺乏自信，想去一所中专念书。杨铮却一直鼓励她去读高中、考大学，勇敢地追寻自己的梦想。在她看来，杨铮老师"善意地高估了"她的绘画水平，但也是这份"善意的高估"，让刘亚君找到了自信。面对困难，师生俩坚韧的劲头很像。"我努力考上大学，就是为了不让杨老师失望。"她说。

"信任"，酝酿了许久，杨铮在键盘上敲出了这两个字。"同样在无声的世界里生活，我对他们的每一天感同身受。"经历过相同的磨难，杨铮更清楚应该怎么帮助学生，相互信任是一切改变的开始。

理解、宽容、耐心、爱心，是杨铮理想的个人品质，她也十分看重对每一个有听觉障碍的孩子个人品质的培养。"孩子们必须懂得做人的良好品质，将来才可能找到工作立足于社会，如果品质不好，干什么都废了。"

除此之外，杨铮最担心的问题，就是有着听觉障碍的孩子们走上社会后，如何更好地适应这个社会。"残疾人不能缺少一技之长，这也是他们一辈子的立身之本。"

"我的学生们能够走向社会，能够在社会上立足，并且还能靠自己所学的技术来养活自己，说明学生们真的是把自尊、自爱、自立、自强时刻放到心上了。所以，每每听到这样的消息，我真的是特别感动与欣慰。"杨铮说。

无声课堂外，大风吹过窗边，簌簌作响。

记者手记

新华社记者　刘卫华　李永锡　陈灏

在无声的世界里采访，对我们而言是个不小的震撼。那一天，整个教室里只有窗边传来的簌簌风响。因为有记者来采访的缘故，孩子们出其地安静，瞪大眼睛盯着他们的老师杨铮——我们的到来让他们格外紧张，杨铮老师能给他们带来安全感。

孩子们的紧张延续到了我们一个个采访他们的时候。他们中很多人有听觉障碍，但是还能通过嗓子发出声音。由于听不见自己在说什么，他们很努力地根据老师的指引纠正自己的声音，这个过程十分费脑力。

作为听众，在没有翻译的情况下，孩子们的一句回答给我们留下了深刻的印象。

那是我们问他们"你喜欢杨铮老师吗"的时候。

所有接受我们采访的孩子不停点着头，脚慢慢抬高轻轻踢着桌子，竖着他们的大拇指，非常积极地发出嗯嗯的声音。

老师究竟做了什么，让这些孩子们如此认可？这是杨铮给我们的第一个震撼。

杨铮给我们的第二个震撼是她出色的语言表达能力和时常带着笑容的那张脸。如果不是只能和她通过电脑打字进行交流,我们都会觉得她是一个生活顺遂、没受过挫折的大姑娘。对于她来说,学习汉字就是一件十分困难的事情,何况她还要在无声的环境里与我们进行交流。

整个采访过程,杨铮老师始终面带微笑,对我们敲在电脑上的每一个问题反应得积极热烈,对一些可能对她造成痛苦的问题,也是微笑坦然地回答。

说起自己学生的时候是她最幸福的。和她的学生交流时我们发现,与其说是她的学生,不如说是她的"闺密"。当她知道"闺密"要接受采访时,脸上居然出现了一丝腼腆。而这些,都被我们看到了眼里。

杨铮有一个刚出生没多久的孩子,与丈夫一起在几百公里之外的老家。她说每天与孩子视频,是她最快乐的时候。但也觉得对孩子有亏欠,因为"孩子还小,可是我不在他的身边"。

杨铮的手工艺品做得非常出色,也正是基于此,她开始不停地钻研教学之外的事情。多少个少眠、不眠的夜里,她思念着远方的孩子,在青灯下钻研着手工艺品。她的生命仿佛都是为他人而活——虽然自己已经遭遇了命运的打击,但她仍然倔强地挑战命运,并且想要凭借一己之力让他人过得更好一些。

这是杨铮带给我们内心深处的震撼。

"学会健体学会做人,学会学习学会生存"。了解了杨铮对孩子们的期许后,我们发现这句印在墙上的话能准确地概括她的期待。她说孩子要先学会做一个好人,再学会掌握一技之长去生存。由此可见,她不是一个抱怨命运的人。

希望这份积极的心态能够伴随杨铮老师以及她的学生长久,也希望这份不屈不挠、甘于奉献的感动能够给读者内心深处更多的力量。

微语录

"同样在无声的世界里生活,我对他们的每一天感同身受。"——"无声有大爱"杨铮

微评论

新浪微博网友"cherish-fzy"说:在大学的时候,我曾经通过社团活动接触过这些群体,他们的世界单纯且美好,他们的内心柔软但坚定,愿孩子们能有好的未来!

新浪微博网友"旺龙祖"说:这个教师节,我们能不能去看看她?

微信网友"ylm-叶立森"说:祝福这些自强不息的老师、孩子们。

"捡巨款不为心动的环卫工"李蔓

2005年,23岁的李蔓开始从事环卫工作,一干就是13年。李蔓负责海口市龙华区渡海路的环卫工作,一个月工资大概1500元。自己和丈夫都是环卫工人,每个月除了夫妻俩的工资,家里没有其余的收入。家里除了她和丈夫外,还有家婆和两个孩子,大的孩子11岁上六年级,老二5岁刚上幼儿园,家庭虽然不富裕,却很温暖、很祥和。"早班5:00开始,晚班要到11:30才下班,上班时,保持自己所负责的路面必须是干净的,不管风吹雨打。"朴实的李蔓,眼睛里满是对工作的负责,友善、安静的脸庞时不时带着温暖的笑容。平凡的岗位,朴实的李蔓,生活也许不富裕,但是她的世界是温暖的!

"不是我的,我不会拿。"面对捡到的143785元巨款,李蔓不为心动。因家里经济不太好,李蔓读完初中就不读了,书虽然读得不多,但她心里谨记父母的教诲——存良心比存钱好,不是自己的东西,不能拿。很朴实的道理,却诠释了人性的美丽,像春天里盛开的花儿!

"捡巨款不为心动的环卫工"李蔓

新华网记者　黎多江

10月2日,海口龙马环卫公司环卫工人李蔓在路面捡到一个层层包裹的塑料袋,袋里满是一沓沓百元人民币,还有一大堆票据。李蔓立即将钱和票据交到警察手中。民警根据单据上的信息找到了失主朱先生。朱先生说,丢失的143785元是这些天公司的货款(还有20多万元待收款单据),被公司做卫生的阿姨当垃圾倒掉。在派出所,李蔓婉拒了朱先生当场拿出的2万元感谢金。一时间,环卫女工捡到巨款不为心动、归还失主的故事传遍整个椰城。

失主朱先生表示,他从汕头来海口工作30多年了,李蔓让他内心深受感动,感到人心的善良、真诚、友善,犹如冬天里温暖的阳光。他会让这样的善意传递下去,温暖更多的人。

10月4日上午，海口龙马环卫环境工程有限公司对环卫工人李蔓进行表彰，并号召全体员工学习她拾金不昧的先进事迹，以李蔓高尚的职业道德为榜样，立足本职工作，更多地助人为乐。环卫工李蔓用她的行动诠释了一个朴实平民的社会担当，体现了海口环卫工人高尚的精神风貌，弘扬了拾金不昧的中华传统美德，更为文明海南汇入了涓涓暖流。

这件感人事件发生后，在社会上引起了较大反响，李蔓的事迹经新闻媒体报道后得到了社会的广泛赞誉。一张红彤彤的奖状、一束美丽的鲜花、一份奖金，不足以诠释一份金子般美好的精神，却可以成为一个榜样，引导更多的人传承美德。

"不是我的，我不会拿，虽然我们生活苦了点，但我明白做人的道理。"面对捡到的143785元巨款，李蔓不为心动。因家里经济不太好，李蔓读完初中就不读了，书虽然读得不多，但她心里谨记父母的教诲——存良心比存钱好，不是自己的东西，不能拿。很朴实的道理，却诠释了人性的美丽，像春天里盛开的莲花那样洁白无瑕！

"孩子们知道我的故事后，很为妈妈感到骄傲，这也许是最好的言传身教了。"对于孩子的教育，李蔓说，希望孩子平凡健康，活泼快乐。"早班5:00开始，晚班要到11:30才下班，上班时，保持自己所负责的路面干净是必须，不管风吹雨打。"朴实的李蔓，眼睛里满是对工作的负责，友善、安静的脸庞时不时带着一点温暖的笑容。平凡的岗位，朴实的李蔓，生活也许不富裕，但她的世界是温暖的！

记者手记

新华网记者　**王雯君**

初见李蔓，瘦瘦小小，皮肤黝黑，双手粗糙……但她的眼睛里透着一种真诚。对普通人来说，10多万元不是一笔小数目，对于这样一位普通的环卫工人来说，10万更是一笔巨款。36岁的李蔓，文化程度不高，每个月工资也只有1500元，她说，自己一辈子都没有见过那么多现金，虽然自己家庭负担也不小，但她却在捡到这143785元及20多万元待收款单据时并不为之心动，而是觉得失主一定很着急，便第一时间将失物送到派出所，并婉拒了失主2万元的谢礼。

"靠自己的双手干出来的才是实实在在的。"在她的眼睛里，能看到那闪烁着幸福的光芒，在她友善、安静的脸庞上还时不时带着一点温暖的笑容。

平凡的岗位，朴实的李蔓，生活也许不富裕，但是她用自身行动诠释了一个朴实平民的社会担当，更为文明海南汇入了涓涓暖流。这样的拾金不昧之举，充分体现出一名普通人的高尚品格,也体现出环卫工人高尚的精神风貌。

积善如积水,聚少成多。拾金不昧的环卫工人不仅美化着我们的城市,更在平凡中传递着正能量,用行动净化我们的心灵,值得我们每一个人的尊敬!

微语录

"不是我的,我不会拿,虽然我们生活苦了点,但我明白做人的道理。"——"拾巨款不为心动的环卫工"李蔓

微评论

网友"马上发"说:平凡中的伟大,李蔓你是海口人的骄傲,你用扫把扫出满大街的正能量,为你点赞!

微信网友"淋宇 kim"说:李蔓在国人面前,展示了海南人的淳朴,体现了海口这座文明城市最真实的一面。普通的人有着不平凡的举动,折射出一名普通环卫工人高尚的道德情操,诠释了一个朴实平民的社会担当,彰显了海口这座城市的温度。道德修养真的和金钱以及社会地位无关,让我们再次为这个环卫大姐点赞。

微信网友"面朝大海"说:善良的灵性在她心内,善良的心价值连城!海南人的精神亮光!宝岛的美德!值得大力弘扬!"

“无痕童年守护者”周丹

周丹，北京爱无痕烧烫伤康复关爱中心主任（法人），曾从事编辑、策划职业多年。2014年作为志愿者走进中国社会福利基金会烧烫伤关爱公益基金，关注到烧烫伤患友所面临的困境，尤其是儿童烧烫伤不可逆转的身心伤害，决心面临挑战，追溯源头，从预防做起！2016年，她与团队伙伴共同开发“远离烫烫小怪兽儿童课堂”，填补了中国儿童预防烧烫伤教育体系空白，同年成立北京爱无痕烧烫伤康复关爱中心并担任法人，2018年获“北京市三八红旗奖章”称号。

中国每年有2600万烧烫伤者，她用行动减少伤害

中国新闻网记者　刘鸿鹤

日前，北京市妇联社会组织秘书长年度工作会在宣武门商务大酒店一号会议室举行。会议的最后一项是表彰2018年北京市三八红旗手和红旗集体，周丹在北京市妇联的推荐下被授予“北京市三八红旗奖章称号”。

“春夜喜雨润物细无声”，是周丹在北京妇女儿童领域社会组织秘书长年度工作报告中的主题。作为北京爱无痕烧烫伤康复关爱中心的法人，周丹带领团队走进小学、社区，通过烧烫伤科普宣导让近5万余人受益。

报告中对组织目标、2017年工作成绩及2018年发展规划做了详细讲解，得到了妇联领导和公益伙伴的支持和称赞！

回顾2014年，周丹作为一名志愿者走进中国社会福利基金会烧烫伤关爱公益基金，抱着对公益的热情和对公益发展的见解，开始着手参与烧烫伤病患救助及预防烧烫伤公益项目的品牌设计，提出了“温暖心爱无痕”的公益理念，为烧烫伤公益品牌发展注入了智慧和力量！

2016年12月创立"预防烧烫伤科普宣导老师培训机制",周丹带领团队先后走进106所学校开展公益宣导师培训、科普安全课堂,并与北师大"高参小"项目组、北京市妇联社工部、北京市卫生和计划生育委员会、北京市计划生育协会联合开展了公益活动。在北京科技周、妇儿博览会、北京慈善周、北京丰台区、昌平区等社区举行公益活动,受益人数达5万余人。

为了公益项目的落地,在河北固安、张家口、河南郑州、湖南永州、甘肃兰州、四川德阳、广西桂林、重庆等地建立预防烧烫伤宣导工作站,公益项目在周丹主任的带领下从建设、发展、传播等各个方面得到了很好的发展。

周丹在获奖后讲道:"儿童烧烫伤教育刻不容缓。早做一天就少一个孩子受伤,少一个家庭痛苦。我们的愿景是少一个,再少一个烧烫伤者;多一个,再多一个幸福家庭。愿我们不忘初心,砥砺前行!

据悉,在中国每年有2600万人发生不同程度的烧烫伤,30%以上是儿童!

烧烫伤关爱公益基金在2016年成立,从预防烧烫伤科普宣教入手,引进国际先进的儿童科普理念与宣导模式,开发的"远离烫烫小怪兽儿童课堂"系列科普内容,填补了国内预防烧烫伤科普宣教体系化的空白。

记者手记

《中华志愿者》杂志记者　王晓童

远离烫烫小怪兽,牢记"冲脱泡盖送"

——筑起预防儿童烧烫伤的第一道防线

公益的形式多种多样,关注儿童烧烫伤是重要组成部分。换句话来说,烧烫伤救助也是一种扶贫,因为高昂的治疗费而导致的返贫现象并不罕见。烧烫伤关爱公益基金在腾讯公益平台上做了一个简单的统计,每个烧烫伤患者大概需要10万—20万的治疗费用,一般家庭很难负担,后续的康复治疗更难以保障,因病返贫的现象十分普遍。同时烧烫伤患者的心理也会产生无法弥补的损伤,无论以后求学、就业还是婚姻都会受到严重影响,普及烧烫伤急救知识十分迫切。

我国烧烫伤急救知识普及十分薄弱,因为烧烫伤不是自然灾害,多发于家庭,其猝死率很低,所以没有得到相应的重视。地震、洪水和心肺复苏等一些急救常识大家耳熟能详,烧烫伤的急救却有很多人不知道。"冲脱泡盖送"能够有效应对意外发生时的急救,及时降温可以减轻疼痛、水肿和结痂危险,受伤部位降温越及时,降温时间越长,造成的损伤越小。

为什么烧烫伤教育从孩子做起呢?公众普遍认为教育家长更加有效果,孩子在遇到危险时会惊慌失措以致忘记急救措施，但是事实情况与我们的想象恰恰相反。首先是教育家长的成本较高，烧烫伤课程走进社区容易，但是想要聚集几十位家长来学习急救知识并不容易。课程进校园可以走到孩子们最集中的地方，给数百位小朋友一起上课。其次在发生危险后孩子们的反应也多半比父母更冷静、理智。

烧烫伤关爱公益基金秘书长介绍，他们一开始也想将烧烫伤课程教给家长们，但是意识到这些问题时他们转变了思路，从孩子做起，让他们把预防、急救知识带回家庭。有一个非常生动的事例，一位上过烧烫伤急救课程的小朋友，在一次外出吃饭时意外被热水烫伤了手，她一边哭一边喊："妈妈快给我冲冷水，我要冲冷水。"她的妈妈此时已经手足无措，十分慌乱了。孩子们在3—5岁的时候对知识的吸收能力和记忆力远超过成年人，数据也表明对儿童的教育是卓有成效的。

在预防烧烫伤课堂没有烧烫伤专业术语，也没有跟小朋友普及伤口深度的鉴别，只有轻松活泼的科普动画片和儿歌。在小朋友能够认知的范围内灌输给他们一个形象——烫烫小怪兽，它会让自己和其他小伙伴受到伤害，通过多种活动方式在他们脑海里建立起一个丰满的小怪兽形象，甚至一些小朋友在活动中看到小怪兽的玩偶会很不喜欢它："我不要跟小怪兽合影，它很危险。"这样的观念影响了他们今后的生活，长大以后他们还会将急救知识教给更多人，降低烧烫伤发生率，少一个，再少一个烧烫伤者。

微语录

"儿童预防烧烫伤的工作，刻不容缓！早做一天，就会少一个孩子受伤，少一个家庭痛苦。"——"无痕童年守护者"周丹

微评论

微信网友"无名居"说：我在工作中接诊太多烧烫伤患儿，正确的烧烫伤急救可以减少伤害，很多因烧烫伤毁容和残疾都是没有第一时间急救造成的。急救就是这么简单，一盆冷水或水龙头冲水都是最有效的方法，希望大家多多转发烧烫伤急救科普视频，让更多人受益！

微信网友"雅安志愿者"说：我是山区烧伤科的一名医生，昨天下午我接诊了三个因稀饭烫伤的孩子，两个孩子烫伤后没有做任何处理就来医院就诊，情况非常严重，需要住院，有一个孩子烫伤后冲30分钟冷水，不需要住院。烧烫伤科普太重要了。

微信网友"行走江湖"说：我是一个烫伤孩子的爸爸，之前根本不知道怎么急救。孩子烫伤后姥姥给涂上了酱油，到医院医生一顿呵斥说我们害了孩子，现在孩子身上的疤痕很严重。所以你们的科普教育太重要了，我也想成为你们的志愿者。

声　明

本书由新华网、新华社“中国网事”联合编著，因时间紧迫，一些稿件和图片的作者未能取得联系，敬请入选文字和图片作品的作者或作者亲属见到本书后，尽快和我们联系，以便奉上稿酬及样书。

联 系 人：新华网股份有限公司
通讯地址：北京市西城区长椿街金隅大厦 129 号 10 层